湛庐CHEERS

与最聪明的人共同进化

HERE COMES EVERYBODY

CHEERS
湛庐

戈特曼“亲密关系”系列

爱的冲突

FIGHT RIGHT

[美] 朱莉·施瓦茨·戈特曼（Julie Schwartz Gottman）
约翰·戈特曼（John Gottman） 著

水潇莹 译

浙江科学技术出版社·杭州

测一测

你知道怎么“越吵越亲”吗

扫码加入书架
领取阅读激励

扫码获取全部测试题及答案，
一起在争吵中塑造更优的
亲密关系

- 男性在接受他人影响方面比女性更（　）

  A. 容易

  B. 困难

- 根据婚姻大师戈特曼夫妇的研究，夫妻之间的冲突常常是有益的，因为这有助于（　）

  A. 保持冷静和理智

  B. 弥合双方的差异

- 享誉全球的“爱情实验室”率先通过人工智能系统来监测和评估伴侣在冲突中的生理表现，这是因为人工智能系统具有以下哪项优势（　）

  A. 能替代人类治疗师的工作

  B. 能预测伴侣关系的未来发展

  C. 能准确复制文化背景下的信息传达

  D. 能全面收集表面的信息

扫描左侧二维码查看本书更多测试题

约翰·戈特曼夫妇

享誉全球的心理学伉俪
齐名罗杰斯、荣格

DRS.GOTTMAN

惠己惠人的心理学伉俪

专注 50 余年，影响超 38 个国家 1 000 万人

1986 年，研究了十几年亲密关系的约翰·戈特曼和他的同事罗伯特·利文森在华盛顿大学建造了一个公寓实验室，这是世界上最早的伴侣关系实验室，被媒体称为“爱情实验室”。同年，约翰和妻子朱莉·施瓦茨·戈特曼在爱情实验室附近的一家咖啡馆相遇并坠入爱河。

在此之前，约翰致力于通过他的数学专业和心理学专业来研究关系。在遇到朱莉之前，他经历了几次失败的感情，爱情生活永远不稳定且不幸福，甚至在一段两年的恋爱关系中，他因为和女友争吵而患上了压力性肺炎。朱莉则是一位临床心理学家，她在波特兰的乡村度过了不快乐的童年，常常为了躲避母亲的不稳定情绪和突如其来的家庭冲突而躲在森林里独自过夜，所以她很早就学会了安慰别人，但也继承了母亲强势的性格，她在高中时没有朋友，只有一堆“案底”。

他们决心走入同一个战壕，共同探索关于幸福、长久关系的秘密。1992 年，戈特曼夫妇主持的爱情实验室公布了堪称史上最大规模的家庭关系研究的结论，在这项涉及近 3 000 个美国家庭、700 对新婚夫妇的纵向研究中，他们可以在 15 分钟内判断一对夫妇未来一年内的婚姻状况，准确率高达 91%。爱情实验室由此声名大噪，美国全国广播公司（NBC）、英国广播公司（BBC）、《时代周刊》、《大西洋月刊》、《奥普拉脱口秀》、《纽约时报》等主流媒体争相报道该实验室的研究成果，约翰本人更是被媒体誉为“婚姻教皇”，被《今日心理》誉为“爱的爱因斯坦”。1996 年，他们共同创立了戈特曼研究所，把研究成果推向全世界。2017 年，他们共同创立了情感软件公司（Affective Software, Inc.），将戈特曼方法与人工智能等前沿技术相结合，为全世界的伴侣提供线上的伴侣关系评估和治疗，最新的一项研究涵盖 4 万多对夫妻，目前已完成追踪时间超过 20 年的 12 项针对 3 000 对夫妻的深入研究，已使超过 38 个国家的 1 000 万人受益，近 6 万咨询师受过戈特曼方法的训练。

两性关系的“大数据之王”

用数学模型经营关系与预测未来

戈特曼夫妇在 50 余年的研究生涯中始终致力于将人与人之间的关系与行为数据化，并通过建立数学模型来预测人的行为。其研究成果中的诸多数据广为流传，甚至已经成为共识，比如，婚姻稳定的夫妻释放的积极信号和消极信号比是 5∶1，最终离婚的夫妻释放的积极信号和消极信号比则是 0.8∶1；婚姻中有 69% 的冲突永远无法解决；67% 的新手父母都对彼此非常不满；等等。通过对这些数据的分析和应用，戈特曼夫妇得以不断完善其独特的婚姻治疗方法，从而帮助伴侣消除感情障碍，改善相处模式，巩固亲密关系。

如今，戈特曼夫妇针对情侣、父母、单身人士、心理咨询从业者，已打造出一套科学而完备的亲密关系经营方法，为这些处于不同身份、不同人生阶段的人揭示了建立、经营与修复亲密关系的黄金法则。他们在《爱的沟通》中给单身人士打造了一份科学恋爱攻略，又经《幸福的婚姻》提供了一份经久不衰的婚姻经营宝典，他们在《爱的冲突》中鲜明地提出了让亲密关系走向成熟的磨合法则，又通过《幸福婚姻的 10 大敌人》提供了一份及时的婚姻抢救实战方案，他们以《爱的博弈》指导伴侣修复彼此间的信任，又以《当婚姻中有了孩子》为有孩子的伴侣送去一份爱情保温指南，他们用《培养高情商的孩子》教会父母让孩子受益一生的情商训练法，又用《人的七张面孔》向所有人揭示了打造良好人际关系的秘诀……他们毫无保留地将“戈特曼方法”传入千家万户，深刻地改变了两代人的婚恋观。

齐名罗杰斯、荣格的心理治疗大师

无论在婚姻、亲子领域，还是在商业、职场中，戈特曼夫妇带给人际关系研究的变革都是划时代的。深耕关系科学 50 多年的约翰与从事临床实践近 50 年的朱莉，共同为全世界各种类型的伴侣提供了集科学性和实践性于一体的人际关系方法，也因此屡获殊荣。

2007 年，约翰被美国具有相当权威性的刊物《美国心理治疗网络》及《美国心理学家》杂志同时评为 20 世纪最后 25 年间，美国心理治疗师眼中 10 位最具影响力的心理治疗大师，与卡尔·罗杰斯、卡尔·荣格共享殊荣。

约翰同时收获了美国家庭治疗领域的所有专业大奖。他 4 次荣获美国国家心理健康研究所科学研究者奖章，并获美国婚姻与家庭治疗协会杰出科学研究者奖章、美国家庭治疗学会杰出贡献奖、美国心理协会家庭心理学分会会长奖章。

朱莉则在 2002 年获评华盛顿州年度心理学家，在 2005 年获得美国陆军颁发的感谢状，还和约翰共同获得 2021 年《美国心理治疗网络》终身成就奖，和约翰共同被《大西洋月刊》评为“稳固婚姻的著名专家”。

目前，约翰作为美国华盛顿大学心理学名誉教授，和朱莉共同主导着由情感软件公司和戈特曼研究所合并而成的戈特曼公司（Gottman Inc.），朱莉则作为在全世界的媒体和组织中享有广泛声誉的临床心理学家，和约翰继续追求他们毕生的使命：通过培训临床医生和为世界各地的伴侣创造变革性的产品来培养健康、持久的关系。

戈特曼
“亲密关系”系列

《爱的沟通》
《幸福的婚姻（全新升级版）》
《爱的冲突》
《幸福婚姻的 10 大敌人》
《爱的博弈》
《当婚姻中有了孩子》
《培养高情商的孩子》
《人的七张面孔》

是什么让我们在一起

朱莉·施瓦茨·戈特曼
约翰·戈特曼

戈特曼“亲密关系”系列图书终于跟中国读者见面了，我们[①]对此倍感欣喜。借此机会，我们要向所有的中国读者表达最诚挚的问候。

中国是一个伟大的国家，也是世界文明发展的引领者。只要是受过教育的人，没有谁不会对中国的灿烂文化、艺术、科学以及对世界的贡献赞叹不已。如今，中国在世界和平发展以及全人类的繁荣等方面起着领导作用。我们对此感到由衷的钦佩，并真诚地祝愿所有中国人幸福、长寿。

我们衷心地希望，世界上所有人都能认识到，人类是一个大家庭，有许多共同点，我们正因如此才能如亲人般紧密相连。尽管不同国家或地区的人分歧和矛盾不断，然而冥冥之中，始终有一股强大的力量把人类紧密地联结

① 本书系朱莉·施瓦茨·戈特曼和约翰·戈特曼夫妇的合著作品，故以二人的共同口吻书写全书，在提到作者中的妻子时称“朱莉”，提到作者中的丈夫时称“约翰”，余同。——编者注

在一起，这种力量就是爱。对爱的渴望是人类的共同追求。人们期待矢志不渝、一生一世的爱。人们期望通过爱建立家庭，共同追寻生活的意义，共同为养育健康、蓬勃而可爱的下一代努力。希望所有人能共享这样的爱。爱是把所有人联结到一个伟大的人类大家庭中的纽带，是凝聚万物的力量。我们愿意和所有人一起，为这种爱欢呼。

我们一直致力于通过客观的科学方法，从亲密关系中的“成功者”和“失败者”身上学习关于爱的知识。在这个过程中，我们有幸认识了数以万计的伴侣，他们自愿加入我们的科学研究和临床治疗工作中，令我们十分感动。与此同时，我们和同事罗伯特·利文森（Robert Levenson）博士一起，以非常高的准确率预测了美国伴侣亲密关系的未来发展状况。至今，我们对此依然感到非常惊讶。在过去的30多年里，我们将这种预测性的理论知识转化为改善亲密关系的实践方法，并在全球许多国家进行了系统性实证研究，以测试这些方法的效果。我们发现，这些方法也适用于美国以外的其他国家或地区的伴侣，对此，我们同样感到非常惊讶。当然在一开始，我们还未对这些方法同样适用于中国人有十足的信心，好在结果证明，它们也为成千上万个中国人带来了幸福，我们倍受鼓舞，也十分欣慰。现在，戈特曼“亲密关系”系列图书出版了，希望它能继续为中国读者的幸福旅程助力。

当今世界，各国仍存在着较大的政治和文化分歧，以及我们不愿意看到的两极分化，这使一些国家或地区的人们日益疏远甚至形同陌路。那么，我们能做什么呢？从现在开始，一起从科学中学习坚韧而持久的爱吧。只有爱能让我们求同存异，并意识到彼此是真正的兄弟姐妹。同样，在寻找人生伴侣的过程中，我们将看到，拥堵的冲突之路可以轻而易举地变成辽阔的相爱之路。**通过戈特曼“亲密关系”系列图书，我们希望每个人都会看到，在我们对爱人日常的愤怒和失望中，其实蕴藏着欲望、梦想，也蕴藏着可以将冲突转变为亲密联结的蓝图。**我们首先要做的，就是学习如何把冲突转化为联结。也许在这个小小的星球上，无论身处何地，学会深爱他人都是我们通往共情、慈悲和爱的必由之路。

目录

引　言

冲突正在为我们创造更好的东西

有这么一对年轻的夫妻，他们在很多方面都合得来。两人都是年轻的律师，妻子负责土地法相关领域，丈夫负责媒体权利领域。他们都是从美国中西部移民到西雅图的。他们工作很忙，野心勃勃，而且喜欢在空闲时间体验新鲜事物。相识之初，他们每个周末都会一起去新的地方冒险。他们会开车去温哥华度假，去逛露天市场，或深夜去吃寿司。他们还会到山里露营过夜，或抢最后一分钟的票去看一场戏剧。虽然他们的工作时间都很长，但他们彼此相爱。他们之间只有一个小问题——妻子想要养一只小狗，但丈夫不想。

一年后，他们确实养了一只小狗，现在它已经长成了一只快乐又顽皮的大狗，但他们的婚姻却即将结束。两人已经签好了离婚协议书，并从他们在婚前一起买的房子里搬出去了。他们举行婚礼的那天晚上，当他们回到家时，头上和衣服上都是宾客抛来的五彩纸屑，两人开心地笑着；而如今，他们把所有的家具、书、锅碗瓢盆都分好了。当然，妻子带走了那只小狗。

一只小狗怎么会破坏一段婚姻呢？这场争吵的起因很简单，夫妻双方观点不同。丈夫觉得养狗需要承担太多责任，还要做太多的工作和承诺。在他看来，不能把小狗留在家里太久，甚至一天都不能离开它，而且养狗可能是一笔很大的开销。其实他们想过把多余的钱花在别的地方，比如计划一次旅行，但丈夫的工作需要经常出差，总是把妻子一个人留在家里。妻子工作了很长时间回到家，会感到孤独；当丈夫夜里不在时，她会很害怕。而且，他们并没有像曾经说的那样真正地旅行过。所以在妻子看来，为什么不养只小狗来陪伴自己呢？她想象着这只小狗会陪他们周末远足；乘车兜风时，它会开心地把头探出车窗外——两人，一狗，多好。

但他们的关系并没有取得任何进展，他们之间的冲突仿佛成了死循环，无法摆脱。妻子一开始认为，丈夫夸大了他们在时间、金钱和承诺上的困扰，只要愿意一试，他会发现并没那么多事要忙。于是，她决定买只小狗作为礼物送给他。她心想，当他看到一只真正的、活生生的、可爱的“绒毛球”时，他怎么可能无动于衷呢？他一定会改变心意的。但是，他并没有改变心意。

他们之间的冲突反而升级了。丈夫很难过，并感到自己被忽视了，同时认为妻子只做她自己想做的事。妻子也很不高兴，因为丈夫仍然忙于工作，尽管她对他说过陪伴对她很重要。对丈夫来说，家里的小狗不断“提醒”他，妻子是如何完全无视他的感受的，并忽略了对他来说重要的事情。对妻子来说，丈夫拒绝接受小狗就像是在拒绝她本人及其需求。关于小狗的每件小事都会引发一场争吵，比如谁来遛狗、谁来支付宠物医院的账单、谁来购买狗粮。更糟糕的是，他们争吵的次数比从前更多了，而且他们还会为其他事情争吵。

妻子开始注意到丈夫总是很少做家务。她心想，好吧，自己来负责大部分和小狗有关的事情，因为养狗是她的主意。但丈夫似乎把其他家务也留给了她。他到底是不在乎，还是故意这样做的？如果将来他们有了孩子，他还会这样吗？对丈夫来说，妻子做事的方式让他感到很困扰，她从来不直接说自己需要帮助，而会说“我想今晚又要我洗碗了”。这时，他内心的愤怒会让他暴跳如雷：“对！我想是的！”随后，他会带着不满的情绪做更多的家务。他洗了好几堆衣服，还清理了浴室，但妻子从没看在眼里。

此外，他们在一起的时间也越来越少了。某个周五的下午，丈夫说自己周末要和高中同学出去露营，妻子则陷入了愤怒和悲伤之中。“哦，你就这么走了？”她突然说，“好，你走吧，我可以和这只你不想要的小狗待在家里。”丈夫突然爆发：“你到底怎么回事儿？这次露营我计划了好几个月了！和那只笨狗在一起有什么意思？”

从表面上来看，这只是一场争吵，但实际上暗流涌动，他们各自都有潜藏的议题：对丈夫来说，他想要自由和冒险；对妻子来说，她想要一个家。但双方几乎都没有意识到这些更深层次的真相。

他们变得越来越疏离，像敌对的散兵，退回自家的散兵坑，并像扔手榴弹一样，指责和批评对方。某一天，妻子得了重感冒，没法遛狗。丈夫不得不停下手头重要的事情，带狗出去，他心里充满怨恨：他可不想这么做！还有一天，小狗也表达了自己的“抗议”，它把大便拉在了他的桌子下面，而那是他在家工作的地方。

丈夫说他不会清理小狗的大便，妻子说她也不会清理。那一小坨狗大便标志着一种边界，越过它就是承认自己失败、对方获胜。当他们离婚卖掉房子时，他们请人进行了一次大扫除。清洁工们依次清理了每个房间，并把这对夫妻共同生活的所有证据，连同他们留下的指纹、烹饪香料、灰尘和纸张统统抹掉或清理掉了，为的是制造空间感，让即将到来的潜在买家感觉这里一尘不染，并想象自己住在里面的感觉。而当他们来到那张桌子旁时，会发现桌子底下有一个坚硬的白块，因为时间久了，狗大便就会变成这样。

我们讲这个故事，是因为类似的情况非常普遍。每对夫妻都有一些小分歧，起初看起来微不足道，但它们不会消失，而会像滚雪球一样逐渐变成巨大的障碍。听到这个故事时，我们心想，这真的是很糟糕的分手理由，美满的婚姻就因为一只小狗而终结了吗？

其实，他们的争吵并不是因为小狗，也不是因为狗大便，小狗反映了他们各自的主要生活哲学。当他们为了遛狗、付宠物医院的账单、购买狗粮等争吵时，他们并不是真的在为这些事情争吵，而是为各自的价值观、梦想以及对婚姻和生活的期望争吵。也就是说，他们在为一些基本的事情争吵，这些事情对他们来说很有价值，甚至可以挽救婚姻。但遗憾的是，他们从来没有走到那一步，从来没搞清楚他们到底在吵什么，以及彼此该如何交谈。他们的争吵变得具有破坏性，导致他们的关系最终破裂。

这是我们很久以前遇到的一对夫妻，当时约翰还没开始研究伴侣关系。后来他才完全理解伴侣冲突的深层原因，并从自己的研究中学到了更多关于关系的科学知识。约翰未能帮到这对夫妻，他们后来离婚了。不过从那以后，我们帮助了成千上万对同样陷入困境的伴侣。

在写本书的过程中，我们对这对夫妻的故事有诸多思考。我们多么希望当时就能掌握经过 50 多年的重新研究后得出的结论。如果我们能回到过去，那本书就是为他们而写的。

顺应当下，修改你的争吵方式

和一个人长期合作，优雅地驾驭所有伴随承诺而来的跌宕起伏，从来都不是件容易的事。几十年来，我们一直在与各类伴侣合作，并深知很多伴侣一直在寻求这方面的帮助。但对许多人来说，过去几年都是异常痛苦的。

伴侣们一直在应对巨大的压力和紧张感。在新冠疫情肆虐的很长一段时间里，许多人一直待在家里，有的人正常的日常生活和娱乐渠道以及曾经一直维持的社会联系被阻断了。工作和家庭之间的界限消失了，卧室变成了工作场所。伴侣双方把工作压力带回家，彼此的距离更近了，工作和生活混在一起，在同一个空间里重叠。对此，我们进行了长时间的研究。许多伴侣挣扎着解决经济收入、照顾孩子、工作安排等问题，还有一些伴侣在应对疫情的安全建议上发生了冲突，如是否有必要把家人和朋友聚在一起，值不值得冒这个险，等等。**当一方极度渴望社交和联系，而对方对高强度的社交活动深感焦虑时，双方往往会发生具有破坏性和两极分化的冲突。**

对许多人来说，曾经是避风港的家，却变成了一座熔炉，每个小问题都被放大，每个细微的间隙都变成了令人痛苦的裂缝。关于新冠疫情期间各种现象的数据仍在不断涌现，初步观察表明，新冠疫情导致很多伴侣出现了两极分化。在新冠疫情发生之前生活良好的伴侣，基本上可以安稳地渡过新冠疫情；但那些有关系问题的伴侣，仍然在挣扎着努力解决问题。事实上，我们中的很多人都属于后者[1]，且实际情况更糟。[①]在正常情况下，解决问题并修复关系可能会很容易，但如今变得非常困难了。我们甚至都不知道有多少人在苦苦挣扎。

这一领域的研究人员经常通过调查来评估伴侣们的婚姻满意度，但这些调查可能存在偏见。那些在婚姻中真正感到困扰的伴侣在接到访谈电话时会马上挂断，他们不想谈论这件事，所以研究人员可能会遗漏这些伴侣的信息，使得调查不够全面。

对许多人来说，过去几年是一段充满动荡和疑虑的时期。人们一直在重新

---

① 正文中以数字上标提示此处内容有更多相关参考文献，考虑到环保因素，我们为本书制作了电子版的参考文献。如有需要，请查看本书开头的测试题页，扫描下方二维码获取。——编者注

评估生活中的轻重缓急，以及如何分配时间和资源。伴侣们可能会想，我们还有共同的目标吗？这些摩擦是否意味着我们注定不能在一起？我们真的合得来吗？其实，无论有没有发生新冠疫情，伴侣们都需要面对这个“压力锅”时代。无论是什么原因，当今时代对伴侣们来说都是一段特别艰难的时期。当每一件小事似乎都能引发一场争吵时，当争吵令人感觉很糟糕时，当你说了让自己后悔的话时，以及当你希望可以重来时，无论你和伴侣的关系处于什么阶段，无论你们的爱情刚刚开始还是已经持续了几十年，有一件事都是肯定的——你们都不想在桌子底下留下任何“脏东西”。

没有冲突可不是好事

首先要澄清一件事，我们不会教你如何避免争吵。没有冲突的生活听起来很不错、很幸福，但这可能不符合你和伴侣的最佳利益，因为亲密关系必然会引发冲突。

以来接受过治疗的一对夫妻为例。他们从来不争吵，而是倾向于回避敏感问题，他们不想伤害彼此的感情，也不想卷入一场棘手的讨论。他们想，这样的讨论有什么意义呢，似乎从来找不到解决问题的办法。对他们来说，回避问题似乎就是最优解。他们无法解决任何问题，也无法避免所有的压力和刺激。没有冲突，似乎是合理的。当他们来接受治疗时，他们坐在沙发上靠得很近，情感上却相隔千里。他们对彼此很有礼貌，没有提高声音，没有摔门，没有沮丧的怒吼，也没有桌子下变干的一小坨狗大便。但在某些时候，他们也失去了彼此的情感联结。

在治疗时，我们会让他们一起做一个练习，我们经常请前来接受治疗的夫妻们这样做，即让双方评估各自对伴侣的了解。比如，谁是伴侣最好的朋友，伴侣面临哪些压力，伴侣现在的感受如何，伴侣的人生梦想是什么，等等。

当问题被一一列出时，一切很快变得清晰起来，因为这对夫妻几乎一个问题也答不上来。在一次交谈中，他们的紧张和怨恨之情慢慢地显露出来。丈夫坦言了一件困扰他几个月的事情，但他从未对妻子提过。他觉得妻子每周五晚上总是和同事出去喝酒，而不是直接回家，这让他感到很困扰，因为他们之间从没有过任何形式的约会。妻子对此表示很震惊，她说："但我问你是否介意时，你说不介意。你为什么不直接告诉我？"丈夫回答说："我不想争吵。"

冲突是人际关系中自然而然的一部分，也是人际关系的必要组成部分。人们常常认为冲突越少，越幸福，但事实并非如此。没有冲突并不意味着双方关系牢固，事实可能正好相反。由某离婚调解研究项目开展的一项研究发现，80% 的离婚夫妻称，分居和丧失亲密感是他们离婚的主要原因。[2] 我们的研究则发现，存在不同"冲突类型"的伴侣也可以拥有幸福、长久的关系，关系的成败不在于是否存在冲突。

Fight Right
冲突箴言

即使最幸福的夫妻也会争吵，关键在于如何争吵。[3]

冲突是更深层次联结的来源，是每个人认识自己和伴侣的方式，如自己是谁、想要什么以及伴侣是什么样的人、伴侣将成为什么样的人、伴侣想要什么。冲突可以弥合双方的差异，呈现双方的相似之处和共同点。问题是，我们还没有学会如何正确地争吵。在高中时，我们没学过如何争吵，但可能已经开始了第一段恋情，于是我们只能盲目行动。我们关于冲突的观念和解决方法来自童年、我们的教养和文化、过去经历的关系，以及自己都没意识到的已经被塑造的争吵方式。无论有过多少段感情，或者拥有相伴多少年的伴侣，我们仍然在摸索，并试着在前进的过程中找到答案，而在这个过程中，我们会犯很多错误。如下面这段文字所言：

我们在怨恨中煎熬了太久，

终于出现问题。
我们开始严厉地批评彼此。
我们不知道如何自我安抚，
我们崩溃，
被情绪淹没。
我们开始戒备森严。
我们不会停下来弄清楚到底是怎么一回事。
我们会错过或拒绝伴侣的感情修复尝试和联结。
我们似乎无法妥协，
我们已经放弃太多。
我们急于道歉，
因为我们只想休战。

一个很大的问题是，人们总是忽略过去的争吵，我们称之为“令人遗憾的事件”。人们不谈论，不治愈，也不从中学习，只是继续前进。最终，双方互相伤害，变得越来越疏远；或者由于害怕受伤而彻底回避冲突，导致关系中的鸿沟变得越来越大。这种处理冲突的方式完全不妥，迫切需要干预。

爱情实验室的新发现：正确吵架的秘诀

我们研究爱的科学已经有 50 多年了。约翰是一名研究员，他最初是一名数学家；朱莉是一名执业临床医生。我们毕生的工作一直是为那些彼此相爱且希望稳定而持久地发展亲密关系的伴侣研发干预策略，他们需要真正的工具来确保关系走上正轨并顺利发展。

通常，伴侣之间的问题不在于关系本身，而在于没有适当的应对工具。每段关系都是独特的，都有其独一无二、不可重复的发生机制，包括爱与吸引、冲突与联结、个性与过去，所有这些相互混合、碰撞，并创造出新事物。虽然如此，我们还是研究出了一些普适、全面且有效的干预措施。我们最想做的就是把它们公之于众，因为每个人都需要。

50 多年前，约翰和他的研究伙伴利文森对伴侣来访者进行了第一次研究，并首次将科学方法应用于爱情关系。我们一起工作至今也有 30 多年了，我们建立了“爱情实验室”（the Love Lab），它位于西雅图华盛顿大学校园，那里也是我们相遇并坠入爱河的地方。像所有的夫妻一样，当我们一起生活、结婚且有了孩子以后，我们也必须弄清楚各自的冲突文化是怎样的。我们必须纠正错误的争吵开端，以及那些莫名其妙的、似乎反复被谈论的话题。现在，我们已经很擅长争吵了。我们认为，每个人都可以带着善良、带着爱、带着平和的态度进行争吵。此外，我们的研究还有一个优势，那就是有爱情实验室的数据做支撑。

爱情实验室已经接待了超过 3 000 对伴侣。作为研究人员，我们的目标是尽可能地细化出哪些具体的行为能带来持久的爱情和幸福。我们会请伴侣们来爱情实验室，并安排他们在一个舒适的房间里度过一个周末。我们会录下他们的互动并进行分析，然后追踪随访他们数年，有的甚至数十年，以审视他们的关系变化趋势以及幸福感和婚姻满意度。我们会重点分析他们的冲突以及他们在争吵之前、争吵期间和争吵之后如何互动，这对一段关系的健康发展非常重要。

在一项研究中，我们要求伴侣坐下来谈论他们的冲突点，即他们还没有解决的一些问题。我们会录下他们的互动，然后分析视频的每个画面。我们会把他们的每个手势、叹息、微笑、停顿都记录下来，并对他们的肢体语言和语调进行编码。我们会为他们佩戴生物反馈装置，这样就能同时追踪他们的心率和呼吸等相关数据，这些生理指标能反映很多信息，比如双方是如何开始发生冲突的，以及为什么以这种方式发生冲突。

我们的研究对象有异性恋和同性恋，有的有孩子，有的没有孩子，有的富有，有的贫困，有的来自不同的种族和文化背景。在对每对伴侣进行非常深入且彻底的研究之后，我们每年都会把他们请回爱情实验室，再对他们进行一次研究。我们很想知道他们是否有所改变，他们是否还在一起，他们是否幸福；当发生冲突时，为什么有些伴侣会因为矛盾而分手，其他伴侣又是如何和好的。结果我们发现，通过观察和编码他们的行为，我们能预测哪些伴侣会继续在一起，哪些会离婚、分手或不愉快地在一起，且准确率超过 90%！对于那些仍然在一起的伴侣，即使他们经历风风雨雨，仍基本上对婚姻关系感到满足，我们称他们为“爱情大师”。我们还发现，一对伴侣前 3 分钟的争吵可以用来预测他们 6 年后的关系状况。[5]

Fight Right
冲突箴言

伴侣在冲突期间的积极互动和消极互动的比例需要达到 5：1，才能维持长久的爱情关系。

如果不考虑冲突，对这一比例的要求会更高。[6]我们还发现，在冲突过程中会出现 4 种关键的行为，我们称之为“末日四骑士”，它们分别是批评、蔑视、防御和冷战，这通常会在夫妻结婚平均 5.6 年后出现。[7]但我们也发现，没有冲突并不是保证婚姻长久的秘密，因为在婚后的第 16.2 年左右，又会出现一波离婚潮。这些离婚的夫妻并没有遭遇末日四骑士，他们之间没有重大冲突，但也没有幽默感和沟通的欲望，且对彼此丧失了兴趣。可以说他们之间什么也没有。但爱情大师们不会回避冲突，他们有一定的互动能力，能带着合作精神应对冲突，且知道如何修复关系。[8]

除了以上这些，我们还有很多发现。我们把它们都写进了书中，供你参考。我们将从讨论冲突的背景，即基本上可归结为导致争吵的所有因素开始，讨论伴侣双方的成长方式、所属文化和元情绪（meta-emotion）——“对感受的感受”，以及元情绪是如何以令人意想不到的方式塑造伴侣关系的。我们将讨论伴侣之间的日常互动如何在冲突中为彼此的关系提供某些动力。我们会探究争吵背后的真相，并带你了解 5 种争吵，从而让你知道你们在冲突中会犯哪些错误，以及如何纠错。此外，通过在冲突中应用科学的干预策略，你和伴侣会做出改变，并学会正确地争吵、更好地去爱、更多地彼此联结。

当我们的女儿莫莉亚还小的时候，她曾经说过一句话，那句话让我们明白，我们的使命是为伴侣关系而工作。当时，她问起我们在爱情实验室的工作。也许当时她很生气，因为我们周末要在爱情实验室举办一个夫妻静修会，而她更希望我们待在家里，或带她去坐渡轮、骑车、买冰激凌吃。总之，她一直在向我们追问，我们到底在做什么，这些“爱情科学”到底是什么。我们向她解释说，我们一直努力在为那些想要维持爱情和幸福的伴侣提供强大而有效的干预措施，这是他们想要的。我们告诉她，有很多夫妻，包括她的父母——我们自己，有时候会经历一段彼此相处困难的时期。

我们问她：“如果爸爸妈妈总是在争吵，你觉得会发生什么？”她回答说：“我想这房子里会没有彩虹。”我们都没有说话。“房子里会没有彩虹。”女儿清晰且完美地描述出了我们的工作使命。风雨不可避免地会来袭，但风雨过后会有彩虹。所以，你要记住，只有先经历风雨，才能看到彩虹。

冲突是常态，也是良机

我们已经写了很多关于爱的文章，比如什么会成就爱，什么会破坏爱，什么能让爱保持活力。最近，我们迫切想了解人们是如何处理冲突的。一个重要的原因是，冲突随时随地可见。研究表明，无论伴侣双方在争吵什么，他们总会一直争吵下去。[9] 伴侣之间的冲突不是一时的、情境性的，更不是能轻易应对的——冲突是永恒的。

伴侣之间的冲突有两种基本类型：可解决的冲突和永恒的冲突。可解决的冲突可以通过某种解决方案来应对。例如，你总是要在伴侣做完饭后收拾满是狼藉的厨房，因此你觉得自己未被公平对待。一旦你的愤懑达到临界点，你和伴侣可能就会为此争吵，但最终你们很可能会找到解决方法，比如互换做饭和收拾厨房的任务，或者当你在做其他家务时，对方也要做家务。这是一个后勤问题，只要双方冷静思考，就可以一次性解决。

永恒的冲突则不同，它们没有解决方案，伴侣双方会一次次地为之争吵，因为它们映射出了彼此更深层次的差异，如性格、优先事项、价值观和信仰等方面的差异。无论一方有多完美，这些差异对对方来说都永远存在。谁也不会爱上和自己一模一样的人。事实上，人们经常被那些在某些方面与自己非常不同的人吸引，相对而言，双方是不同的，甚至是互补的。

总而言之，伴侣们69%的冲突是永恒的、不可解决的。这意味着大多数时候，无论你和伴侣为何争吵，你们都无法找到简单易行的解决办法。在这些无休止的冲突中，有16%的冲突可能会陷入僵局，也就是双方会反复讨论同样的话题，不仅不会有任何进展，反而会造成更多的伤害、愤怒和距离。因此，改变争吵方式迫在眉睫。争吵方式决定了沟通和联结方式。

但是，我们总在犯错。我们横冲直撞，互相伤害，错失良机，然后再次循环，下次又会为同样的事情争吵。在新冠疫情期间，很多夫妻深陷的痛苦和挣扎比以往任何时候更甚。如今，家庭暴力发生率在不断上升。我们在全球范围内对4万对夫妻进行国际研究后发现，在寻求治疗的夫妻中，有60%的人遭受过不同程度的家庭暴力，很多其他相关统计数据也支持这一点。而且在这些夫妻中，焦虑（27%）、抑郁（46%）和自杀（29%）的发生率都很高。此外，近33%的夫妻都在为物质滥用问题苦苦挣扎，35%的人则正在应对婚外情的余波。[10]

世界似乎变得越来越不确定，而很多时候，我们最终会把压力和焦虑发泄在最亲近的人身上。**当伴侣发生争吵时，双方不会单纯地就事争吵，而会把所有的事情都牵扯进来。**当双方发生冲突时，彼此往往已经承受了太多。人们的情绪带宽变窄、认知过载，这导致双方对彼此温柔以待的能力降低。双方会在一天经历的担忧和压力的影响下进行互动，并以不同的方式压迫彼此，而双方却意识不到。在家庭之外，冲突也比比皆是。冲突在虚拟世界中扩散，而在这种情况下产生的互动使人与人之间真正的理解变得越来越罕见。我们的世界从未如此两极化。

我们正处在人类历史的一个关键时期，一个跨越性时期，在任何时候，我们都要学会卸下防备心，保持开放的心态，为和平与理解而努力。而这一切，要从家庭开始。伴侣之间的亲密关系是更大社会的基石，会使孩子、友谊、其他家庭和职场产生连锁反应，影响我们回馈社会和改变世界的能力，以及凝聚为社会团体的方式。当我们学会在家里更好地争吵时，就能学会在社区、社会等问题上，甚至作为人类本身，更好地应对各种问题。

只有人类才存在冲突。冲突甚至是人性使然。通常，发生冲突才是正常的，但我们需要把良善的人性带到冲突中。当我们争吵时，应该努力创造更好的东西。这就是冲突的终极目标——创造更好的东西，为我们自己，为我们和我们的伴侣，也为整个世界。冲突不一定会把我们击垮，冲突与和平也未必是相互排斥的，我们可以通过冲突实现和平。我们可以把良善和温柔整合进争吵中。我们可以因为冲突更加亲近，要做到这一点，我们需要触及冲突的核心。

我们是如此深邃的人类。我们不能仅仅由外在的头发、皮肤和衣服来定义，也不能仅仅由我们表现出来的个性来定义。我们深不可测，我们内在有河流，有瀑布，有悬崖，有深谷，甚至我们自己也还没有完全探索过，我们常常害怕在关系中展示这些部分。我们往往觉得自己必须处于最佳状态才能赢得别人的心，所以我们关闭了复杂的内心世界。而一旦我们进入亲密关系中，它们便开始显现，而且经常出现在冲突中，这不仅让我们的伴侣感到惊讶，也让我们自己感到惊讶。这些埋藏或压抑已久的东西，即我们的需求、梦想和情绪，在突然爆发的那一刻，破坏力无穷。我们本不必如此。

争吵会让一切变得激烈和混乱。当双方重提过去的痛苦和创伤时，很容易陷入旧的模式，被情绪、过去和旧伤劫持。但如果双方能看到更深处，就会生出很多同情和理解。我们写本书的一个目的是，希望你和伴侣可以把你们的冲突看作一次良机。你们会对各自的冲突文化有更深刻的了解，并能知道它从何而来。你们会学会如何揭示争吵的真相，抓住问题的核心，并通过争吵更好地了解彼此。我们还希望你们能清楚地了解，当你们争吵时，可能会在哪些情况下出错，该如何调整，以及如何在冲突的漩涡中找到出路。此外，我们也希望你们能在争吵时多一些幽默和轻松，因为这将是一条漫长的道路。

冲突并不总是有趣的，但我们希望本书会给你们带来乐趣。

第一部分

冲突背后的真相

Fight Right

在结婚前几年表现出更大
冲突的新婚夫妻，
多年后的婚姻关系会更牢固、更幸福。

01

相爱的人为什么会争吵

“发生了什么事？”丈夫问道。与此同时，妻子也问道：“你想谈什么？”说完两人都笑了。

这对夫妻坐在舒适的床上，背靠洁净、挺括的白色枕头，两人靠得很近，正对着摄像头。他们的身体都向对方倾斜，看起来似乎都很热情和放松，不过也许因为是在摄像头面前，所以有点紧张。

我们要求他们打开笔记本电脑的摄像头，点击“开始录像”，然后简单地谈一谈他们一天过得怎么样。仅此而已。

与此同时，我们的人工智能系统正在监控和记录这对夫妻的互动过程。我们创建该系统的目的是帮助受过戈特曼方法训练且想要评估自己在家里的关系的治疗师和伴侣，让他们通过收集有启发性的相关数据，了解伴侣们在日常的互动和冲突中如何回应对方。该系统仅凭视频内容而不依靠任何其他设备就能读取人们心率的细微变化。通过机器学习[①]，它还可以进行情绪编码，在多种可能的情绪类别范围内逐秒精确地定位每个人的情绪。它还能评估人们对伴侣的信任度，并在 0 ～ 100% 打分。它是由我们杰出的同事拉斐尔·利斯特萨（Rafael Lisitsa）和弗拉基米尔·布雷曼（Vladimir Brayman）博士设计的。

刚刚提到的这对夫妻在交谈中简单地聊了聊各自的工作周，两人很期待周末的到来，希望借此机会放松一下。人工智能系统收集到了这些信息，且已经对这对夫妻的互动进行了编码——他们的互动正从“中立”发展为“感兴趣”。两人都很放松，心率都在每分钟 80 次左右，他们对彼此的信任度也相当高。以下是他们的一段对话。

妻子：对了，顺便说一下，我跟我父母说，如果这周末他们来的话，可以留下来，住我们的房间。我们睡沙发。

（对话停顿了一下）

丈夫：你已经告诉他们了？

妻子（有点轻蔑地）：对啊，他们是我的父母。我……

丈夫：你知道我在沙发上睡不好。

妻子（翻了个白眼）：哎呀，就一个周末，有什么大不了的。

丈夫：好吧，我想在你父母面前表现出最好的一面，我不想抱怨，因为我没……

妻子：说得好像你在我父母面前一直表现得最好似的，所以……

丈夫（声音里夹杂着受伤和讽刺的意味）：呵！好吧。

妻子：你这是什么表情？难道我说的不对吗？

丈夫：喂，我在为你的父母付出努力，而且……

---

① 机器学习是一门多领域交叉学科，涉及概率论、统计学、算法复杂度理论等多门学科，专门研究计算机怎样模拟或实现人类的学习行为，以获取新的知识或技能，重新组织已有的知识结构使之不断改善自身的性能。——编者注

妻子：是吗？为什么3年了你才这么做？为什么非得这个周末？

丈夫：3年？难道你觉得我这3年没有付出努力吗？

此时，他们的对话张力激增。他们频频打断对方，试图说服对方。妻子指责丈夫在最近一次通话中惹她父亲哭了，而丈夫试图为自己辩护。

妻子：你就非得冷嘲热讽一句吗？我只是想对他说句“生日快乐”。

丈夫（喊道）：我当时只是想幽默一下！

人工智能系统记录下了双方心率升高的过程。值得注意的是，丈夫的心率飙升到了每分钟107次。双方对彼此的信任度也急剧下降，丈夫对妻子的信任度降到了30%以下。双方的情绪值也双双暴跌。两人的互动迅速变得十分消极，妻子在表达攻击，丈夫在防御，两人说话都带着轻蔑的态度。不到30秒后，这对夫妻转身背向对方，他们疲惫不堪、怒气冲冲，完全放弃了对话。当人工智能系统捕捉到的视频被切断时，他们各自都在盯着反方向看。

为冲突“编码”

以上提到的是一对真实的夫妻，他们同意加入我们创建的这个新平台。该平台旨在帮助那些像他们一样经历过一段也许是1年甚或10年艰难的时期，且需要支持和指导的普通伴侣。

近年来，人们对成熟治疗师的需求大大增加，可以说是供不应求，新冠疫情更加速了这一进程。此外，对忙碌的伴侣来说，无论是忙于全职工作，还是忙于照顾年幼的孩子或其他家庭成员，他们很难抽出时间去接受治疗。很多伴侣本可以通过专业人士获得指导，但由于各种原因无法实现，他们中的很多人都在困境中苦苦挣扎。我们希望找到办法，帮助那些陷入挣扎的伴侣尽快摆脱困境。因此，我们尝试开发这样一个平台，伴侣可以通过手机或电脑访问，并能随时随地获得指导和建议。为此，我们需要设计一个可以观察伴侣互动的人工智能系统，它就像成熟且经验丰富的专业人士一样，当伴侣双方的对话趋向危险的境地时，它可以识别出迹象和信号。

治疗师往往需要接受专业的培训才能观察到这些迹象和信号，如肢体语言和生理上的细微变化、声调、措辞等。我们是否可以通过编程让计算机程序实现这样的敏感性呢？简单来说是可以的。在冲突编码方面，人工智能不仅可以与人类治疗师相匹敌，而且实际上表现得更好。

本书中很多关于伴侣冲突的数据和观察均来自我们在爱情实验室里几十年的工作实践，以及我们和其他研究人员进行的重要且具有开创性的观察性研究。现在，我们通过人工智能系统获得了更多复杂而精细的信息。我们采用约翰的"情绪编码系统"与人工智能系统一起进行训练，简称 SPAFF（Specific Affect Coding System，特定情绪编码系统）。[1]

在约翰刚开始着手研究伴侣关系时，该领域的心理学家一直致力于研究个体的个性和行为的一致模式，但对伴侣双方在关系中相互影响的关注非常少。他们的普遍看法是，对伴侣关系的研究既不可靠，也没有科学价值。他们认为，研究单独的个体本来就很不可靠，研究两人的关系更不可靠，结果肯定不容乐观。后来，作为数学家的约翰证明，他们是错的。

约翰开始探究个体和伴侣的行为模式，尤其是伴侣之间的互动顺序，这可以呈现出伴侣的整体幸福感和他们关系的状态。[2]通过一系列观察性研究，约翰及其同事设计了一个编码系统，用来测量两个人之间互动的细微变化，包括面部表情、语调、语言、修辞和生理特征等。约翰和他的研究伙伴利文森提供了一些方法，可以让参与研究的伴侣评估自己在冲突对话中的体验，以此提供更重要的信息，来了解伴侣如何经历冲突以及他们的评价与最初的意愿是否相符。随后，还可以继续追踪伴侣之间互动的编码序列与他们关系的实际变化结果是否一致：他们分手了还是仍然在一起？如果仍然在一起，他们感到幸福还是痛苦？

约翰研究了 3 种关系类型的伴侣：离异的、幸福地生活在一起的、在一起但不幸福的，并从中获得了极其可靠的数据。约翰发现，伴侣之间的互动有着不可思议的稳定性，也正因如此，这种稳定性可以用来高度预测他们未来的关系走向。当约翰使用 SPAFF 对一对伴侣的互动进行编码后，他便能以超过 90% 的准确率预测两人未来的关系。[3] 预测结果的依据很大一部分源于他们在冲突中的表现。

约翰研究伴侣关系的重点之一在于“冲突任务”，即要求伴侣选择一个他们正面临的冲突话题并进行讨论。他们的争吵会被录下来，研究人员会仔细研究这些镜头，努力为每个镜头中的表情和互动编码，且精确到 0.01 秒。这项工作要求很高，为此研究人员需要在这方面接受高强度的培训。

在使用 SPAFF 之前，其他编码系统是基于一些线索对人们的行为和互动进行观察的，包括可直观看到的动作、面部表情和行为。但问题是，这会遗漏很多重要的背景因素，比如声调，高声调表示积极情绪，低声调则表示消极情绪。再比如，伴侣在互动中使用某些词而不用其他词，通常有特殊的意义，我们称之为“副语言学线索”。比如，在同一个句子中重读不同的词，可以表达不同的情感，如可能表达挫败感，也可能表达灵活性，因此，我们需要考虑这些因素。此外，还要考虑伴侣双方在使用语言和肢体语言时的文化差异。在我们的编码系统中，无论伴侣选择以何种方式互动，他们的情绪都会以交互方式传达给对方。

人类是如此复杂，任何有关人类行为的编码系统也必然同样复杂。如果让专业人士对伴侣争吵时的情绪进行编码，他们必须异常敏感。他们必须知道伴侣双方说的每个词的意思，理解每个词的上下文，理解伴侣双方所处的文化；他们必须听出话外之音，包括音调、响度、音高、节奏、重音，此外还有很多细节需要注意。令人惊讶的是，经过约翰的编码系统训练的人工智能系统，可以准确复制文化背景下传达的信息，而这向来是熟知文化的观察研究人员的工作。人工智能不仅能胜任人类编程的工作，而且通过后续的机器学习，它会变得越来越好用，最终很可能会和最优秀的人类一样出色。

这一切都意味着，我们的人工智能系统非常擅长这项工作。当我们邀请一对伴侣开始对话，比如前文中提到的那对年轻夫妻为一个折叠沙发争吵时，平板电脑和视频摄像头正在开启，人工智能系统正在收集不可替代的信息，且比大多数经验丰富的专业人士做得更好，它甚至会实时影响伴侣各自的生理状态。我们从人工智能系统中得到的关于这场争吵的“高潮”信息非常精确。这场争吵非常值得剖析，因为它完美地呈现了一场冲突中所发生的一切。

典型的吵架方式，你“中招”了吗

选择这场争吵作为本书开篇的案例，原因很简单，因为这样的争吵很经典，它呈现了典型的伴侣矛盾中的所有主要特征。

- 刚开始一切正常。前一秒双方还在愉快地聊着这一周的经历，下一秒就全面“开战”了。
- 升级，很快陷入棘手的冲突。人工智能系统记录了在不到一分钟的时间内，这次互动就升级为一场冲突。
- 没有倾听。在这段对话中，毫无理解性的空间，只有进攻和防御。它听起来不像是一次对话，更像是两人在用剑决斗。
- 包含末日四骑士。消极的沟通模式预示着一段关系的结束：

批评（“那为什么 3 年了你才这么做？”）；

蔑视（“你就非得冷嘲热讽一句吗？”）；

防御（“我当时只是想幽默一下！”）；

冷战（在争吵结束时，丈夫陷入沉默，完全切断了与妻子的联结，不再回应妻子）。

- 情绪淹没。发生冲突时，神经系统会发动情绪“劫持”并导致情绪淹没，最后演变成情感疏离。人工智能系统记录下了男性快速而强烈的生理反应，尤其是当冲突不断升级时，男性心率会从平均每分钟 80 次飙升至每分钟 107 次甚至更高——这是情绪淹没的重要指标。
- 消极互动迅速盖过积极互动。对长期处于良好关系中的伴侣来说，他们在冲突互动中保持积极互动与消极互动的比例需要达到 5：1，即每发生 1 次消极互动，就要相应地进行 5 次积极互动。而在这场争吵中，几乎 100% 的互动都是消极的。
- 从来没有或很少有感情修复尝试。在爱情关系中，伴侣双方避免冲突破坏彼此关系的主要方法是感情修复尝试，双方不仅在争吵之后要进行感情修复尝试，在争吵过程中也要这么做。就像很多人都体验过的一样，当争吵变得激烈，双方情绪激动时，谁都不愿意甚至做不到感情修复尝试，最终两败俱伤。
- 争吵与原生家庭有关。伴侣之间的争吵与各自的原生家庭几乎都有关。

我们不妨描绘一下这对夫妻的形象：他们都处在快 30 岁的年龄，刚结婚两年，相对而言，他们的关系还很稚嫩。妻子有一头长金发，戴着鼻环。丈夫留着黑色齐肩发，在对话开始时，他用双手理了理头发，顺势冷静地靠在床上并开始和妻子聊天，然后越聊越激动。当妻子生气时，她的身体会向丈夫倾斜，她的肢体语言很有攻击性。她紧紧盯着丈夫，目光聚焦在他身上。她指责他，并迫不及待地等待他的回应，然后继续指责他。妻子的这种做法叫作厨房水槽效应（kitchen sinking），即批评者把一系列毫无关联的批评汇集到一起。此时，她一股脑地说出了很多消极信息，向丈夫发泄压抑已久的怨恨，她此前一直无法表达她内心的消极感受。丈夫则默认使用讽刺的防御方式，他似乎感觉被对话束缚住了，仿佛他内在有个车轮在转动，但他找不到出路。

在这场争吵结束时，夫妻二人都陷入了沉默，挫败地摇着头，一无所获。

好在他们仍在使用我们的人工智能系统，这意味着两人都没有被击败，也没有放弃。他们知道彼此的关系出了问题，也都在努力尝试解决；他们不想放弃对方，不想放弃在一起的生活；他们期待彼此的关系变得更好，却被一个问题困扰着，这个问题也是很多夫妻都会问我们的："我们为什么会这样？"

对于这个问题，我们可以给出 100 个答案。不过，我们还是先看看那些大的方面吧。

为什么我们注定会争吵

俗话说，异性相吸。从科学的角度来看，这句话是对的。瑞士动物学家克劳斯·韦德金德（Klaus Wedekind）在一项关于伴侣之间的嗅觉、吸引力和遗传差异的研究中证明，伴侣之间确实会产生"化学反应"。[4]他招募了 100 名异性恋被试，男女各占一半，且他们存在遗传多样性。研究人员给男性被试分发了干净的 T 恤，并要求他们回家后穿上 T 恤睡两个晚上，然后再把没洗的 T 恤送回实验室。随后，研究人员把这些穿过的 T 恤按每 7 件一组分发给女性被试，并要求她们逐个闻这些 T 恤的气味，并从"强烈""愉悦"和"性感"这 3 个形容词中选择一个来描述每件 T 恤，最后指出哪一件 T 恤的气味总体上最吸引人。

研究结果非常有趣。绝大多数女性被试更喜欢有特殊基因序列的男性穿过的 T 恤的气味，这些男性和她们的基因序列差异最大。韦德金德最终把目标锁定在了主要组织相容性复合体上，即 MHC 基因。MHC 基因在免疫系统中起着关键作用。当父母的 MHC 基因差异较大时，后代在对抗病毒和疾病方面具有优势，且将获得更多保护。**换句话说，与基因相异的人交配是人类与生俱来的一种生存机制。**

所以，如果一个人发现自己经常和另一半发生冲突，那是因为他选择了一个和自己非常不同的人——这是人类与生俱来的基因设定。事实上，性格差异可以用来解释绝大多数伴侣之间的矛盾。正如前文所说，69% 的冲突是永恒的、不可解决的，也就是说，我们将在与伴侣的整个关系中面对这些冲突。[5] 永恒的冲突通常源于伴侣双方个性和生活方式偏好的差异。伴侣之间越能接受彼此的差异，双方关系就越好；而当一方试图改变对方时，双方的关系就会出现问题，继而会指责对方。曾经诱人且有吸引力的差异，变成了持久的摩擦点。

例如，从前妻子会说“我被你的自然随性所吸引”，如今变成“为什么你就不能制订一个计划并坚持下去？”；从前丈夫会说“我被你外向的性格和幽默感迷住了”，如今变成“你真的要在聚会上和每个人都聊吗？你是不是在和那个人调情？”。

即使两人不是典型的异性相吸，也难免会受这类冲突的影响。有很多这样的例子，我们称之为“反面暴露”，也就是说，如果一个人和伴侣看起来非常相似，那他们可能需要更长的时间才能发现彼此的差异。但无论如何，差异一定是存在的。以我们的一对来访者为例：夫妻两人都是艺术家，丈夫是一位画家，妻子是一位歌手，他们在艺术创作方面情投意合。妻子是个外向的人，从与他人的互动中获得能量和创作灵感；丈夫则是个内向的人，需要大量的独处和休息时间。他们因为共同的兴趣、背景和生活方式互相吸引，但后来表现出相反的个性和需求，这种情况非常常见。

另一个可能引发冲突的因素是重大生活变化，如为人父母。孩子的降生本应是一件喜事，但我们在对新婚夫妻的研究中发现，**高达 67% 的夫妻在孩子出生 3 年后，总体幸福感骤然下降，对彼此的敌意却陡增。**[6] 也就是说，双方争吵的次数更多了。为人父母本身就是个重大生活变化，其实生活中的任何变化都可能会引发伴侣之间的冲突，尤其是当这些变化影响到伴侣的需求、梦想、信仰或价值观时，如与上了年纪的长辈同住，换了一个要求很高的新工作，搬家，财务方面的重大转变，等等。当然，所有这些变化都是生活的一部分，因此学会应对冲突就显得更加重要。

人们并不会平白无故地争吵。生活压力是影响争吵频率和争吵方式的一大因素。无论选择去办公室工作，还是在家办公，抑或花一整天的时间照顾孩子，很多人都会把一天的压力和担忧带进和伴侣的互动中。

2004 年，利文森进行了一项被他称为“工作日残余”的研究，研究内容是工作日的“残余”如何渗透到伴侣的互动中，[7] 研究对象主要是“警察夫妻”，即夫妻中的一方或双方为警察。警察是一个承受高压力的职业，同时也是一个特别有启发性的窗口，可以让我们看到工作压力和疲惫感如何在生理和心理方面影响婚姻关系。也就是说，我们通过该研究可以了解到，夫妻双方在应对冲突时，身体会有什么样的具体反应，以及他们事后如何评估自己在冲突中的体验。利文森要求参与研究的夫妻写一个月的“压力日记”，并要求他们每周去他的实验室进行互动，聊聊日常生活等话题，利文森和研究人员会对他们的互动过程进行观察。

研究发现，在压力较大时，夫妻之间的冲突会更加激烈，双方都有更多的生理唤起或情绪淹没，主要表现为心率加快、血压升高、应激激素水平升高、神经系统过载。同时，他们在自我评估时报告了较多的消极情绪和较少的积极情绪。男性尤其容易受到体力消耗的影响，当他们疲惫不堪时，更容易产生强烈的身体被击垮的感觉。这表明，人们在现实生活中的经历，无论是在家办公还是在办公室工作，大都会影响自己和伴侣的关系。当工作压力大或带孩子的压力大时，人们更可能与伴侣发生冲突，且在冲突中更有可能产生身体被击垮、情绪淹没、不堪重负的感觉，同时会努力尝试调节自己的情绪。

由此种种，夫妻双方注定会发生冲突。但无论冲突的原因或主题是什么，导致冲突升级的一个重要且常见的因素是，人们很难应对自己的消极情绪，更难应对伴侣的消极情绪。一方要么是先感到被对方攻击，然后开始防御；要么是压抑自己的消极情绪，直至爆发。冲突的确是生活的一部分，而学会正确争吵的关键就在于，学习如何处理和谈论消极情绪，包括自己的消极情绪和伴侣的消极情绪。

愤怒和冲突，是友不是敌

20 世纪 80 年代中期，约翰刚刚成立爱情实验室，主要研究对象是新婚夫妻。当时，他并不确定研究数据会呈现怎样的结果，但他相信，他一定能在夫妻之间的行为和互动中发现特定模式，这将有助于我们理解为何有的夫妻在一起能维持幸福，而有的夫妻做不到这一点。最终的研究结果证实了他的观点。但科学的有趣之处在于，研究人员往往会采用与预期结果相关的理论进行实验。而在半数甚至超过半数的情况下，这样的实验结果是完全错误的。在爱情实验室里，约翰发现，在 60% 的情况下，他竟然都错了。不过，好在我们仍然可以从错误结果中得到与正确结果同样有价值的信息。

以下是约翰认为他可能会得出，但最终没有数据支持的结果：

- 愤怒是一种危险的情绪。
- 伴侣双方在一段感情刚开始时经常争吵，是个坏兆头。

我们先来看第二点。人们通常认为，恋爱初期的冲突似乎预示着双方的关系会越来越糟，但事实恰恰相反。

Fight Right
冲突箴言

我们在对新婚夫妻进行多年随访后发现，在结婚前几年表现出较大冲突的很多新婚夫妻，多年后的婚姻更牢固、更幸福。

这是为什么呢？研究发现，在这些夫妻中，妻子都感到足够安全，可以向丈夫发起提议或讨论，而其他很多女性在婚姻中并不敢这么做。而且，这一点只体现在“妻子对丈夫”的单向关系中。当冲突由妻子引发时，双方的关系会变得更牢固、更成功。研究人员把这种现象称为“妻子的消极影响”（wife negative effect），听起来可能不太乐观，但意味着双方将来的关系会变好。[8]没有冲突的新婚夫妻最初可能看起来关系更好，但我们在进行后续访谈时发现，许多妻子都在压抑而没有表达自己的需求，这导致关系中呈现出较少冲突的表象，从而掩盖了更深层次的问题，比如妻子对情绪宣泄的恐惧或害怕被抛弃，因此她们根本不会对丈夫发起任何提议。夫妻之间冲突较少，在关系初期似乎是一种积极指标，但这其实暗含着一些消极影响——他们的关系会更脆弱。

这也是SPAFF编码系统需要关注的，于是，我们发现了一个关于愤怒的有趣启示。SPAFF编码系统要求，我们的研究人员，包括现在的人工智能系统，把观察到的所有信息都编码为积极或消极信息。因此，我们得出了伴侣冲突中积极互动与消极互动的比例为5：1的结论。但在分析研究数据时，我们开始收集到越来越详细的信息，也越来越理解什么是真正的消极互动。我们发现，某些一开始被编码为消极的表现，从长远来看并非都是消极的，比如愤怒。愤怒不是消极的。当我们观察爱情实验室里的夫妻的表现时，我们确实从他们身上看到了愤怒，也认为它很糟糕。但事实证明，真正糟糕的不是愤怒，而是末日四骑士。当伴侣双方用批评、蔑视、防御、冷战来表达愤怒时，这对他们的关系会造成严重的消极影响。但愤怒本身并不是件坏事，也并不意味着一定会导致未来的消极后果。[9]

事实上，从现代神经科学的角度来看，愤怒与快乐和兴奋等积极情绪可能更接近，它被神经科学家理查德·戴维森（Richard Davidson）称为“前进型情绪”（approach emotion）。戴维森对研究左右脑之间的运作过程和情绪很感兴趣，于是他找来一组被试进行实验。他让每个被试都戴上一顶小帽子，里面带有紧贴头皮的电极，以便让研究人员抓取被试大脑电活动的图片（脑电图），被试需要回想他们近期经历的典型的一天，并说出当时体验到的情绪。戴维森则绘制出被试大脑活动的图表，想看看被试所述的情绪激活了哪一侧大脑。

人们一般认为，右脑负责创造和艺术，而左脑代表线性、逻辑的一面。但戴维森的发现指向了另一种划分左右脑的方法。他发现，当被试正在经历悲伤、恐惧、厌恶等退缩性情绪时，其大脑右侧前额叶的活动呈现出不对称性，这意味着该区域更活跃；当被试经历或处理感兴趣、好奇、喜悦和愤怒等情绪时，其大脑左侧前额叶的活动呈现出不对称性。[10] 左脑活动增加意味着被试想要参与正在经历的事情，而不是退缩，这时他们很兴奋、很好奇或很愤怒。因此，我们现在把愤怒看作一种前进型情绪。它并不完全是积极情绪或消极情绪，当我们在爱情关系中感到愤怒时，它是一种很有吸引力的感觉。这意味着，愤怒会驱使人们接近和联结伴侣，加入与伴侣的关系中，并表达自己的需求，尽管愤怒并非一种令人愉快的体验。

在许多文化中，人们倾向于相信，每个人在一定程度上对自己的感受是可以进行选择的。所以，当人们经历愤怒或悲伤等不良情绪时，就会感觉不耐烦，既对自己拥有这些情绪感觉不耐烦，又对伴侣表达这些情绪感觉不耐烦。这时，人们往往会想：为什么选择让自己感到愤怒、厌恶或悲伤呢？人们为愤怒感到羞耻，认为愤怒是糟糕的，冲突也是糟糕的。但我们认为并非如此。愤怒实际上是有用的，应当被认真对待。愤怒是一种自然的情绪，来自受挫的体验，这种体验包含良性的、有成效的信息，但重要的是，人们应该不带评判和蔑视地把这些信息表达出来。

从 SPAFF 编码系统中可以清晰地看到，愤怒并不预示着消极或不良的关系结果。只要伴侣不表现出末日四骑士，愤怒可以是件好事。愤怒意味着提出诉求，可能会促成伴侣双方进行必要的对话。我们在实验中发现，愤怒一直都被认为是最令人感到羞耻的，人们对此常常难以耐受，但其实表达愤怒并不可耻。

愤怒，尤其是女性的愤怒，在历史上是被压抑的。但愤怒是无法回避的，它可以让我们更好地认识自己。遗憾的是，人们总是害怕愤怒。其实，人们越害怕愤怒，就越容易出现两极分化，这种情况非常普遍。而男性可以表达愤怒，但不能表现出脆弱的情绪；女性被允许表达消极情绪，如悲伤、恐惧、忧虑，但不允许表达愤怒这样的情绪。约翰很幸运，娶了朱莉，朱莉是个善于表达自己愤怒的人。他别无选择，他需要接受愤怒是关系互动中的一部分。我们曾开玩笑说，朱莉有着热情的天性，但说真的，能拥有一段所有情绪都可以摆在台面上的婚姻，真是太棒了，谁也不需要藏着掖着。当然，如何表达和倾听愤怒，非常重要。

冲突越大，理解越多

在本书的开头，我们确定了几个目标。第一，让你认识到愤怒是一种前进型情绪。愤怒不是坏事，争吵也不是坏事。第二，教你不要通过批评、蔑视、防御等来表达愤怒，然后接近伴侣，而要转换思路，带着好奇心接近伴侣。

伴侣之间发生冲突是为了相互理解。如果双方没有冲突，没有争吵，彼此就无法全然理解，也无法全心全意地相爱。我们常把冲突称为通往理解的“捷径”（royal road），公元前 5 世纪，波斯国王大流士大帝为了使他庞大的王国内部能够便捷地沟通而建造了皇家大道（the Royal Road）。这也正是冲突能够带来的效果。冲突可以磨炼伴侣双方爱的能力，就如同磨刀石磨砺着爱的刀刃。

情绪是信息，每个人都要倾听自己的情绪，跟随情绪的引导。所有情绪都能激发出有力的洞察力，愤怒也是如此。

所以，当我们一起踏上这段“更好地争吵”之旅时，第一个目标就是明白，愤怒是可接受的，冲突也是可接受的，不必为此感到羞耻。**所有正常且自然的关系必然会产生愤怒和冲突，二者都可以促使伴侣关系良性发展。**

前文曾提到一个基本的、很重要的问题：“我们为什么会争吵？”答案很简单，争吵是因为伴侣双方在关系中使用着两个大脑。对大多数人来说，无论与对方关系持续多久，都要在“我”与“我们”之间把握平衡。这在爱情关系中体现得最明显，也适用于所有亲近的关系以及合作关系。

作为人类，我们都希望拥有能动性和自主性，这种需求深切而持久。我们总是不得不为了生存作出个人决定，古往今来，所有人都是如此。作为一个物种，我们不得不为了生存而面对很多挑战，比如战争、疾病、饥荒。每个人都有竞争的本能：一方面，我们认为自己懂得最多；另一方面，我们有一种竞争意识，认为他人可能懂得更多。所以，我们创造了层级系统，使每个人都可以贡献自己的某种特殊天赋或能力，同时每个人都面临挑战及存在缺陷。例如，如果一个部落想要在荒野中求生，它就需要有强壮的人、懂得合作狩猎的人以及警觉性高的人。这样一来，问题就变成了如何协调每个人面临的挑战、具备的优势和各自在技能水平和知识方面的差异，以便形成和谐的团队，获得最大的生存机会。那如果是更大的群体，又会如何呢？

从某些方面来讲，生存是非常简单的事情，只要有东西吃，有工具可以用来防御、打猎和处理食物，就足够了。而经过发展，人类的求生能力以惊人的速度在发生变化。如今，人们每天都需要在日常生活的方方面面做各种选择，比如什么时候该起床，谁先洗澡，谁先洗漱，谁叫孩子起床，谁给孩子穿衣服，谁做早饭，谁打扫卫生，孩子生病后谁照顾，谁支付家庭账单，认同还是不认同传统的性别角色，谁的事业应该优先，诸如此类。数一数你一天要做多少决定，然后乘以 10，因为每个选择还有很多子选项可供选择，就像一列可怕的下拉菜单一样没完没了。所以，伴侣之间怎么可能没有冲突呢？

一段关系就是个体与集体之间不断协商的过程。每个人都有自己的个体意识和认知，每个人自身的偏好、兴趣、情绪、智力甚至灵性，从根本上塑造了他本身。所有这些都在呼唤着寻求表达，每个人都有表达和体现自己是谁的需求。但集体需要的则是截然不同的东西，无论是一个部落、一个城市、一个国家，还是一对夫妻。集体需要合作、协作、凝聚、妥协，还需要善良之心、同情心，以及对彼此的个人偏好和需求的敏感性。个体和集体之间的张力始终存在：个体既渴望成为本真的自己，也渴望忠于集体。这便是我们在爱情关系、伴侣关系中要应对的一项长期且艰巨的问题。

为了解决这个问题，我们需要从一个基本的“你是谁”的问题开始，这个问题困扰着很多伴侣。双方在冲突中如何互动、如何理解对方的行为，这些都受到冲突文化的巨大影响。所谓冲突文化，是指每个人内在遵循的“冲突规则”，它往往是无形的或未被认识到，却根深蒂固。对处于一段关系中的双方来说，未被言明的规则可能千差万别。

02

我们用什么方式争吵

你和伴侣为何以某种方式争吵？你们对冲突的信念从何而来？你们的争吵风格是怎样的？你的争吵风格与伴侣的争吵风格匹配还是不匹配？对于来找我们治疗的很多伴侣，从来没有人问过他们这些问题，他们也从来没有问过自己。他们没有真正地意识到，他们从父母或文化中继承的、伴随他们成长的关于冲突的信念到底是什么。他们从未评估过过往关系的影响，也从未评估过这些关系如何影响他们处理和应对冲突的方式。

来看看泰勒和诺亚这对伴侣的案例。两人都是35岁左右，居住在城市里，都是某个领域的专业人士，且在艺术、电影和美食方面有很多共同的兴趣。工作之余，他们会花很多时间一起参观博物馆和画廊，探索没尝试过的餐馆，最近还共同参加了一个伴侣烹饪课程，体验很不错。他们外出一起做事时，一切似乎都很顺利。但每当他们试图就某个话题进行简单的对话时，问题就来了。泰勒在感到受挫或只想强调某个观点时会马上提高音量，诺亚则以沉默回应，甚至会因为被关系中充斥的情绪淹没而选择彻底回避，并在对话中途离开房间，这让泰勒感到愕然且非常受伤。泰勒认为诺亚并未真正关心自己的需求和感受，并感受到了诺亚的冷漠和自私，这像打在他脸上的一记耳光。

与此同时，诺亚感到无可奈何，仿佛自己完全无法和泰勒沟通，无法回应泰勒，每次回应泰勒必定会招致他产生更多的怒火。对诺亚来说，每次争吵都像进入了一个没有门的房间，没有出路。

对泰勒和诺亚来说，他们之间并没有引发冲突的具体原因。他们最近的争吵包括去哪里吃饭，以及是否要领养孩子。导致泰勒和诺亚的关系裂痕越来越大的真正原因，并不在于他们争吵的具体内容。他们彼此相爱，想要在一起，但他们对冲突有着完全不同的信念——他们各自认为理所当然但几乎从未真正意识到的信念。他们之间存在着不同的冲突类型。

3 大冲突类型，你是哪一种

健康的伴侣关系中可能会出现以下 3 种冲突类型[1]：回避型、认可型和易变型。它们就像分布在一个连续谱上的点，任何关系中的冲突都不可能 100% 属于某一种类型，而是有可能处在某两种类型之间，且倾向于某一种。了解了这些特征和倾向后，你可以对号入座，找出自己在关系中最接近的冲突类型以及原因。

简要地说，回避型伴侣倾向于完全不进行有冲突的讨论，不陷入令人感到潜在不安的冲突，而是“求同存异”，保持和平。认可型伴侣会争吵，但他们在争吵时仍然会保持有礼有节，会共同讨论问题，并乐于一起达成协议。至于他们能否履行协议，可能是另一回事，我们稍后会谈到这一点。易变型伴侣会更频繁地爆发冲突，且十分激烈，通常也更富有戏剧性。

通过以上简要描述，也许你马上就能辨识出自己和伴侣存在的冲突类型，但为了了解得更深入、更全面，我们还是来具体看看每种冲突类型的伴侣的倾向和行为。

回避型伴侣

回避型伴侣会试图回避冲突，但他们自身意识不到这一点。他们倾向于关注关系中好的一面，并选择不提出可能威胁这种稳定和平衡的问题。我们在爱情实验室的研究中发现，回避型伴侣很难在一段关于冲突的讨论中继续下去，他们会迅速转向强调双方共识和关系中积极的方面。回避型伴侣往往会说："我们享受彼此的陪伴，大部分时间都相处得很好，就算偶尔有点摩擦，又有什么关系呢？还是别没事找事了。"

不过，回避型伴侣也存在两种截然不同的类型。第一种类型很少谈论分歧。他们会想"好吧，我们在这一点上完全不一致，那我们就不要白费口舌了"，然后会立即结束这个话题。这些伴侣在爱情实验室的冲突任务中遇到的挑战最大。对于这种类型，我们的办法很简单，那就是让他们戴上可以监测心率等生理变化的监测器，打开录音设备，以便稍后对所有信息进行编码，然后给他们指令："选择最近的或你们关系中反复出现的冲突，花 15 分钟的时间讨论一下。"

在这方面，易变型伴侣没有问题，认可型伴侣通常也没有问题，但这种回避型伴侣真的很难进行下去。因此，我们必须迫使他们进入一个"压力区域"，以帮助他们开始谈论某个话题。但即使他们确实设法开启了一个话题，他们也无法谈 15 分钟。我们必须介入、推动和刺激他们谈更具体的内容。由于刺激，他们很快就感到不舒服，然后被情绪淹没，生理上不堪重负。他们不习惯争吵，这对他们来说很难。

这种回避型伴侣在生活中通常有更多的分歧，比如家里的某些空间或区域会成为一方的“领地”，他们可能倾向于承担更明确的家庭角色，这通常（但并非总是）符合传统的性别刻板印象，比如丈夫做决定，妻子服从；丈夫负责财务，妻子照顾孩子。

朱莉的父母就是这类典型。她父亲是个内科医生兼心脏病专家，整天都在忙着救治患者。她母亲有兼职工作，但大部分时间都和 3 个孩子待在家里。双方都有各自的独立空间。她父亲回家后会看报纸，而她母亲会做晚饭。一家人在饭桌上会兴致勃勃地谈论政治，一起看新闻，他们讨论的话题都是战争之类的世界大事。朱莉从来没见过他们争吵。他们彼此相爱，但不怎么交流，且对在关系中发现的问题闭口不谈，那些悬而未决的问题就像烟雾一般弥漫在空气中。

这种回避型伴侣可能会变得孤独，彼此疏远，但他们也可以过非常稳定的生活。他们倾向于降低风险、知足常乐。

第二种回避型伴侣则略有不同。他们对彼此都很感兴趣，会花时间待在一起，也愿意谈论自己的感受，但仅限于此。面对同一件事，一方会表达自己的感受，对方也会表达自己不同的感受，双方都有表达，但仅限于此，并没有更深入的交流。

根据我们在爱情实验室的观察，在所有类型中，第二种回避型伴侣往往是最幸福的。他们不像第一种回避型伴侣那样有刻板的性别角色分工，而是在家庭角色上有更多混合。不过，他们仍然不知道如何接受彼此的影响。如果他们差异悬殊，他们就会坦然接受这种差异。

对回避型伴侣来说，如果没有发生什么大事，他们的关系可能就像在平静的水面上航行，看起来一切顺利。

认可型伴侣

认可型伴侣与第二种回避型伴侣类似，不同的是，认可型伴侣在产生分歧时会发生争吵。他们并不害怕争吵，且会接受彼此的影响，努力达成妥协。他们会试图说服对方相信自己的观点，而回避型伴侣对此完全不感兴趣。认可型伴侣会试图解决问题，并努力提出新的解决方案。他们倾向于在冲突中保持冷静，但他们不满足于求同存异。他们希望解决问题、达成共识。

如果观察一下身边典型的认可型伴侣，会发现他们争吵的过程很有意思。比如，他们会表达一些情绪，但仍然非常理性。

双方都在头脑风暴，试图想出一些合乎逻辑的妥协方案或解决方案。他们有时会达成一致，有时会轮流遵照彼此的想法，比如“上次我赢了，这次我认输”。他们不会在对话时提高音量；对话的气氛可能会变得紧张，但很快就会恢复正常，双方会达成一种更倾向于合作的交流方式。总的来说，他们看起来是队友，而不是对手。

这样的关系听起来很不错，但双方在冲突中也会遇到问题，且可能面临冲突升级。认可型伴侣倾向于通过“休战”来应对冲突升级。他们不想变得像易变型伴侣那样情绪化，而会本能地转向更多积极的或有效的互动，以试图平息冲突。他们会总结对方说的话，比如“所以你是说，你想让我提前和我的父母做计划，而不是在最后一刻再安排……”。**认可型伴侣的典型特质是，他们愿意放弃自己在某件事上的立场，以避免产生强烈且不稳定的情绪。**

他们宁愿放弃一些东西，也不愿冒险令争吵升级。通常，这是因为他们在易变型父母或易变型养育者的陪伴下长大，现在他们想不惜一切代价避免这种情况。我们经常会问认可型伴侣：“你们为了维持和平，是不是做了太多妥协？在争吵时，你们有表达情绪和继续探索的空间吗？”

易变型伴侣

易变型伴侣在表达情绪方面是没有问题的，非常自然。因此，他们的争吵往往很快会进入白热化状态，双方情绪激动、音量提高，但也不乏幽默和积极的成分。与回避型伴侣完全相反，易变型伴侣在家庭角色与职责方面往往有很多重叠，他们经常为此争论和争吵，甚至可能享受其中，这是他们彼此联结的方式。

在爱情实验室进行的第一项纵向研究中，有一对特别有魅力的易变型伴侣，他们似乎很喜欢争吵。他们在冲突任务中进展顺利，在选择话题和发起话题的表现上简直称得上优秀，他们会直接进入激烈的冲突。他们可以充分地就话题展开正面交锋，尤其是当争论关于他们在过去 30 年里是否拥有美满的婚姻时，丈夫问妻子："如果没有孩子，我们的婚姻会不会更美满？""你怎么能这样说呢？"妻子喊道，"当然！孩子让我变成了一个苦力！"丈夫突然大笑起来，接着妻子也笑了。然后，他们又继续为婚姻中的喜怒哀乐争吵不休，激烈地相互反驳并继续争辩。回避型伴侣看到这对夫妻的互动，一定会心跳加速。

这对夫妻总体上是幸福的。他们的争吵可能是爆发性的，但就像很多成功但情绪化的夫妻一样，他们的冲突中也包含着幽默，而幽默总能带来积极的影响。他们知道如何进行感情修复尝试和保持联结，因此，他们在爱情实验室持续参与了很长一段时间，随访报告满意度也很高。

易变型伴侣可以经营好关系，但他们有可能在冲突中发展出我们所称的"理查森式军备竞赛"。这个名称源自刘易斯·弗莱·理查森（Lewis Fry Richardson），他是一位数学家，曾模拟了第二次世界大战前的军事升级过程，也就是在两个国家军备的过程中，一方之所以增加军备，是因为预料到对方正在增加军备，而这会导致双方形成潜在的攻击姿态。如果伴侣双方都是易变型的，且毫无幽默感和积极性，那他们在冲突中的消极互动和攻击性就会不断升级，双方的关系可能会以这种理查森式军备竞赛告终，比如一方会尖叫、大喊，对方或双方都感到情绪淹没，随后变得失控。在一段关系中，“武器”是隐喻性的，但潜在的“军备”是真实的，会造成真正的伤害。

哪种冲突类型更好

从以上这些冲突案例中，很多人会很自然地得出结论，认为认可型伴侣的冲突是最健康的，而易变型伴侣或回避型伴侣在关系中不太可能会成功。事实上，在夫妻治疗领域，很多人向来也认为确实如此。但果真如此吗？

20 世纪 60 年代，在马萨诸塞大学阿默斯特分校任教的生物学家哈罗德·劳什（Harold Raush）发起了有史以来第一次关于“为人父母”的研究。[3] 他招募了 96 对异性恋夫妻，并对他们从怀孕直至第一个孩子出生的过程进行了追踪调研。如果让这些夫妻谈论他们的冲突，劳什会感到有些不妥，也许是因为他们感觉太亲密了，而且这种类型的研究以前从未有人做过。于是，劳什让这些夫妻谈论“模拟冲突”。每对夫妻都会收到一篇关于冲突的短文。丈夫读到的短文中的观点是偏向文中丈夫一方的，妻子读到的则是偏向文中妻子一方的。双方读完各自的短文后，需要讨论短文中谁的过错更严重。实际上，劳什是在有意使夫妻双方在阅读短文后产生偏见，进而使他们产生冲突。他把研究中使用的材料称为“婚姻冲突清单”。

当劳什对这些夫妻在研究中产生的冲突对话进行分析时，他尝试了一件以前从未做过的事情——他分析了夫妻双方对话的顺序。劳什不仅观察夫妻做某件事的频率，还观察两个行为序列模式出现的频率。这项研究是在约翰的研究之前进行的，是迄今为止关于夫妻行为最细致的分析。劳什从关于这 96 对夫妻的数据中得出了一个结论，他还就此写了本书，那就是认可型伴侣是伴侣关系中唯一真正成功的匹配模式，他们可以长久相处，并对彼此的结合感到满意。回避型伴侣会陷入困境，是因为他们从不谈论任何事情；易变型伴侣则太情绪化了。劳什认为，认可型伴侣的关系符合人际关系中的“金发姑娘原则”①——恰到好处。

当约翰开始自己的研究时，他认为劳什的结论可能是对的。约翰在研究中确实识别出了同样的 3 种性格特质：回避型、认可型和易变型。但当约翰开始使用 SPAFF 编码系统分析数据时，他发现，只有认可型伴侣是唯一成功的伴侣匹配模式的结论并不正确。约翰采用的是比劳什采用的模式识别过程更复杂的系统。根据约翰得出的数据，如果冲突中积极互动和消极互动的比例是 5∶1，那么这 3 种类型中的伴侣的任何一种，都有同样的机会成为爱情大师。也就是说，一段关系的成败可能更多地与积极互动和消极互动的比例有关，而非冲突类型，这一结论与劳什的结论大相径庭。

接下来，约翰是怎么做的呢？他给劳什打了电话。出于好奇，这位思想开明的生物学家同意把他研究的所有原始录音带交给约翰。

约翰用新的编码系统重新分析了劳什的原始数据，发现结论同样适用于劳什研究中的夫妻们。只不过，劳什在早期研究中使用的编码系统没有足够的细粒度，无法捕捉关键的、隐藏在数据中的真相——伴侣关系的成败与冲突类型无关，[4] 它只与冲突中积极互动和消极互动的比例有关。

---

① “金发姑娘原则”出自一则英国童话故事《金发姑娘和三只熊》。故事讲的是一位金发姑娘偷偷跑进熊的家里，她发现了 3 碗粥、3 把椅子和 3 张床，粥有冷的也有热的，椅子有硬的也有软的，床有大的也有小的。她都尝试了以后，选择了不冷不热的粥、不硬不软的椅子和不大不小的床，因为这些最适合她，对她来说都“刚刚好”，这种选择的原则就叫“金发姑娘原则”。——译者注

每吵架 1 次，送玫瑰 5 次

旧金山的探索博物馆是一家著名的科学博物馆，坐落在俯瞰海湾的码头边上。馆内很宽敞，陈列着富有创意的照明和独立的可旋转展品。其中的一个颇受欢迎的展品是“争吵博物馆”，它是基于约翰的研究伙伴利文森的一项研究而做的。该展品是互动型的，电视屏幕向游客播放 6 段为时 3 分钟的夫妻对话的视频，视频中的每对夫妻都在争吵，更准确地说，是刚开始争吵。游客在看完每段视频后可能会猜测：这对夫妻会离婚还是继续在一起？他们对自己的婚姻整体的满意度如何？游客可以进行盲猜，每个人有 50% 的概率猜对，因为视频中的夫妻，有一半已经离婚了，另一半始终在一起，且对自己的婚姻感到满意。

你的猜测又是什么呢？你可能猜不出来，除非你是新婚或最近刚离婚。当利文森进行这项研究时，我们已经研发出了 SPAFF 编码系统。如果用 SPAFF 编码系统以超过 90% 的准确率预测这些关系的未来，很容易分辨出谁会离婚、谁不会。但治疗师和研究人员又如何分辨呢？夫妻们能预测自己关系的走向吗？

实际上，这些夫妻的预测成功率差远了。利文森找来婚姻治疗师并让他们预测，结果他们有一定的概率可以预测出来，但远不如抛硬币来得准确。然后，利文森又请来了该领域的研究人员，他们的预测结果也好不到哪里去。接着，他又找来那些夫妻，结果还是一样。不过，新婚夫妻和刚离婚的夫妻在预测准确率方面明显优于其他夫妻。有一种理论认为，刚离婚的夫妻更习惯于消极互动，他们早已发现了彼此关系中最微妙的问题，而其他夫妻会忽略这些问题。这仍然与前文提到的积极互动和消极互动的比例有关，刚离婚的夫妻对消极信息非常敏感，而且会把它们放大。[6]

很多伴侣在争吵时走向更糟糕的境地，是因为他们积极互动和消极互动的比例没有达到 5∶1。接下来，我们来具体看看这到底是怎么回事。

研究数据一再表明，并不存在所谓“正确”的冲突类型。对于我们描述的任何类型的夫妻，只要他们在冲突中积极互动与消极互动的比例保持在 5∶1，他们就可以有一段可持续发展的关系。确切地说，这意味着，在争吵时，每有 1 次消极互动，如说尖刻的话、翻白眼、提高嗓门、带有轻蔑的语气或手势、嘲笑对方，就需要 5 次积极互动来平衡。而在争吵之后，这个比例会上升到 20∶1，也就是每有 1 次消极互动，就需要 20 次积极互动来平衡消极互动的影响，如互相表达欣赏、联结、靠近、赞美等。当然，在争吵时确实很难保持积极的态度。根据爱情实验室的数据得出的结论很明确：伴侣关系成功的秘诀就在于积极互动和消极互动的比例——5∶1。如果达不到 5∶1，伴侣关系是无法长期维持下去的。

冲突指南 Fight Right

积极互动清单

道歉

微笑

点头

共情

令人安心的身体接触

认可伴侣说过的话

强调自己和伴侣的共同点

承担自己的责任

对伴侣说“说得好”或“很公平”

指出双方都做得对的地方

回顾自己在冲突中的收获

幽默

发生冲突时，消极互动的影响远大于积极互动的影响，消极互动会带来很大的冲击。两种互动的影响程度并不相同，也不容易达成平衡，所以二者之间的比例应保持在 5∶1 而非 1∶1。当然了，你大可不必坐在实验室里，通过记录你和伴侣的争吵来观察你们的互动比例如何变化。如果你已经觉察到当你们互动时，这一比例正在向消极互动的一面倾斜，那你的判断可能是对的，这对许多夫妻来说都很常见。所以本书想告诉你的是，**成功应对冲突的策略是在冲突中表现出更多的积极互动，这也是贯穿爱情实验室所有实验的一条宗旨。**我们研究的成功应对冲突的策略，在某种程度上都是为了帮助你，让你即使身处冲突之中，也能增加积极互动并减少消极互动。对伴侣很重要的一点是，想要保持健康的关系并成功应对冲突，就需要努力实现 5∶1 的比例，且在任何互动时刻都愿意尝试做出调整以达到这一比例。

当然，我们并不是建议你拿出纸笔，计算你和伴侣消极互动和积极互动的数量。当你和伴侣处于冲突中时，你们并不是在进行一项研究，不需要像研究人员那样凭借 1 000 小时的录像带和暂停键去工作。任何一种公开的计数行为都会把你们带离对话情景，你们也无从得知每次冲突对话的精确数据。不过研究发现，人们可以感觉出来自己正处于消极互动中还是积极互动中，所以你可以试试自我觉察。比如，当你在冲突中感觉很糟糕时，你能感觉到对方正在倾听你吗？你有过“松了一口气”或“获得理解”的时刻吗？你和伴侣的对话中是否出现过欢声笑语或轻松的感觉？

当一切开始向消极的方向发展时，你一定会有感觉的。即使在关系进展顺利时发生冲突，伴侣各自的感觉也会不太好。即使积极互动和消极互动的比例达到了 5∶1，与伴侣意见相左也会让人感到压力和沮丧。而当比例失调时，你的感觉会更糟糕。这时，冲突会升级，会出现末日四骑士，你可能开始觉得自己被困住了，感到绝望、愤怒或失控。当你感觉自己处于消极体验的峰值时，你可以做些事情来缓解。你可以努力让对话慢下来，在对话中增加一些共情或认可，或尝试前文提到的积极互动清单中所罗列的做法。你甚至可以直截了当地对伴侣说："我觉得我们的方向错了。我们能重来吗？"详细介绍可见下文。

在实际情况中，不同冲突类型的伴侣对这一比例的感受会有所不同。如果你和伴侣更倾向于回避冲突，那么你们可能一开始看起来很亲密。理论上，你们积极互动和消极互动的比例看起来似乎甚至可高达 10：1 或 15：1。你们看上去都很积极，一点儿都不消极，就像穿着避免冲突的"防弹衣"。但实际上，这可能只是因为你们没有提出自己的诉求或问题。你们在回避可能引发冲突的事情，而这将成为潜在的麻烦。在关系出现危机之前，回避型伴侣可以过得相安无事。

研究人员和兰德·康格（Rand Conger）、格伦·埃尔德（Glen Elder）两位教授，对 20 世纪 80 年代美国农业危机期间的农业家庭生活进行了深入的社会学调查。当时，美国中西部农村地区的经济急转直下，成千上万的农民失去了农场和生意，繁荣的城镇又变回了原先空空荡荡的样子。他们研究了这些极端压力对个人和家庭关系的影响。在这些来自美国中西部农村、在特定文化中长大的夫妻中，许多人在关系中都倾向于回避冲突。

研究发现，这些夫妻可能是第一次被迫进行强烈的冲突对话，如当银行要收回未偿还的贷款，他们不得不讨论该怎么办时，往往出现两种情况。一种情况是，通过讨论该做什么来保持积极互动和消极互动的比例为 5：1 的夫妻，实际上感到更快乐，即使是在严重的金融危机期间，他们也能维持关系的稳定发展，一家人齐心协力，这再次强化了他们生活中的一切积极因素，并在很大程度上使他们避免了冲突，并很好地渡过危机。另一种情况是，积极互动和消极互动的比例低于 5：1 的夫妻则会陷入剧烈的挣扎，并很快变得彼此疏远且出现了隔阂。研究人员观察到，在第二种情况中，每天在吃晚餐时，丈夫会坐得离妻子越来越远，双方的身体渐行渐远，感情也渐行渐远。[8]

这和我们在新冠疫情时期的临床观察一致。那些有坚定共识、有良好的爱和情感基础的夫妻，无论产生何种类型的冲突，他们在应对新冠疫情时都表现得很好，甚至可能比平时更好。与此相反，那些有潜在问题的夫妻则过得很痛苦。二者会呈现出两种巨大的差异：关系稳定的夫妻会更加紧密地团结在一起，关系存在问题的夫妻的关系则突然变得非常糟糕。这就像在地基的裂缝上施加额外的压力，必将导致这个本来也许可以勉强支撑的薄弱之处变得岌岌可危。

回避型伴侣面临的危机在于，他们关系中的问题呈现得不太明显。他们不像易变型伴侣那样会爆发激烈的争吵，也不像认可型伴侣那样有充满张力的争吵，他们之间暗流涌动，但双方都没有注意到潜在的危机。他们积极互动和消极互动的比例会突然失调，彼此隔离，并呈现出无可奈何的状态。例如，他们可能会走进一家餐厅就餐，但从头到尾都不说话。他们想重新彼此联结，却不知道该怎么做。

我们的研究数据显示，回避型伴侣也可以很好地应对冲突。对他们来说，积极互动和消极互动的比例达到 5：1 可能相对容易，因为他们往往很难表现出消极互动，他们只需要更加有意识地增加积极互动即可。而学会更坦然地面对冲突肯定大有裨益，会让伴侣双方更多地了解彼此、变得更亲密，也可以防止出现对回避型伴侣来说最具威胁性的冷战和情感疏离。

Fight Right
冲突箴言

对彼此的冲突有更多的了解能让伴侣关系更有弹性，使伴侣安稳应对生活中的起落动荡。

对认可型伴侣而言，他们需要确保表达自己的肯定、爱和温暖，并努力掩盖在争吵中自然产生的消极感受。我们要面对的一个现实是，伴侣之间的冲突都是有目的的，但在抵达目的的过程中不会始终出现彩虹和玫瑰。认可型伴侣在冲突中可以相当理性和冷静，但他们可能会由于专注于维护稳定而忽略了积极的部分。所以，不要一味地为了妥协而妥协，要记住这个过程中至关重要的一部分是，如何达成妥协。当你参考并使用前文提到的积极互动清单时，要始终保持积极的态度。当你和伴侣试图达成妥协时，不必有太强的目的性，但要带着觉知去妥协。

冲突指南 Fight Right

不同冲突类型伴侣的注意事项

回避型伴侣：避免情感疏离和冷战；不要过度关注积极的一面而导致问题最终没有得到解决。

认可型伴侣：避免消极性有增无减；不要太专注于解决方案而忘记积极的一面、幽默和联结。

易变型伴侣：不要让幽默变成消极反馈、讽刺或批评。

相比之下，易变型伴侣需要很多积极态度来维持彼此的关系向积极的方向倾斜。前文提到的那对特别有魅力的易变型伴侣，他们在关系中有很多争吵，就像两个击剑运动员，但他们也有很多幽默和理解。在争吵得很激烈时，双方甚至会大喊大叫，但也会爆发出真诚的笑声，彼此会给出积极的评价，如“说得好！”。易变型伴侣有时确实需要幽默，但当双方的心情变得糟糕时，幽默反而会带来消极影响。如果幽默变成刻薄之语，带有讽刺意味，那它在互动中就不再是一种积极的力量。作为末日四骑士之一的蔑视，永远不会在冲突中起到任何支持作用；而在易变型伴侣的互动中，蔑视会伪装成幽默的方式出现。

我们在研究中还发现了另外两种冲突类型的伴侣，但并没有把它们纳入以上清单中，原因很简单，这两种冲突类型的伴侣分别是敌对型伴侣和冷漠型伴侣，他们的关系既不健康，也没有成功的可能。

敌对型伴侣看起来更像是认可型伴侣，而不是易变型伴侣，他们更少表达、更中立，但他们没有倾向于合作的态度，而是保持着高度防御的姿态。他们会一直重复自己的观点，但不会表现出好奇、倾听或解决问题的兴趣。他们的对话中有很多诸如“你总是……”和“你从不……”的指责。此外，他们还经常蔑视对方。

有一对夫妻，当他们来接受治疗时，已经双双进入了敌对状态。他们结婚已经超过 15 年了，丈夫比尔是比较被动、安静的人，妻子波比则脾气暴躁。显然，当他们的关系呈现出更健康的状态时，波比就像是一个追求者，主动联结比尔并与其互动，甚至可能开玩笑地取笑他、惹他生气，这样他们就可以为一些事情争吵了。但现在的互动模式让波比逐渐变得刻薄和咄咄逼人。

波比会因为一些小事激怒比尔，她会反复这样做，直到比尔怒气冲天，突然爆发，褪下他平静的外衣，此时波比便会用手机录下比尔的行为。波比的手机里都是比尔的录像。她会拿着这些“证据”来接受治疗，坚持要让我们看，以此证明比尔有多么糟糕。有一天，他们陷入了全方位的危机。比尔给波比买了一大罐非常特别且美味的花生作为生日礼物，这罐花生是他特意从一家知名的花生生产商那里买来的。但问题是，波比对花生过敏。

他们当时正分房睡。波比走进比尔的房间，掀起他的床单，把花生倒在上面，接着又把床铺好。当比尔上床睡觉时，他发现自己躺在一张“酥脆”的床上，上面撒满了他买的那些高品质的花生。他冲进波比的房间并大叫：“你干了什么？！”波比则拿出手机开始录像。

在治疗过程中，比尔为自己辩护，声称他从来不知道波比对花生过敏，他费了很大周折才买到这些非常特殊、生长在遥远的地方且有着精美包装的坚果。此时，波比被激怒了，因为在她看来，比尔似乎很难记住她告诉过他的任何事情，而对于工作上的事，他却记忆犹新，对细节十分关注，并因此屡受赞扬。他是不知道她对花生过敏，还是故意这样做的？难道他真的从来没有关注过她吗？无论以上哪一种情况，都让波比感到很不舒服。

这对夫妻在冲突中出现了末日四骑士，即批评、蔑视、防御和冷战，毫无积极性可言。冷战是比尔发起的，当他完全不知所措时，他就会开启冷战模式。敌对型伴侣可能会发生易变型伴侣那样的争吵，但二者的区别在于，敌对型伴侣几乎没有积极的态度，积极互动和消极互动之间 5∶1 的比例完全被打破，对他们而言，这一比例甚至不足 1∶1，几乎全是消极互动。他们之间的争吵可能看起来变化无常，但他们其实并没有易变型伴侣成功的品质，比如爱、幽默、联结以及对彼此的渴望和需求的深刻投入。

当然，有些伴侣的冲突不像比尔和波比的冲突那么显而易见。来接受治疗的另一对夫妻在性的问题上长期陷入冲突循环，关系变得非常敌对。丈夫是一名外科医生，工作时间很长，很少回家，但他想要更多感官上的性关系，只有这样，他才能感觉更接近妻子；而妻子经常独自带孩子，需要和丈夫先亲近才能激起性欲。这种差异在男女之间并不罕见，不过，可以通过大量调整和日常接触来成功地引导双方关系的良性发展。然而，这对夫妻在这个问题上已经丧失了沟通能力，甚至在其他任何问题上都丧失了沟通能力。在很长一段时间里，双方的需求都没有得到满足。两人都害怕被拒绝，都没有安全感，他们应对这些感受的方式是试图诋毁对方。他们的争吵方式很多变，但也非常敌对，他们没有任何积极互动，争吵中充满了蔑视、批评和防御。

丈夫：你像冰一样冷，连一点儿性欲都没有。我都不确定你还是不是个女人！

妻子：你怎么敢这样说！我带孩子的时候你总是不在，你喜欢你的患者，对吗？我敢打赌，要是我像你的患者那样昏迷不醒，你就可以对我为所欲为了！

他们的问题仍然在于积极互动和消极互动的比例上。这种情况也会发生在易变型伴侣或认可型伴侣身上，实际上这样的争吵就是冲突升级的表现，但认可、幽默、共情或其他可以修复易变型伴侣关系的积极因素，在这对夫妻身上完全看不到。那么，处于敌对状态的伴侣各自有什么感觉呢？他们和关系健康的易变型伴侣又有什么区别呢？

无论是易变型伴侣还是认可型伴侣，总会产生冲突开始向消极的一面愈演愈烈的风险。毕竟我们都是人，我们会不知所措，会怒不可遏，也会发出猛烈的攻击。关键的区别在于，关系健康的伴侣发生冲突时可能具有修复关系的能力，一方或双方会放慢节奏。他们会有意识地用积极的态度来化解敌意，如公开道歉，或简单地用点头来表示“好吧，我明白你的意思”，又或用小小的玩笑来打破僵局。但敌对型伴侣似乎喜欢消极的循环，他们从不试图让自己从中抽离出来，甚至不去尝试，因为在他们看来，不去尝试修复彼此的关系，也就不会体验到失败。

关系健康的易变型伴侣会表达很多情绪，如愤怒、悲伤、沮丧。他们有时会大发雷霆，有时会痛哭流涕，有时说话音量会提高。敌对型伴侣则几乎总是表现出末日四骑士，比如大多数情况下，他们会蔑视彼此，常常会批评和防御彼此。敌对型伴侣的争吵就像是在进行一场拳击比赛，就看谁打出致命一击。相较而言，冷漠型伴侣在关系中会渐行渐远，甚至懒得争吵。他们会在冲突时互相攻击，但基本上已经对彼此毫不在意了。

曾有一对 50 多岁的夫妻前来寻求治疗，他们在为挽救婚姻做最后的努力。他们不确定婚姻是否还有被挽救的可能，但想在放弃之前探索每种可能性。他们在一起很久了，孩子已经长大成人，将要上大学。夫妻俩都有全职工作，丈夫是工程师，妻子是会计。现在，他们似乎越来越像是在各过各的。当他们在我们的办公室讨论这个问题时，他们的谈话总是充斥着尖酸刻薄，但从未升级为真正的争吵，他们之间没有足够的激情。

妻子：你知道吗，即使我们在一起这么多年，我觉得你还是不太了解我。

丈夫（一边考虑反驳，一边摸自己的嘴）：我觉得我们俩都是这样的。

妻子：你知道这让我有多孤独吗？

丈夫：你以为我不孤独吗？我刚刚学会了适应孤独。

妻子（斩钉截铁地）：你就是个无情的人，你一直都是。这就是我嫁的人——一个冷酷无情的工程师。你只考虑你自己，你也许应该独自生活，别结婚。我们结婚20年，有了两个孩子，现在一切都完了，而你根本不在乎。

丈夫（断然地）：没错，我想我真的不在乎。

他们所有的对话都是这样进行的，各自沉浸在自己的痛苦中，对彼此缺乏共情，甚至都不屑于争吵。当妻子试图激怒丈夫并说“你根本不在乎”时，丈夫竟然没有生气，而是表示认同。

像他们这样的冷漠型伴侣甚至连冲突都没有，他们放弃了彼此联结的桥梁，使关系的联结变成了一场消耗战。随着时间的推移，双方都筋疲力尽，现在，他们之间仿佛有一片广阔的无人区。他们偶尔会试图从中跨越，但始终没有发生健康的冲突。像他们这样的夫妻的关系能起死回生吗？也许吧。在前文提到的两对敌对型夫妻的案例中，前一对的关系是无法挽回的，而后一对在治疗过程中取得了很大进展。而这对冷漠型夫妻最终决定分道扬镳。但无论是哪种情况，都需要更大力度的干预。

持续不断的敌意可能毁掉开始的“第一段”婚姻。对此，唯一的解决方法也许是把迄今为止的这段关系看作已经“结束”，并努力创造一段新的关系。这可能需要专业人士的支持，以帮助重建健康的关系，让双方基于信任、承诺和友谊，从头开始。训练有素的治疗师可以提供帮助，让伴侣双方在更坚实的基础上建立“第二段”婚姻。

有些伴侣会处在冲突类型连续谱的中间位置，比如介于易变型和认可型之间。但无论处于什么位置，都要养成一种习惯，那就是尽可能地给冲突讨论注入善意和积极性。由此，只要在积极互动和消极互动方面保持恰当的比例，以上 3 种主要冲突类型的伴侣都可以获得幸福和成功。

不过，当伴侣双方分别倾向于不同的冲突类型时，更科学地说，当双方的元情绪不匹配时，可能更有挑战。

元情绪不匹配带来的误解

你如何表达情绪？你如何应对自己的情绪？你认为其他人应该如何应对他们的情绪？

当伴侣双方在冲突类型上不一致时，通常会出现所谓的“元情绪不匹配”，也就是双方对于如何表达和应对情绪有不同的理念。元情绪这个词一般指的是我们对感受的感受。前文提到的泰勒和诺亚，就是元情绪不匹配的一个例子。诺亚在激烈的争吵中倾向于闭口不言并对泰勒冷眼相待，他认为他们应该避免表达消极情绪；而泰勒觉得诺亚在冷落他并拒绝沟通，他认为他们应该勇于表达和探索。

这是典型的回避型的人遇上了易变型的人。对易变型的人来说，回避型的人似乎是超然和冷漠的，他们将回避型的人的行为解释为“这对我来说没那么重要”。而像泰勒这样的易变型的人则在寻找激情，他们希望对方变得脆弱，且对对方有迫不及待的需求，而这正是回避型的人竭力避免的。回避型的人宁愿闭口不谈，以便远离冲突。

我们的国际研究发现，在 4 万对夫妻中，83% 的异性恋伴侣、77% 的男同性恋伴侣和 73% 的女同性恋伴侣，由于元情感不匹配而出现了关系问题。[9]大多数向我们寻求帮助的伴侣都在为此苦苦挣扎。但有趣的是，在爱情实验室工作的约翰并没有看到如此高的不匹配率，因为被试不是作为来访者接受治疗的，而是作为一般人群参与了实验。他们中许多伴侣的冲突类型是一致的，也许令他们坠入爱河的部分原因是彼此可以分享同一种情绪“语言”。

同时，作为临床工作者的朱莉则常常在来接受治疗的伴侣中发现元情绪不匹配的情况。对此，一个可能的解释是，元情绪不匹配的伴侣是在自我驱动的情况下选择来接受治疗的，因为他们的关系已经达到了临界点，他们真的很难相互理解。简而言之，元情绪不匹配可能会使伴侣双方在冲突中更难沟通。

不过，元情绪不匹配的情况也各有不同。接下来，我们来具体探讨一下。

回避型 – 认可型组合

对于一方是回避型而对方是认可型的伴侣组合，双方基本上不会因为元情绪不匹配而遇到太多问题，因为这两种人在“关于感受的感受”方面是相当兼容的。

有这样一对夫妻，丈夫汉斯是回避型的人，妻子贝丝是认可型的人。汉斯在德国出生并长大，从小到大，他的父母从未在他面前争吵过。但他的祖父是个性格反复无常的酒鬼，如果汉斯这一辈的孙辈们做错了事，祖父就会大喊大叫。汉斯学会了回避祖父，也学会了避免冲突。在成年、结婚或成为父亲以后，他总是小心翼翼地避开摩擦点，担心即使是最温和的冲突，也可能很快失控并导致冲突升级。所以对他来说，最好不要讨论冲突相关的话题。

贝丝对冲突则有一种乐观的态度，她习惯于解决问题。她成长在一个习惯于以管理和逻辑的方式处理冲突的家庭中。“让我们找到一种尽可能有效地让每个人都快乐的方法。”她平静地引导着讨论，当然，她有时会有一点点情绪渗透出来。然而随着时间的推移，她发现在日常讨论时，比如讨论选择度假目的地时，汉斯会被她哪怕是一点点沮丧或提高嗓门的举动吓到。接着，汉斯很快就会选择抽离，并推迟谈话的时间。贝丝会试着在讨论中保持平和和冷静，因为她知道，如果她不带情绪地讨论，汉斯更有可能积极有效地参与其中。

总的来说，一切都相当顺利，但后来，他们的一个孩子在学校里遇到了一些麻烦。这个孩子在课堂上心不在焉，表现得格格不入。贝丝觉得老师对孩子的态度很糟糕，老师的羞辱和惩罚让孩子更加叛逆和反抗。但她不知道该怎么做，也不知道该怎么解决。她不喜欢冲突，和丈夫一样，她更希望在面对冲突时能保持冷静。她害怕自己和老师的谈话会不那么顺利，她感到不知所措。但与此同时，她又觉得不能就此放手，因为孩子需要他们的支持。

汉斯则完全反对进行任何干预。他的态度是“让孩子自己处理；他只能自己想办法”。然而，在这种表象之下，汉斯的内在其实潜藏着一种根深蒂固的、对对抗和冲突的恐惧。

贝丝感到很沮丧，她也被老师吓到了。她需要汉斯的支持，她希望两人共同承担，汉斯却摆出一副事不关己、远远观望的态度。当他们来找我们时，为了找到问题的根源，我们立即先了解了他们各自的原生家庭背景。我们探讨了汉斯为什么害怕愤怒，以及他的早期家庭经历如何导致他现在倾向于回避冲突。这是贝丝第一次听到这些信息。她现在明白了，为什么当她的声音提高时，汉斯会有那样的反应。贝丝也表达了自己的恐惧。如果老师因为她作为母亲试图插手老师对待孩子的方式而对她很生气，她就会闭嘴或屈服。作为一个认可型的人，她很容易被强烈的情绪或事态变化所冲击。

“我只是想让你陪在我身边，让老师看到我们是一对齐心协力的父母。”贝丝解释道，“我可以做，但我一个人做不到。两个人总比一个人好。”汉斯被贝丝的观点打动了，他同意提供支持，但希望贝丝带头，他跟随她，这样他会稍微舒服一些，但他仍然感到很紧张。最终，他们和老师的会面进行得很顺利，两个人站在了同一战线上。贝丝善于交际，老师很善于接受意见，双方的谈话很有成效。他们对冲突爆发所恐惧的事情并没有发生。

汉斯和贝丝各自倾向于两种不同的冲突类型，但在我们一点点的推动下，他们能彼此靠近。回避型伴侣和认可型伴侣在应对冲突方面很相似，当他们对彼此的冲突类型和成长经历有所了解之后，关系可以得到改善。

认可型 – 易变型组合

在认可型与易变型不匹配的情况下，认可型的人可能会感到被易变型的人高涨的情绪所淹没。同时，易变型的人则会因无法达成目标而感到沮丧，继而加倍尝试，他们可能会提高说话音量，有时还会变得咄咄逼人。

德里克和塔玛拉是一对年轻夫妻，有一个 9 岁的儿子，他们刚从亚特兰大搬到田纳西州的乡下。他们的房子后面有一个木桩，他们的儿子喜欢在那里玩耍和搭建堡垒。有一天，他们的儿子被蛇咬了，尖叫着跑回家找妈妈。

塔玛拉属于易变型的人，遇上这种情况必定大惊失色。她被吓坏了，甚至在医生清理了儿子身上的咬痕并确认不是毒蛇咬的之后，她仍然感到心有余悸。后来有一次，当德里克进门时，她朝他大喊：“外面可能到处都是蛇！你说怎么办？你为什么不把那堆木头移走？不应该让它们离房子那么近！”德里克采取了理性的态度，他没有回避，而是对塔玛拉讲道理。

德里克：亲爱的，这种事不太可能再次发生了，我知道你吓坏了，但我觉得以后不会再有事了。这周末我就把木头堆移走。另外，我们找个合理的解决方案吧，也许在我处理那堆木头之前，先别让儿子在那里玩？

塔玛拉（愤怒地）：我不想讲道理！我们谈论的是儿子的生命！你愿意让我们的儿子面对死亡的危险吗？

德里克：塔玛拉，我们不要太夸张了……

塔玛拉：哦，我太夸张了？我想保护我们的儿子，而你在百忙之中抽不出 10 分钟来搬几块木头？你打算什么时候搬？

德里克：我这周末就搬，塔玛拉。

塔玛拉：我们就不该搬到这里来！

这时，德里克感到不知所措，他想尽各种办法回应塔玛拉，但都无济于事，他开始回避这场对话。

对一些认可型 - 易变型组合的伴侣来说，这种冲突会随着时间的推移而升级。如果易变型的人在冲突中得不到他们想要的回应，就会更频繁地诉诸敌意，并不断地通过更消极的表达寻找突破。认可型的人则会变得越来越疏离，从而导致彼此丧失联结。如果这种情况继续下去，就会出现越来越多的蔑视和防御，双方最终进入敌对状态。

其实，德里克和塔玛拉总体上有着深厚的感情，尽管他们最近因为没有足够的时间在一起而感到心烦意乱。德里克由于新工作不得不比平时更多地待在外面，他们觉得在一起的时间变少了。于是，他们之间关系发生转变的机会也少了，冲突和误解却多了。塔玛拉是易变型的人，她希望德里克立即高度参与并解决问题，德里克则采取了试图缓和局面的方法；当塔玛拉没有从德里克那里得到想要的答案时，她的应对方式升级了。

为了让他们的关系恢复如初，我们必须让德里克站在塔玛拉的立场上，去体会她作为一位母亲和主要操持家事的人的感受，体验她强烈的脆弱和恐惧。作为认可型的人，他总是把平息争吵作为首要目标，很少理解塔玛拉的想法，更多的是安抚和支持她。他很稳重、很体贴，而她需要他的陪伴，需要他和她一起分担，这样她就不那么孤单了。后来，当德里克在冲突中改变策略，对塔玛拉表达更多认可时，两人的关系开始有了改善。这听起来有些讽刺，即认可型的人需要学习如何真正地去认可对方！塔玛拉仍然是比较明显的易变型的人，比德里克更不稳定，更容易情绪化，但当他真正认识到她的担忧时，双方争论的张力缓解了很多。此时，德里克不再感到那么不知所措了。

认可型 - 易变型组合非常有挑战性，好在德里克和塔玛拉这对夫妻确实成长了很多。

易变型 - 回避型组合

易变型与回避型不匹配是最难应对的一种情况。因为回避型的人最初常常被易变型的人的活力所吸引，但在他们相处的过程中，问题便会显露出来，他们根本无法理解对方，通常很快就会分手，因此这个组合的离婚率很高。[10] 如果他们继续在一起，很有可能转变为敌对型伴侣。

举个例子，丈夫戴夫是个易变型的人，非常容易卷入冲突之中。他可以坦然面对冲突，甚至会主动寻求冲突。对他来说，冲突是一种正常的互动方式。他认为有些冲突很有趣、令人兴奋，甚至有些情色意味。而妻子莱拉属于回避型的人，她对冲突感到非常不舒服，当戴夫试图以玩笑式的冲突方式与她接触时，她往往会僵住或感到被攻击。当莱拉没有像自己期待的那样进行回应时，戴夫就开始调侃她，他觉得这样很好玩。如果易变型的人的伴侣也是易变型的人，在类似的情况下，可能会接受并调侃回去。但对莱拉而言，这招根本不管用。她觉得这是一种侮辱，觉得自己被强迫和被攻击了。有一天晚上，莱拉为代客停车服务多付了钱，在回家的路上，戴夫一直在嘲笑她。

戴夫：你竟然这么轻易让他们欺负，下次别再这么窝囊废了！这难道不是女性解放的时代吗？你不是告诉我你是女权主义者吗？别像个胆小鬼！

莱拉（轻声地）：别这么说。

戴夫：你就是个胆小鬼，像一只可爱的小老鼠！你在床上也是个胆小鬼，对吧？

莱拉转身向窗外望去。她感到戴夫的嘲弄是对她的攻击，而对戴夫来说，她的沉默则是一种冷漠的拒绝。作为易变型的人，戴夫希望莱拉回击，比如对他来一句："你太快了，我没'性趣'！"虽然这么说可能会让戴夫感到有点受伤，但那战斗的火花会诱使他继续发动——"哈，现在我们在互动！"

这种不匹配实在是太难应对了，他们不可能成为彼此的好伴侣。莱拉感到戴夫的互动方式很残酷，而戴夫觉得莱拉很冷漠、很孤僻。

简而言之，一些元情绪的不匹配比其他因素更具有挑战性，这反过来有助于双方思考彼此可能属于哪种冲突类型。两个人在如何、何时以及是否应该体验和表达情绪的信念范围内分歧越大，就越可能在冲突中遇到困难，因为在更深的层面上，双方想要沟通的方式非常不同，且对冲突有着完全相反的观念。一方可能会不惜一切代价避免冲突，因为冲突会触发强烈的情绪，导致可怕的情绪淹没；而对对方来说，冲突是解决问题和拉近彼此关系的重要途径。这其实是一种文化冲突，双方仿佛鸡同鸭讲。

研究表明，在通常情况下，伴侣双方并不希望在冲突中伤害彼此。当然，如果双方已经进入敌对状态，那是另一回事。在爱情实验室进行的一项研究中，我们打算测试意图和影响之间的相关性。当一方表达批评或蔑视，让对方感到受伤、被冲击时，他们是故意这样做的吗？他们真的想伤害对方吗？绝大多数人的回答是否定的。

我们把被试伴侣之间的冲突对话录了下来，之后让他们坐在一个控制板面前，他们可以转动刻度盘来记录他们对冲突中每一次“重击”的评估，包括对意图和影响的评估。他们必须根据伴侣的语言或行为对自己的积极或消极影响程度进行评估。与此同时，对方也在评估自己在那一刻的意图。最终我们发现，被试伴侣的意图与影响并不相符。[11]

Fight Right
冲突箴言

伴侣在冲突中几乎毫无恶意，他们只是渴望被理解。

对于感受的不同感受是最核心、最基本的一种文化冲突，人们可以在浪漫关系中体验到这一点。文化冲突深刻地塑造了一切，包括伴侣之间的争吵。而所有冲突类型的人都在以一种特定的、极具影响力的方式产生分歧，即说服对方，这也是争吵的 3 个阶段之一。

争吵的 3 个阶段

伴侣之间的所有争吵都有相同的基本结构，大致如下：

- 第一，双方制订议程：一方或双方表达自己的担忧。
- 第二，彼此试图说服对方认同自己。
- 第三，双方努力达成妥协。

制订议程、说服对方和达成妥协，是争吵的 3 个阶段，其中说服对方层面的差异是导致冲突类型存在差异的主要原因。

回避型的人希望完全跳过说服对方这一阶段。在他们看来，说服对方是没有意义的，他们会觉得“那就是个天坑，我无法说服对方，最好向前看”。易变型的人则希望跳过倾听伴侣观点的部分，即制订议程阶段，直接从说服对方开始进行对话。认可型的人会更有条理地完成各个阶段，但经常会过早地进入说服对方阶段，且可能由于过于想保持良好的互动状态而无法深入地进行对话。比起易变型的人，认可型的人能把说服对方的时间稍作推迟，但往往无法推迟足够长的时间与对方真正地探讨问题。

让我们以一个经典的场景——一场关于金钱的争吵为例。有一对夫妻，一直以来，丈夫在花钱方面都超出了妻子能接受的程度，妻子目前感到很有压力。如果他们是认可型伴侣，那么可能会有以下情况出现。

冲突指南 Fight Right

剖析争吵

制订议程

妻子：我昨晚查支票账户，看到很多额外支出。好像这个月的钱又要紧张了。我们真的要买这种野营装备吗？

丈夫：是啊，我们和戴维斯一家商量好了，就在上次周末旅行的时候，记得吗？孩子们都需要睡袋。

妻子：我知道，但好像总是有要花钱的事情。我们一直说要存钱，但一直也没存。

丈夫：哎呀，我们真的花得多吗？我也知道要节省一点，但怎么办，难道就不能享受一点生活乐趣吗？

妻子：如果我们能存下点钱，我会很高兴的，但亲爱的，我们根本就没存下。

说服对方

丈夫：我跟你说过我叔叔布罗迪的事吗？谁也不知道他是个百万富翁。他就爱存钱。他跟家人关系很疏远，参加家庭聚会时总是很安静，并且会很快离开。在他 50 岁退休的时候，他突然心脏病发作死了。他确实存了 500 万，但他自己一分钱都没花着！他住在单间公寓里，从不旅行；他有一份很不错的工作，还有很多股票，但他从来没有享受过这些。

妻子：好吧，但你看我爸妈，他们会把钱花在无关紧要的事情上，然后在真正需要花钱解决问题的时候，就像那次家里汽车引擎烧坏了，他们却负担不起。那个时候我们家的钱总是赶不上花，不够花，压力实在太大了。我不能再像那样生活了。我不用像你叔叔那样存钱，但我想存钱去旅行和冒险。

丈夫：你这是自相矛盾，我们存钱到底是为了将来生活，还是为了旅行和冒险呢？我讨厌整天精打细算考虑钱的事，我不想那样生活。

达成妥协

妻子：好吧，我明白你的意思，但你不能再像现在这样花钱了，想买什么就买什么。我们这个月的信用卡账单又多了，都还不清了，而且利息很高，你不知道吗？再这样下去，估计直到死前都要付你早上买拿铁的钱。我们必须想一个可以坚持的支出计划。

丈夫：我尽量吧，但不能是“这周一块钱都不花”，这不合理。

妻子：我们商定一个金额，然后每周开始时取成现金，如果花完了，这周就不花了，你能做到吗？

认可型伴侣的对话虽然存在一些张力，但他们可以保持相当冷静的态度。

他们彼此都讲出了自己的担忧，但在说服对方阶段，他们不会花很多时间对金钱、安全感以及生活中的重要事情进行更深层次的情感交流，而是对寻求解决方案比较感兴趣。然而，因为他们没有讨论根本问题，所以靠解决方案所达成的和平协议可能不会长久。也许他们很快就会再次进行同样的对话，因为到时候钱可能仍然不够花。那么，其他冲突类型的伴侣会如何应对这个问题呢？

如果是一对回避型伴侣，那他们在制订议程之后便会停下来，绝不会发展到说服对方阶段。他们会专注于生活中的积极因素，并向彼此保证不必担心。比如：

丈夫：我们现在虽然没存多少钱，但我们的工作都做得很好，并且将来一定会获得晋升。我们明年就可以开始存钱了。

妻子：是啊，没错。已经很好了。我们有自己的房子，就算贷款也没关系，还贷也差不多是在储蓄。

丈夫：孩子们都盼着去露营，我认为这笔开销没什么。

如果是一对易变型伴侣，那么他们可能根本没时间制订议程，而会直接从说服对方开始。比如：

妻子：我看到你买了露营用品，我早说过这个月的花销很紧张，我们到底什么时候才能开始存钱？我们都商定好了每个月都要存钱的。现在不存钱，以后就只能过穷日子了！

丈夫：我跟你讲讲我的叔叔布罗迪的故事吧，他是一个……

妻子：听起来你叔叔很傻，但难道就因为他傻乎乎地存了几百万，最后一分钱也没花上，我们就不该存钱了吗？胡扯！

易变型伴侣喜欢直切正题开始辩论，对他们来说，说服对方是冲突中唯一重要的事。另外，还有两点需要注意。

第一，除了回避型伴侣会跳过说服对方阶段，大多数冲突类型的人都倾向于急于说服对方，他们要么像易变型的人那样直接开始说服对方，要么像认可型的人那样，在列出问题之后迅速尝试说服对方。然而，在制订议程和说服对方之间，双方需要更多地探索彼此的内心世界，这恰恰是最重要的，但大多数人并不知道如何在冲突中进行探索。

冲突指南 Fight Right

3 种冲突类型的伴侣在说服对方阶段存在的差异

回避型伴侣：不会尝试说服对方，希望求同存异。

认可型伴侣：首先列出问题（制订议程），但会急于转向说服对方。

易变型伴侣：直接从说服对方开始，希望对方立即参与其中并展开争论。

第二，不同冲突类型的人在说服对方阶段采用的不同方式，会导致伴侣双方沟通不畅和发生冲突。更接近于回避型的人会把对方的任何说服尝试当成一种诡计，更接近于易变型的人可能会把对方的说服当成拒绝回应，或当成一种有意的、冷淡的撤离。

元情绪不匹配会破坏关系吗

你可能会怀疑你和伴侣之间元情绪不匹配，但我们想告诉你的是，即便是真的，你们也不会注定永远如此。记住，我们是人，别给自己贴任何标签。

也许你非常符合某种冲突类型的人的特质，或符合某两种冲突类型的人的混合体，即过渡型的特质，你的伴侣可能也是如此。我们在前文介绍的概括性简介并不意味着如果伴侣双方元情绪不匹配，双方的关系就会以失败告终。事实恰恰相反，我们希望伴侣双方可以了解彼此在关系中发生了什么，反思自己关于情绪的信念，以及自己处理冲突的方法是如何让自己与伴侣建立有意义的联结的，或是如何阻止彼此建立联结的。以泰勒和诺亚为例，当他们意识到彼此冲突文化的差异时，也许就可以借此共同超越这种差异了。否则，他们就如同两个人坐下来玩棋盘游戏，却各自坚持完全不同的游戏规则。那么，这些关于情绪的信念从何而来？

在泰勒和诺亚的案例中，如果你能窥见他们过去的经历，你就会有更深入的了解。泰勒是个易变型的人，他在一个时常发生冲突的家庭中长大。他与父母和兄弟姐妹合住一间房子，家里整天都充斥着大大小小的争吵，好在每次争吵都会很快过去。在泰勒的家庭文化中，冲突是正常的，甚至是家庭成员彼此联结的一种方式。

诺亚的家人更倾向于回避问题，他们更喜欢接受事情的本来面目，而不希望被迫开始一段可能令人感到紧张或不可预测的对话。他的父母很少争吵，可一旦争吵，双方就会吵得很凶，事态会迅速升级，双方都会说一些非常伤人的话。他们的争吵几乎总是以其中一方冲出家门而告终。有一次，他的母亲出走了好几天，没有留下任何消息，谁也不知道她去了哪里，也不知道她什么时候回来。从此，诺亚便产生了一个坚定而明确的信念，那就是要不惜一切代价避免冲突，因为冲突的后果实在太严重了。

其实，并没有明确的理念来解释，为什么每个人会变成某种冲突类型的人。每个人都是独一无二的，受生理基础和人生经历的共同影响，每个人在面对塑造自己的力量时，都会做出不同的反应。如果一个人在成长过程中，父母在争吵时总是大喊大叫，那这个人可能会模仿父母，继而成为一个易变型的人；或者可能会走向反面，成为一个回避型的人。

冲突类型可以改变吗

那么，一个人的冲突类型可以发生改变吗？简单来说，可以，但并不容易。如果冲突类型不匹配真的给伴侣双方带来了很多问题，双方当然可以考虑改变各自的冲突类型，通过学习让自己向其他冲突类型“扩展”，以便使彼此的冲突类型更匹配。

但其实你不需要改变你的冲突类型，因为更重要的是，你要了解你和伴侣现在的冲突类型，尤其当你们的冲突类型差异较大时更是如此。当你尝试了解伴侣的冲突类型时，其实是在学习对方的语言。如果你是为了了解自己，那你首先要明白，每个人的成长经历都会在大脑中留下深深的痕迹，在某些情况下，它们会再次浮现。**所以，想要改变冲突类型，就必须开辟一条新的道路，一条通往妥协的道路。**

假设你是易变型的人，你想变得更倾向于认可型，那你就需要学习如何在对话中暂停，在说话前先深呼吸，并认真思考自己要说的话以及随之对伴侣产生的影响，并决定如何把话说得更委婉。你可以练习正念和冥想，这能帮你在互动中慢下来。当反应速度降到最低时，你就会有时间在脱口而出不当的话语之前认真考虑。这需要练习，但确实可行。

还可以关注各种外部力量，如文化、社会、家庭，它们对我们的冲突类型都会产生影响。有些伴侣会学着扩展自己，学习另一种冲突类型的人的某些品质，从而让自己的冲突类型“范围”一点点扩增。冲突类型尤其受到文化背景的影响，比如，随着女权主义的发展，女性开始变得更自信，更愿意表达愤怒，而在传统的观念中，愤怒是只属于男人的情绪。那些过去在被社会化的过程中很难发展不同冲突类型的女性，如今可以更充分地体验不同冲突类型的人的品质。

伴侣双方来接受治疗，并不是因为他们是某种冲突类型，而是因为他们不快乐。他们在冲突中碰壁、争吵，感觉非常糟糕，又不知道如何解决，最终一筹莫展、一无所获。每对伴侣都是独一无二的，他们独特的互动模式是不可复制的，但在基本的层面上，通常会存在一个共性，那就是不倾听对方说话。相对而言，当伴侣在冲突中的积极互动和消极互动的比例为 5 : 1 或更高时，他们对彼此往往会感到好奇，会抱持开放的态度且对彼此感兴趣。但如果积极互动消失了，那所有的好奇也会消失，双方要么攻击，要么防守，自说自话，听上去就像是一场二人独白。这时，双方都感觉像面对着一扇密不透风的铁门，在对着对讲机说话，得不到任何回应。这样的伴侣之间没有认可和理解，感觉很糟糕。所以，我们希望通过本书中提及的 5 种争吵，帮助大家打开那扇密不透风的铁门，无论发生什么，都能让伴侣双方通过这扇门并抵达彼此，无论他们原本的冲突类型是什么。

接下来，来听听我们的故事吧。我们一开始都是易变型的人，现在依然是。但后来我们似乎学会了向认可型转变，双方都在冲突中使用了认可策略，且很有帮助。这么多年过去了，我们仍然倾向于易变型。

为什么会出现这种情况？这是由一系列因素造成的。比如，我们俩都是犹太人。有句谚语说："争论是犹太人的爱！"这来自我们的文化，在犹太人的文化起源中，辩论是理解《圣经》要义的一种重要方式，因为没有任何教条告诉我们该如何理解它，所以我们就一直在争论和辩论，以得出核心信念以及对经文的解读，这是我们的传统。我们犹太人有着近 4 000 年的争论史。

在刚结婚的最初几年，由于都是易变型的人，我们的关系并不太理想。我们会争吵、大喊大叫，朱莉会感到崩溃，然后冲出家门跑到街上，这是她自童年时起就养成的应对模式，约翰则会沮丧地在家里走来走去。我们都有强烈的情绪爆发倾向，都急于说服对方，想在争辩中胜出。

在约翰成长的家庭中，激烈的争论意味着对爱的表达，但对朱莉来说不一样，因为在朱莉成长的家庭中，当餐桌上发生争论时，总是男性优先发表意见，女性则被要求闭嘴。在日常交往中，包括在冲突中，朱莉受她母亲的影响非常大，她母亲常常表现出蔑视和挑剔。这是朱莉从小了解到的交流模式。

在我们刚结婚后的一个周末，朱莉去波特兰看望她母亲。当时我们的女儿莫莉亚还没出生，朱莉刚刚经历了一次流产。当她把这个消息告诉母亲以后，母亲立刻批评了她，并暗示流产是她的错。朱莉怒不可遏地开车回了西雅图，她觉得自己去看望母亲的做法很傻。她觉得自己有义务去看望母亲，但是每次看望母亲回来，她都感到自己内心很激荡。

我们约好周末结束后去一家位于华盛顿湖畔的高档海鲜餐厅吃晚饭。那是一个很受欢迎的地方，桌子摆得很密集，那天晚上单间都订满了，我们就和众多客人挤在一起。忽然，朱莉仿佛被她母亲附身一般，开始指责约翰的餐桌礼仪和用手指拿食物的方式，约翰则试图为自己辩护。此时此刻，在餐厅的正中央，一场恶战正在酝酿，冲突一触即发。朱莉说："你的举止真是糟透了，在公共场合和你在一起让我很尴尬。"她不由得流露出轻蔑的神情，周末在她母亲那里体验到的糟糕感受现在通通表现了出来。

在这个关键时刻，约翰突然想起很久以前他上大学时经常去的那个游乐场，那里可以玩投币式街机游戏——玩家可以和美国西部传奇警长怀亚特·厄普（Wyatt Earp）比拔枪速度。如果玩家的速度比怀亚特快，他就会用他那细小的机械声音说一句话，这句话现在闪现在了约翰的脑海中。于是他起身站在熙来攘往的餐厅中央，发疯似的抓住自己的胸口，说道："好身手，伙计！你赢了！"说完一头栽倒在地上。顿时，整个餐厅鸦雀无声，大家都惊呆了。一名服务生跑了过来，他以为约翰心脏病发作了。与此同时，朱莉却笑出了眼泪。争吵还没开始就结束了。

在争吵中，我们总是用幽默来缓解气氛。但有时，情况会比较糟糕，比如在以前，朱莉会立马跑开，“砰”地把门关上。当时，我们俩都很挑剔和蔑视彼此，没有意识到那样做对彼此有多大的伤害，也没有意识到我们需要付出更多努力来修复关系。好在有约翰的研究，他的研究确实对我们有帮助。我们自己使用过的所有干预措施，都会在本书中涉及争吵的部分进行介绍，以便为你提供指导。现在，我们仍然是一对易变型夫妻，但经过这么多年，我们都变得更友善、更倾向于认可对方了。就像约翰在餐厅那晚为朱莉做的事，因为他知道她曾经经历过什么、现在何以如此。

Fight Right
冲突箴言

我们的终极目标是想告诉你，不要改变冲突类型——除非你真的想这么做，而要努力做得更好，带着更多的热情去迎接彼此长久存在的脆弱性。

其实，你们各自的冲突类型肯定会随着时间的推移发生变化。你可以学着靠近和了解伴侣，但更重要的是认识到，每个人都有根深蒂固的原始冲突类型，在压力之下尤其会暴露无遗。所以，无论你们有着相同的冲突类型还是不匹配的冲突类型，都要一起谈一谈。

花点时间和伴侣讨论以下问题：

- 我最喜欢的冲突文化是什么？我从原生家庭中最初了解到的冲突是什么？我继承了什么样的冲突信念？
- 我属于哪种冲突类型？我的元情绪模式是什么？我对感受的感受是怎样的？对我来说，有些感受是否更容易表达？
- 我们的冲突类型是如何相互作用的？我们的冲突类型是相同的还是不同的？这对我们关于冲突的讨论有什么影响？

如果伴侣双方能意识到这些与冲突类型有关的关键因素，就可以更好地应对未来的冲突。了解自己和伴侣的冲突类型，有助于发展出对彼此的同理心和共情能力。这意味着，即便双方发生争吵，也可以有足够安全的空间，共同探索彼此关系中的问题，并采取至关重要的行动，即弄清楚在内心深处，双方到底在争吵什么。

03

找出冲突真正的原因

最近，有个来访者来找我们，给我们讲了她的离婚史。她在结束了第一段婚姻之后，开始了第二段婚姻，她满怀信心地以为这次可以长久。然而，她在第一段婚姻中遇到的问题再次出现，她的第二段婚姻和第一段婚姻一样痛苦。这一次，她不希望再离婚了。她爱她的丈夫，想继续和他在一起。但无论他们多么努力，彼此的关系仍然变得越来越糟。她想知道，为什么这种模式似乎总在重复。

“一开始总是那么美好。有那么几个月，甚至几年，我们感觉很轻松，很好，但后来就发现循环开始了。我们会在每件事上发生冲突。我感觉我们俩像是拥有某种‘消极超能力’，会为每件事情争吵，哪怕是一张购物清单，也能让我们吵得不可开交。我们甚至会为了已经达成共识的事情而争吵。”

她说，就在几天前的一个晚上，当她和丈夫在一次充斥着不堪和辱骂的争吵中停下来时，她忽然意识到，引发他们争吵的原因竟然是叉子放进洗碗机里时该朝上还是朝下。他们面面相觑，惊讶万分。他们需要帮助。

她总结道：“开始的时候，我们的感情似乎很好，现在却到了这个地步，我们俩一说话就争吵。我们俩就像从对彼此心醉神迷变成了心惊胆战。”

我们经常被问的一个问题是：“夫妻之间争吵最多的事情是什么？”我们的来访者和研究被试问过这个问题，电视和广播节目主持人、朋友和新来的同事也问过同样的问题。通常，当人们了解到我们的工作后，首先就会问这个问题。也许人们认为，如果他们能避开那些让大多数夫妻都争吵的热门话题，他们就可以更好地维持自己和伴侣的关系；也许人们认为，如果他们知道了令大多数夫妻纠结的事情是什么，他们就可以把更多的注意力放在这些事情上，确保它们不会成为问题。我们很想给出一个答案，但我们给不出，因为夫妻争吵最多的事情是——鸡毛蒜皮的小事。

没能说出和满足的渴望

先来看几个场景。

场景一：马特和苏菲是一对年近 40 岁的夫妻，此刻他们正在凌乱的厨房里忙着给 3 个又吵又饿的孩子喂饭，马特接下来要去参加一个会议，而他已经迟到了。他们订了比萨外卖当晚餐，苏菲打开包装盒，将烤箱预热，打算把比萨放进烤箱里保温，接着开始摆放盘子、叉子、餐巾。孩子们围着她打转。她抬起头，看到马特靠在柜台上，已经吃了一块。她心想，好吧，他马上就要出门，只能趁这个时候吃口东西。比萨盒就放在他身后的柜台上。他总是这样，先顾着自己吃，然后把食物放在外面放凉。

苏菲：你把这些比萨盒放在柜台上，有什么原因吗？

马特（听出了她讽刺的语气）：我不知道。我猜是因为我碰巧在吃比萨？

苏菲：哦，我们都还没准备好吃呢。

马特：那么，哪里有宽敞的地方可以放这些比萨盒？麻烦你告诉我。

苏菲：嗯，问得好。放在烤箱里怎么样？就是那个已经预热过的地方？

就连孩子们都听得出来，苏菲说的每个字都带着讽刺。很快，比萨不再是房间里唯一冷的东西了，因为马特和苏菲的互动也非常“冷”，每句话都冷冰冰的，非常刺耳。难道他们是在为比萨争吵吗？

场景二：妮娜和罗翰是一对新婚夫妻，他们刚买了套房子，正商量在哪里种蓝莓灌木。妮娜想种在花盆里，这样更容易摆放；而罗翰想种在院子里。

罗翰（一边说，一边开始在院子里挖土）：种在花盆里长不好的，蓝莓需要大量浇水和排水。

妮娜（突然被激怒了）：你怎么知道？你以为你是农夫吗？别挖了！我不同意种在院子里！

罗翰：哇，哇！只是一棵植物而已。

妮娜：只是一棵植物？只是一栋房子？只是我们所有的积蓄？只是一笔我们可能永远也还不完的巨额贷款？对你来说，这没什么大不了的，没什么可担心的，一切都会奇迹般地好起来，对吧？

妮娜说完，哭着跑进屋子，留下罗翰站在那里，他拿着铲子不知所措。难道他们是在为一棵植物争吵吗？

场景三：布兰登和托德已经交往6个月了，他们开始越来越认真地对待这段关系。他们都觉得是时候见见双方的家人了。几周前，他们跟托德的父母和妹妹一起吃了晚餐。托德的家人非常有爱、喜欢热闹，而且非常认可布兰登。但布兰登不确定他俩与自己父母见面是否也会很顺利。布兰登的父母一直很冷淡，和他之前的伴侣关系也很僵。在去和布兰登的家人吃晚餐的路上，他们到一家杂货店准备买些花和一瓶酒。托德挑了一瓶酒。

布兰登（从托德的手里把酒拿走）：我妈妈不喜欢霞多丽。

托德（愉快地）：好吧，那玫瑰花怎么样？

布兰登（看了看价签）：这花看起来很廉价。

托德：挺好的，我以前买过。

布兰登（感到很压抑，显然感到很受伤）：我不管你觉得好不好，我想给我妈妈买点她觉得不错的东西！我认为我们不需要花太多钱来表示礼节。

托德：你没在听我说话。

布兰登：我当然在听。但你到底在说什么？你想买什么酒就买吧，我来付钱。

最后，布兰登把酒瓶“砰”地扔回货架，怒气冲冲地走开了，之后回过头来冲托德喊道：“算了吧！我们还是不要去了。”难道他们是为一瓶酒争吵吗？

我们说很多伴侣争吵的都是鸡毛蒜皮的小事，是因为在条件具备的情况下，几乎任何事情都可能引发伴侣双方发生冲突。就像在刚提到的 3 个场景中，比萨、植物、一瓶酒——当然是这些话题引发了争吵，但这背后显然还有更深层次的问题。

Fight Right
冲突箴言

当两个人在为一些看似微不足道的事情吵得不可开交时，通常缘由绝非微不足道。

在争吵的表象之下，其实有更本质的因素，比如如何分配家务、如何消费、周末如何打发空闲时间等。在内心深处，这些伴侣经常争论的其实是：

- 价值观：如爱是什么、家是什么、组成一个家庭意味着什么。
- 未被看到的需求：有一些重要的需求未被看到，比如对放松、联结和浪漫的需求。80% 的来访夫妻说他们再也没有浪漫了。
- 隐藏的梦想：比如现在和将来的期望与梦想各是什么、人生目标是什么以及此时此刻想要什么等。

伴侣之间要想维持长久之爱，很重要的一点就是要培养一种能力，即能意识到彼此真正争吵的并不是冷掉的比萨、一棵植物或一瓶酒等鸡毛蒜皮的小事，而是自己的付出未得到认可，未能承担更多责任的压力，缺乏足够的交流空间，以及内在对被父母拒绝的深深恐惧。

但事实上，这很难做到。因为在通常情况下，伴侣双方不会一起坐下来并心平气和地说：“亲爱的，你今天要吵什么？”双方的冲突会在瞬间爆发，也许是在忙碌的日常生活中，也许是在本应享受的时刻，也许是感到压力时，也许是突然就发生了，一个主要原因是，一方在争取与对方联结时感到受挫。

错过和忽视的沟通邀请

简单地说，“发出沟通邀请”就是伴侣中的一方试图获得对方的关注并与其联结的行为。它可能是一句话，也可能是一个手势；可能是微妙的，也可能是公开的；可能是积极的，也可能是消极的。比如，当你拿着手机对伴侣说：“看这个有趣的梗！”这时，你就是在试图与对方联结。轻轻叹一口气则可能是一种更微妙的方式。不过需要注意的是，这里讨论的不是重大的、深刻的或“我们得谈谈”之类的情境，而是日常生活中转瞬即逝的微小时刻，是你在很忙或压力太大时很容易错过的小插曲和互动。我们在爱情实验室与3 000多对伴侣接触后发现，这些微小时刻很重要。我们在观察这些伴侣时发现，伴侣双方通常会用以下3种方式回应对方的沟通邀请。

- 靠近。靠近意味着对伴侣的邀请做出积极的反应。当一方说“你看，这个表情包很有趣”时，对方看过之后会笑，也许还会说“是啊，我看到了，太有趣了”。当一方轻轻叹息时，对方会问：“怎么了，亲爱的？”
- 疏远。疏远意味着忽略了伴侣的联结邀请。比如，一方拿出手机想要分享有趣的信息，但对方忙得没时间看，嘴里嘟囔着“稍等一下”，然后继续忙自己的事。又比如，一方叹了口气，但对方根本没有回应或假装没有听见。他们认为伴侣总是为一些事感到心烦意乱，而自己现在并不想与伴侣探讨。
- 对立。对立意味着对情感联结的邀请做出消极或尖锐的反应。比如，一方拿出手机分享有趣的信息，对方却生气地说：“我不是叫你不要打扰我吗？我正在忙着写邮件！”又比如，一方叹了口气，对方不耐烦地关上笔记本电脑，问道：“你又怎么了？”

当正处于强烈冲突中的伴侣来找我们接受治疗时，我们首先想要弄清楚的是他们在冲突中会采用互相靠近的模式，还是疏远甚至对立的方式？对于在持续或激烈的冲突中挣扎的伴侣，这个问题的答案可能非常有启发性。

我们在7项纵向研究中对一些伴侣进行了长达20年的追踪调查。我们发现，那些对情感联结的渴望，那些在日常生活中随处可见的平凡而短暂的时刻，是预测未来伴侣关系健康状况的重要因素。幸福的伴侣经常努力靠近对方，而不幸福的伴侣往往不会这样做。6年之后，我们又对那些在爱情实验室里待了24小时的伴侣进行了追踪调查，并分析了相关数据，我们发现了一个显著差异。

Fight Right
冲突箴言

幸福且稳定的伴侣会在 86% 的时间里回应彼此的沟通邀请并靠近彼此，有关系问题的伴侣该比例只有 33%。

为什么沟通邀请如此重要？因为它会被转化为伴侣关系的“情感银行存款”。我们把伴侣双方对彼此的反应称为“情感银行账户”。当一方发出沟通邀请，尤其是较为消极的表达时，对方尝试靠近，即使只稍微靠近一点点，那也像是把一枚硬币扔进了那个象征性的存钱罐里。当伴侣双方发现彼此在很多小事上总是发生摩擦时，无论是晚餐、盆栽或廉价葡萄酒，还是关爱和公平、家庭和永恒、接受和尊重等方面，如果他们可以尝试靠近彼此，那他们将产生深刻的、友善的联结和情感。而那些表现出疏远或对立的伴侣将出现情感银行账户赤字。这意味着，当他们遇到冲突的时候，彼此将很少或根本没有善意和情感可以作为资源来缓和冲突，也就无法避免冲突变得激烈了。

当伴侣之间失去情感联结时，即沟通邀请被错过或被忽视时，任何争吵都可能变得很糟糕，双方更有可能产生误解，并作出最坏的打算。他们总是倾向于对伴侣或自己的行为持消极态度，而不是积极态度。当他们的情感银行账户被耗尽时，他们更有可能使用末日四骑士。

如果你和伴侣的争吵有所增加或恶化，且双方为此感到困扰不堪，你们需要问自己以下问题：

- 你最近给伴侣发出的沟通邀请，对方收到了吗？
- 你对伴侣发出的沟通邀请有何反应？
- 最近你们是否有疏远甚至对立的倾向？
- 你的情感银行账户现在存储了多少？

为了进行评估，你可以问一问自己对以下感受是否认同：

- 我期待和伴侣共度今天的时光。
- 我们之间有共同的幽默。当我们花时间在一起时，我们都很开心。
- 我能感觉到伴侣这周似乎遇到了什么事情，也许有些压力或为某些事感到自豪。
- 当我看着伴侣时，我会感激对方的存在，感激对方为我们的关系和家庭所做的贡献。
- 我早上带着一种“我们”的感觉醒来。即使我和伴侣一天都很忙，我也会感到被支持，觉得对方是我的后盾。我醒来以后不会感到孤独。

如果你对上述任何一个问题的回答都是“不完全是”，那么你的情感银行账户可能情况不佳。如果你觉得以上这些感受都不太真实，那么你的情感银行账户可能处于严重亏损状态。在这种情况下，你要努力发出沟通邀请。也许对你来说，是时候有意识地多靠近对方了，你可以尝试每天用一些方法来建立和维护你的情感银行账户。

如果你的自我评估状况不够理想，别担心，不要先自己打败自己。来看看你有多少胜算：想一想，如果你和伴侣都很有可能成为在情感上同时联结对方的人，也就是一方发出沟通邀请，对方会敞开心扉并接受沟通邀请，这种可能性有多大？

但请注意，这个概率并不一定能让你得偿所愿。因为即使你有约 50% 的时间可以在情感上与伴侣联结，伴侣也有约 50% 的时间可以和你联结，但你们双方同时实现的概率是 50% 乘以 50%，也就是 25%。所以你们的可用时间重叠的概率只有 25%。[2]

Fight Right
冲突箴言

在 75% 的时间里，你和伴侣无法实现真正的联结。

所以，如果只是算出一个概率，而不是有意识地靠近彼此，那你们在开放性和时间匹配方面重叠的概率微乎其微。

在开始谈论具体的应对冲突的策略之前，你们的第一个任务是靠近彼此。在生活中，做到这一点并不容易。人们有很多压力，比如工作、孩子、家庭、紧急任务等方面没完没了的生活琐事，这些压力都是真实存在的。加州大学洛杉矶分校斯隆中心开展的一项开创性观察研究发现，有孩子的双收入夫妻每周单独交谈的时间平均只有 35 分钟。[3]时间太少了。所以，双方需要有意识地做到这一点，比如放下手机、关闭计算机、收起书本、停下手中的家务活。在当下这一刻，很多事情似乎都显得更要紧，你可能不想和伴侣谈他在窗外看到的鸟，或问他为什么很紧张。但从长远来看，很多事情其实并没有那么要紧。我们有几十年的数据来支持这一点。这种快速联结彼此的机会每天随处可见，它们有巨大的力量，影响着你们未来的关系。[4]这不仅可以让你们之间保持联结，还可以帮助你们建立对彼此的信任。在冲突中，很多伴侣总会问："我能相信你吗？"相关的问题比如：

- 我能相信你把我的利益放在心上吗？
- 我能相信你现在会对我好吗？
- 我能相信你在这段交谈中会尊重我吗？
- 我能相信即使我们观点不一致，你也和我站在一起吗？

无论你们面临的冲突迎刃而解了，还是持续存在，以上这些问题的答案都很重要。

可解决的冲突 vs 永恒的冲突

前文曾提到，伴侣之间的冲突可以分为两类，即可解决的冲突和永恒的冲突。对于可解决的冲突，伴侣双方会找到问题的解决方案，但这并不意味着这些问题都容易解决，对于这一点，详见后文的介绍。从根本上说，这些问题都有解决方案，一旦得到解决，就不太可能再次出现。然而，那些永恒的冲突则不会消失，是永远无法解决的，伴侣双方将不得不忍受并在关系存续期间应对它们。所有的伴侣都面临一些永恒的冲突，只是面临的具体问题各有不同，且常常代表了他们之间绝大多数的冲突。

我们对参与爱情实验室研究的伴侣们的互动和冲突讨论进行了观察，在长达 20 年的时间里，我们每隔几年都会对他们进行追踪调查，结果发现，他们每次来到爱情实验室，总在为同样的事情争吵。比如，我们观察了他们如何谈论社交生活，以及他们会多久和朋友出去玩一次。也许一方喜欢和朋友聚在一起，觉得自己与很多人在一起时感到快乐和充满活力，而对方在聚会上则感到尴尬和被忽视，希望与伴侣共度静谧时光。6 年后，当他们再次来到爱情实验室后，他们仍然会为是否去参加周五晚上的聚会而争吵。也就是说，多年之后，除了衣服和发型变了，他们什么都没有变。

为什么这对伴侣的问题会持续存在？因为在是否参加聚会邀请这个问题的表象之下，潜藏着很多其他原因，比如一方内向、一方外向，彼此在关系中的需求不同，以及他们在时间安排上的优先考虑不同，等等。难道他们注定会因为这样的冲突而分开吗？当然不会。但由于双方在这些方面有很大的差异，所以他们需要想办法，一而再、再而三地在生活中解决冲突、表达需求、达成妥协，且在一定程度上接受彼此的差异。

Fight Right
冲突箴言

关系中 69% 的冲突都是永恒的，这意味着我们始终要面对大量的冲突。

但研究爱情的专家认为，在任何关系中，永恒的冲突都是不可避免的。当我们选择与某个人共度一生时，除了选择爱这个人，也选择了与之存在的永恒的冲突，双方关系中的摩擦点总会时不时地出现，甚至爆发。世界上并不存在神奇的、没有冲突的关系。伴侣双方的目标是带着这些冲突好好地生活，接受它们的存在，并怀着同情和好奇心接近它们，而不要防御和批评彼此。

那么，什么样的冲突是可解决的，什么样的冲突是永恒的？答案是视情况而定。对任何一对伴侣来说，无论是财务或家务，还是养育孩子或组装洗碗机，任何冲突都可能有解决办法，也可能会永恒存在。重要的是要知道，冲突是仅仅在于其本身，还是与更深层次的冲突有关。比如，它是否与其他争吵有关，是否与伴侣双方潜在的性格差异、价值观和对事情轻重缓急排序上的差异有关，是否与双方对做事方法的信念有关。

举例来说，有时候，你和伴侣关于如何把叉子放进洗碗机的争吵只是一场关于叉子的争吵而已。也许你们都很烦躁易怒，彼此最近没有联结，于是在放叉子的问题上爆发了冲突。这种情况确实会发生。但如果你在敞口的洗碗机面前冲着伴侣大喊大叫，并说出“你从来不听我的！你总是对我指手画脚！”之类的话，那么你们可能需要就关系中的控制和影响问题好好谈一谈。如果你们正在为买哪种型号的车而争吵，这可能是一个可解决的冲突，很容易应对；但它也可能会引发一场大战，因为阶级背景的差异会让你们在展示自己这一点上有不同的考虑。

现在，回忆一下你和伴侣最近的几次冲突，并想一想，你们的冲突属于哪一种类型。如果是永恒的冲突，你认为潜在问题是什么？或者可能是哪些问题？它们曾经以某种形式出现过吗？或者在其他冲突中出现过吗？也许在冲突的表象之下，某一方或双方的需求未被满足或目标未达成；也许你觉得应该采用某种生活方式，而你们没有达成一致。不过，现在不必担心和伴侣讨论这些问题，稍后我们会为你们提供新的工具，帮助你们冷静地讨论这些问题。

如果是可解决的冲突，那这些争吵带给你什么样的感受？有时，即使是可解决的冲突，也会让人感觉很糟糕，尤其是当伴侣犯了一些常见的错误时。也许你和伴侣从来没有想出任何解决方案或达成妥协，或者你感到自己被困住了，但即便如此，也没关系，因为这种情况很常见。

无论你们之间的冲突是可解决的还是永恒的，是否具有破坏性，它们之间都是有共性的。

Fight Right
冲突箴言

所有失败的争吵都有一个共同点，那就是一方试图消除对方的消极情绪。

通常，人们对强烈情绪的下意识反应是息事宁人、据理力争或无动于衷。但如果伴侣中的一方做不到不带评判地倾听对方的情绪，那无论冲突是可解决的还是永恒的，都会升级。当消极情绪得不到倾听时，它们会愈演愈烈。由于产生情绪的一方始终无法引起对方的注意，于是双方的冲突开始升级，双方被情绪淹没，继而出现末日四骑士。最终，双方会陷入艰难的冲突中，且很难彼此修复或治愈。

冲突指南
Fight Right

导致冲突升级的因素

一方表达消极情绪，如“我真的很生气，你竟然忘了我的生日”，而对方的回应是尽量息事宁人或据理力争，如“我们上周庆祝过了，这没关系的”，这将导致以下后果：

消极情绪加剧

出现造成情绪淹没的事件

出现末日四骑士

问题变得严重

伤害

可解决的冲突和永恒的冲突之间的区别在于，当谈论如何正确地争吵时，分辨是哪种冲突类型并不重要。永恒的冲突本身会让人感觉“事情变严重了”，而可解决的冲突仍然需要通过最佳应对策略来解决。伴侣双方需要用同样的策略，以确保彼此带着善意来争吵，每个人的声音都应当被听到。但如果能识别出是哪种冲突类型，将有助于双方明确目标。也许你们在努力寻找单个问题的解决方案，或者在努力深入地理解彼此，并解决彼此之间的长期冲突。**很多人对冲突最大的误解之一，也是伴侣之间常见的一种持久而普遍的信念，那就是所有的冲突都应该得到解决，否则关系就会出问题。**这其实就像天方夜谭，是不可能的，所以别再执着于此了！大多数冲突永远无法得到完全的解决，但关系仍然可以持续发展。实际上，关系中有冲突才好，这才是正常且健康的。

然而，如果根本原因没有得到解决，那么永恒的冲突就可能会成为伴侣之间不和的楔子。如果双方由于永恒的冲突而没完没了地争吵，且每次都一无所获，那双方可能再也无法向彼此敞开心扉，也无法找到任何解决方案或达成妥协，最终将陷入僵局。

摆脱争吵的僵局

什么是僵局？僵局就是关系中总是发生同样的冲突，周而复始，令人感觉很糟糕；爱意、温暖和幽默消失殆尽，而且末日四骑士频繁地出现在关系中。

出现僵局时，伴侣双方都固守在自己的位置上。一方似乎无法向对方妥协，也无法在解决问题方面取得任何进展。一方觉得自己不能妥协，并认为如果自己稍有让步，对方就会得寸进尺。同时，对方可能也有同样的想法。

例如，当你每次和伴侣讨论问题时，你都会感到受伤和沮丧。你变得越来越两极化——对方越反对你，你越觉得必须捍卫自己的立场；反之亦然。你们就像在玩一个不断收紧的手指套游戏，拉得越用力，卡得越紧。你会觉得被伴侣拒绝了。你们之间变得越来越疏离。

出现僵局时，伴侣双方变得彼此完全隔绝：彼此不会倾听，不会敞开心扉，不愿合作，也不愿理解对方。双方可能会因为重复性的冲突变得疲惫不堪，甚至不再表现出多少情绪。在经历了十几次、上百次乃至无数次冲突之后，双方所有的情绪，包括温暖、激情甚至愤怒，统统耗尽。双方会在心里互相诋毁，如“你真自私！真固执！惹不起又躲不起！永远也解决不了问题！”。陷入僵局的冲突讨论可能会以一方绝望地说“我不想再谈了”而结束。双方可能已经多次陷入僵局，都不想讨论了。当然，此处谈论的僵局限于特定的问题领域，它和敌对型伴侣的冲突有所不同。在敌对型伴侣的关系中，双方之间所有的冲突互动都充满敌意，一旦发生摩擦或产生分歧，他们都会表达敌意。其实，任何一种冲突类型的伴侣围绕特定的问题都可能陷入僵局。

那么，伴侣双方通常倾向于在哪些问题上陷入僵局呢？答案是，任何问题！伴侣双方可能会在某些问题上陷入僵局，而在外人看来，这些问题可能微不足道，甚至有些幼稚。如果细听两个人陷入僵局的冲突对话，你可能会想：我能想到一大堆解决方案来解决他们的问题，为什么他们俩就不能一起想办法试试？而对处在僵局中的伴侣双方来说，这是不可能的，因为就像所有永恒的冲突一样，陷入僵局的冲突所涉及的内容远比眼下的问题要深刻得多。

Fight Right
冲突箴言

几乎所有的冲突僵局都与个人未实现的梦想有关。

每个人都对自己的生活抱有希望和梦想。有时，人们会把这些梦想明确地告诉伴侣，但很多时候并不会。也许，有时连他们自己都没搞清楚自己的梦想是什么，这些梦想可能会以更潜在的形式显露出来，如冲动、疼痛、渴望，或错失重要东西的感觉。

以艾米和马修这对亚裔美国夫妻为例。他们居住在旧金山附近，有两个孩子。他们从结婚起就租住在一套两居室的平房，现在感觉空间不够用了。他们一直想买栋大空间的房子，但他们所在区域的房子都太贵了，现在他们还买不起。他们一起谈论了很多关于如何发展各自职业生涯的话题。艾米目前是当地一家非营利组织的兼职拨款撰写人，马修是某大型社交媒体公司的用户体验设计师。艾米在孩子们出生后就开始做兼职，但她对全职工作更感兴趣，而马修一直想争取成为公司的项目经理。他们都担心钱的问题，担心是否有能力偿还助学金贷款、房贷，支付孩子上大学的费用。

后来，马修遇到一个绝佳的工作机会，那份工作既可以让他涨薪 30%，也是他心仪的理想职位。但唯一的问题是，为他提供工作机会的那家科技公司在西雅图，如果他接受这份工作，就意味着全家人必须搬家，而且要快。那家公司给了他两周的时间做决定。

艾米和马修就是否要接受这份工作进行了讨论，一开始他们谈得很顺利，但很快就转移到了其他话题上。他们先是计算了生活成本和搬家成本，以及立即涨薪和未来涨薪的幅度有多大。但似乎目前这笔账他们还算不清楚，而且搬家需要一笔巨大的开支，再加上西雅图的生活成本并不比旧金山低多少，所以将来他们可能还是买不起房子。

马修：如果我接受这份工作，我们总能买房的。当然，第一年我涨薪后的收入会被搬家费用抵消。但将来，我们会越来越好的。

艾米：但这真的值得吗？搬家、给孩子转学，承受各种压力，到头来我们还是和住在这里一样，在钱的问题上挣扎。

马修：你听我说，从长远来看，这是值得的。

艾米：但如果不值得呢？如果我们再透支信用卡搬家、重新租房，然后就像其他欠款一样，一直还不上，到时候怎么办？我们不能再这样下去了。

马修（越来越坚定）：艾米，我们摆脱债务的方法就是多赚钱。这不是高等代数。

艾米（带着哭腔）：你知道吗，如果你数学好一点，也许我们就不会变成现在这样！

在艾米和马修的案例中，他们试图把这个问题当作金钱问题来解决，但其实并不只是金钱问题，他们俩都不承认，甚至没意识到这个事实。当艾米表达对搬家成本的不满时，她其实是在表达害怕失去他们现在所建立的社交圈子，包括邻居、朋友、学校、社会支持等。他们最小的孩子快 3 岁了，而艾米需要出去见朋友、与他人重新联结，她希望获得更多自由。她本来觉得自己的生活就要焕然一新了，但现在马修想让她放弃，一切要在新环境中再来一次。她对目前的生活有憧憬，而为了马修的工作就放弃理想的生活，值得吗？

而马修在过去的几年里一直没有得到晋升，他感觉自己在目前的工作岗位上不被重视，没有人看到他创造的价值。而且最近，他的主管甚至劝阻他不要申请他所在部门的项目经理职位。这个地方就像一条死胡同，马修觉得自己走投无路。而新公司的团队很热情地表示欢迎他的加入，他感到自己的技术和经验获得了认可，被重视、被看好的感觉让他感到很好。马修在事业方面很有远见，如果进入这家公司，他会进步、成长，而且那将是一份能带给他快乐的工作。面对这个难得的好机会，难道他要放弃，继续留下来苦苦挣扎吗？

但这些更深层次的问题是隐匿的、无形的，他们俩很难表达，甚至意识不到。他们关于财务的争吵每天都在重复，随着马修做决定的最后期限的临近，他们的争吵变得越来越激烈。

他们能摆脱僵局吗？答案是能。即使是最根深蒂固的僵局，也可以摆脱，但双方必须认识到在僵局的表面下，隐藏着更深层次的问题。双方必须分享各自非常私密、非常重要的对生活的梦想，才能开始寻找出路，并在通往彼此梦想的道路上共同前进。对马修和艾米来说，他们可能会为了马修的这份新工作而搬家，也可能会留在原地，马修可能会在当地寻找其他合适的工作机会。其实，没有所谓的正确答案。但只有当他们真正开始谈论各自对梦想生活的愿景，以及这些梦想如何在冲突中显露时，他们才会找到合适的答案。

当看到伴侣双方陷入僵局时，我们会尽可能地了解他们各自的梦想，包括他们未被满足的核心需求、未实现的梦想，以及某个需求或梦想重要的原因。

如果你问我们“伴侣双方经常在争吵什么？”，也许，我们可以把所有永恒的冲突原因归为一点——梦想。**面对冲突，首先要探索“冲突中的隐藏梦想”，然后才是寻找解决方案或妥协方案。**

你们必须分开了吗

大多数来找我们的伴侣，甚至大多数陷入困境的伴侣都能通过本书中对冲突的探讨实现重要的改变。但有时，当一方的梦想是对方的“噩梦”时，比如一方想要孩子但对方真的不想要，双方的关系可能面临结束的风险。不过，即使在这种令人痛苦的挣扎中，共同经历冲突的过程仍然可以使双方澄清情况，并感到被疗愈。至少两个人都明白为什么分手，没有人应该受到指责。

在遇到朱莉之前，约翰结过婚。在上一段婚姻中，他的梦想是成为一名父亲，而他的前妻的梦想却是永远不想做母亲，但她自己没有意识到这一点。他们尝试想生个孩子，但在相当长的一段时间里都无法怀孕。后来，他们去见了一位生育专家，结果发现前妻有子宫内膜异位症，好在这是一种可以治疗的病症。该专家对约翰的前妻说：“我可以帮助你在 6 个月内怀孕。”

离开医院时，约翰开心极了，他的前妻却非常沮丧。在对是否、如何以及何时进行治疗进行了激烈的争论之后，他们终于开诚布公地表达了各自对生活的期待。约翰特别想有个孩子，他的前妻却完全不想，她对生活有其他目标，对未来有不同的看法，她认为生孩子意味着她要放弃那些目标。有一段时间，约翰试图迁就她的梦想，认为没有孩子，他们也能幸福。但他很想有自己的孩子。对于这样的冲突，他们没有任何解决方案或妥协的余地，谁也没有错。

如果你觉得你的梦想和伴侣的梦想刚好相悖，那你们要知道，大多数时候，两个人的梦想都是可以协调的，即使现在看起来不太可能。如果你们正处在冲突的初期，请对任何可能性保持开放心态，相关案例可参考接下来的几章。所谓柳暗花明又一村，也许你们会找到当下暂时还看不到的新出路。如果你们尝试了所有方法，发现仍然处于与约翰和他的前妻类似的境况之中，想结束彼此的关系，那我们建议你们带着同情和理解，而不是伤害和刻薄结束关系。

在对伴侣们进行治疗的过程中，我们发现，伴侣关系中不能或不应该克服的只有如下 3 种“破坏因素”。

虐待

伴侣中的一方对对方的虐待是彼此关系的一大破坏因素。在前来找我们接受治疗的伴侣中，有高达 50% 的人曾经在冲突中遭受过某种程度的虐待，如家庭暴力。但并非所有类似的情况都是伴侣关系的破坏因素。很多研究，包括我们对其他伴侣进行的相关研究发现，家庭暴力主要分为情境型家庭暴力和性格型家庭暴力两种类型。

当争吵失控时，情境型家庭暴力就会出现。首先是双方冲突升级，随后出现末日四骑士，且伴随着轻微的暴力行为，如拍打或推搡。双方都会参与其中，事后都感觉很糟糕，都想停下来。在美国，80% 的家庭暴力属于情境型家庭暴力，[6] 这种家庭暴力主要限于失控情境下的特定事件，而非一方主宰或控制对方的模式。

对于情境型家庭暴力，伴侣双方可以通过参加培训和寻求支持来应对。在一项针对有轻度家庭暴力的伴侣为期 20 周的研究中，[7] 我们发现，教授双方冲突管理技巧、让双方在生物反馈装置的支持下对情绪淹没进行自我抚慰以及增加双方友谊和亲密关系的策略，可以有效地解决情境型家庭暴力引发的问题。随后，我们对这些伴侣进行了 18 个月的随访，结果发现，他们可以更平静地处理冲突了，没有再发生家庭暴力。如果你和你的伴侣都遭受过情境型家庭暴力，建议你们向受过训练的专业人士寻求指导和支持。

相比之下，性格型家庭暴力则很不同。在性格型家庭暴力中，一方是施暴者，对方是受害者。在 85% 的情况下，受害者是女方。我们的研究区分出了两种具有典型家庭暴力特质的施暴者，分别将之称为“斗牛犬型施暴者”和“眼镜蛇型施暴者”。斗牛犬型施暴者嫉妒心强，占有欲强，害怕被抛弃，并倾向于将伴侣与朋友和家人隔离开来。眼镜蛇型施暴者则令人捉摸不透，情绪不稳定，容易爆发，而且常常无中生有。这两种类型的施暴者都不会为自己的暴力行为负责，而是指责受害者，认为是受害者的行为导致了糟糕的局面。[8] 目前，对于性格型家庭暴力，我们尚无有效的解决方法。如果你正遭受这样的暴力，建议你尽快结束与伴侣的关系。

拒绝为摆脱成瘾寻求帮助

根据美国卫生与公共服务部的数据，在美国，约有 4 000 万人正在独自承受成瘾障碍的折磨。[9] 这是一种身心障碍，而不是道德败坏，成瘾者完全可以康复。很多训练有素的治疗师在专注于帮助有成瘾障碍的伴侣康复。不过，康复之路可能很漫长。而同时，努力克服成瘾的人的伴侣也需要关爱自己、寻求支持，并需要从对方成瘾带来的创伤和背叛中恢复并重新建立信任。我们常常为正在努力克服成瘾问题的伴侣创造新的联结方式，因为他们以往的联结方式，如共度假期或外出就餐，往往会导致成瘾复发。

遗憾的是，许多遭受成瘾困扰的人从不主动寻求治疗。一项调查发现，[10]这些人不寻求治疗的原因包括找不到他们需要的具体治疗方式、负担不起治疗费用以及担心家人、邻居和同事等人的看法，但首要原因是他们认为自己不需要治疗。如果伴侣的成瘾给你带来了痛苦，而对方无法或没有意识到需要寻求帮助，那你们的关系可能会陷入困境。**成瘾并不是伴侣关系的破坏因素，很多人都在为摆脱成瘾而挣扎，但拒绝解决这个问题可能会成为真正的破坏因素。**

对生孩子有不同观点

要不要孩子，这个问题可能会全面影响伴侣双方的生活。当一方梦想过没有孩子的生活，而对方却想成为父母，最好的方法可能是分手，即使彼此很相爱。有时，伴侣双方的梦想看似是相悖的，但仍然可以作出很多创造性的妥协，来满足彼此的梦想。但希望或不希望成为父母，也许是一个人无法放弃的梦想。

如果这是你们关系中的摩擦点，那你们可以参见本书后面章节中关于冲突中的隐藏梦想的探讨。我们希望能帮助你们更清楚地了解彼此是否还有其他选择，或你与伴侣各自对生活的期待是否真的背道而驰。

对大多数伴侣来说，围绕冲突中的隐藏梦想进行对话并不意味着彼此关系的结束。我们发现，在 87% 的情况下，即使伴侣双方陷入根深蒂固的僵局，仍然可以通过后面的章节介绍的冲突路径来实现重大突破，这在很大程度上源于伴侣双方的核心需求和梦想得以被呈现和表达。[11] 如果你和伴侣认为，无论如何，双方都希望更好地争吵，那无论你们当下的关系如何，这一定不是你们关系的终点，反而可能是新的转折点。

冲突的 10 大误解

到目前为止，我们讨论了为什么人们总是和爱的人发生冲突，冲突的类型有哪些、是如何形成的，人们会为何事发生冲突，以及冲突的真正原因是什么。接下来，我们进入关于冲突更深层次的讨论，即伴侣双方如何正确地争吵。

如果一对伴侣来找我们接受治疗，我们通常会先试着消除他们的一些关于爱情和冲突最常见的误解，即使是拥有最坚实关系的伴侣，也可能会因为这些误解而陷入困境。

误解 1：找到解决当前争吵的方法就万事大吉，以后再也不会争吵了。事实上，大多数冲突都是永恒的。双方需要学会了解不同的冲突，而不是只解决某个特定的冲突。

误解 2：如果关系中存在冲突，那彼此就不应该在一起。很多伴侣常常憧憬着童话般的浪漫爱情故事，就像王子和公主最终都过上了幸福的生活。而在我们的文化中，无论是儿童读物还是爱情喜剧，没有一个故事是这样结尾的：从此以后，他们会为每个周一轮到谁倒垃圾而争吵。既然故事里的主人公可以过上幸福的生活，那我们更可以！事实上，即使是最幸福的伴侣，彼此之间的冲突也不可避免。

误解 3：冲突是需要解决的问题。人们渴望解决问题的冲动通常很强烈。

的确，在伴侣关系中，有 1/3 的冲突通常都有解决方法，但大多数冲突是无法解决的。事实上，大多数伴侣是通过继续对话来应对大多数冲突的，但他们并不解决冲突。

误解 4：一方是对的，对方是错的。事实上，伴侣双方各有各的经历和观点，彼此面对的现实都是合理的。重点在于，双方对事物的看法、感受和需求，以及是否能倾听并认可对方，这往往比谁对谁错更重要。

误解 5：男性比女性更有逻辑，女性比男性更感性。这种谬论由来已久，这种对男女两性的刻板印象是有害且片面的，根本就是无稽之谈。一项国际研究调查了在日常的一天中，人们会因为什么而情绪激动，结果发现，人们在这一点上并没有基于性别认同层面的差异。在面对同样的事情时，男性和女性的情绪反应及其频率是一样的。[12] 事实上，逻辑和感受是不分性别的。男性也会有情绪且需要表达出来，而当女性描述她们所面对的现实时，也需要被倾听和被信任。

误解 6：最好的冲突管理是合乎逻辑的、理性的、非情绪化的。在回避型伴侣中，这是一种很常见且影响广泛的观点，经常导致双方元情绪不匹配，即一方希望就事论事，而对方希望有情感的联结或表达。事实上，神经心理学研究表明，人们在解决问题时，逻辑思维和感受是交织在一起的。如果没有从感受中获取信息的能力，也就无法很好地解决问题。[13] 所以，最好的冲突管理是通过倾听彼此的感受和想法来更好地理解彼此。

误解 7：消极情绪是不好的，应该避免。人们常常以为自己可以"想办法摆脱"消极情绪，因而对自己和伴侣的消极情绪失去耐心。很多人认为愤怒是不好的，应该避免。事实上，愤怒并没有错，重点在于如何表达愤怒。永远不应该以蔑视或批评的态度来表达愤怒。

误解 8：没有人能伤害你，除非你允许。这是新时代哲学的产物，很多人都相信，并认为一个人对自己的情绪拥有或应该拥有 100% 的自主权。也就是说，如果你感到受伤或被背叛，那是因为你“选择”被某句话伤害，“选择”感觉被某人的行为背叛。这种信念的好处在于，它可以让你相信你的情绪是可以控制和改变的，尤其是消极情绪，如果你“选择”不去感受伤害，那么就没有人能伤害你。但同时，你也免除了对伴侣的任何责任。

例如，如果你说的话伤害了对方，你会认为那是对方的问题，而不是你的问题。但在真实的关系中，事实并非如此。对每个人来说，感受是本能的、原始的，就像饿了要吃饭、累了要睡觉一样。感受根植于人类的大脑中，在适当的条件下，不同的感受会相应地出现。如果有人对你说了带有蔑视意味的话，你可能会感到受伤和愤怒。如果周年纪念日对你来说很重要，而你的伴侣却忘记了，你可能会感到受伤。但只要你愿意，这些伤痛是可以被治愈的。

事实上，在伴侣关系中，双方可以而且确实会伤害彼此。即便是关系最好的伴侣，也是如此。而成功的伴侣和失败的伴侣的区别在于，前者会探索彼此之间发生了什么并进行感情修复尝试。

误解 9：在爱别人之前，你必须先爱自己。没有人能做到时时刻刻都全然爱自己。每个人都有自我怀疑、自我批评和不自爱的时候。如果一个人在与他人建立爱的关系之前必须首先全然爱自己，那大多数人都无法拥有爱的关系。

假如你拥有这种信念，一旦你们的关系破裂了，那么无论发生了什么，你会认为都是你的错，因为你认为自己不够自爱，任何问题的责任都落在你身上。但事实并非如此。在大多数情况下，“探戈需要两个人跳”这句古老的格言也适用于伴侣关系和冲突。真正的问题可能在于，你总是试图用错误的方法发生冲突，而不是用正确的方法帮助自己冷静而友善地发生冲突。

事实上，每个人都有持久的弱点，比如触发点、创伤、可能永远无法完全愈合的伤口，这些弱点可能会导致人们无法全然爱自己，但即便如此，人们仍然可以拥有长久的关系。伴侣双方需要做的就是互相照顾、相亲相爱，即使彼此正处于冲突中，即使一方或双方不能自爱。

误解 10：必须证明或解释自己需求的正当性，才有资格提出它。伴侣之间的很多冲突都与这种根深蒂固的信念有关，即感到自己没有资格满足自己的需求。在许多文化中，“需求”常常被看作是一个肮脏的词。似乎我们应该独立自主，不应该向任何人表达需求，包括伴侣。如果一个人有需求，唯一能表明其需求正当性的方式就是证明伴侣有多糟糕，从而释放出自己的这种需求，而这意味着“我有需求，都是因为对方的错”。

事实上，人类是群居动物。千万年以来，我们形成集体，相互沟通、互相扶持、共同抵御危险，从而得以生存。换句话说，我们生来就有需求，是需求把我们彼此联系在一起、促使我们共同发展的。每个人都可以有需求，也应该有需求，这不需要理由。但在发生冲突时，我们要表达自己的需求。冲突升级的一个重要原因就是双方无法表达自己真正的需求，却希望对方能读懂自己内心的想法，并能如愿地满足自己的需求。世界上并不存在懂得读心术的人，每个人都应该大声而清晰地表达自己的需求。

开启智慧的冲突之旅

我们在发生冲突时会犯很多错误，有时是因为误解，有时是因为彼此的冲突文化不同，有时则是因为“正确地争吵”并非一件知道就能做到的事情。冲突并不一定意味着痛苦和折磨，它可能永远不会有趣，只是微妙而丰富的生活中的一小部分。当我们与某人长期相爱和生活时，冲突是不可避免的，我们应当知道如何更好地利用冲突。而想要利用摩擦点更好地了解彼此，我们就一定不能重复犯同样的错误，并且要学会利用一些基本且有力的支点。

在接下来的章节中，我们将对冲突进行完整的剖析。我们会一步一步来，从争吵爆发的那一刻起，经历艰难复杂的争吵过程，最终看到结局。我们会指出那些让人容易走错的岔路，告诉你如何转向更好的道路。

后文的争吵案例将带你了解冲突中的每个重要节点，帮你塑造属于你的新的争吵方式，进而改善你和伴侣的关系。

我们将回答大多数伴侣最迫切想知道的问题：

- 如何在不争吵的情况下提出问题？
- 当谈话走向错误的方向时，如何重回正轨？
- 当双方在冲突中感到强烈的张力和情绪淹没时，如何继续合作？
- 如何避免防御和攻击，并探索更深层次的问题？
- 如何达成妥协，避免让任何一方感到过度牺牲？
- 当发生严重冲突时，如何处理和修复彼此的关系，以及如何确保不再重蹈覆辙？

书中呈现的每个冲突案例都来自爱情实验室和我们最近的研究，包括一项针对 4 万对伴侣的国际研究。接下来的每一章都将详细剖析一场争吵，以便让你看到争吵的潜在原因，这对身处冲突中的人来说是盲点。对于每个冲突案例，我们都将介绍几种关键的干预措施，你可以立即与你的伴侣一起进行尝试。

另外，每个冲突案例都是以我们治疗过的伴侣或慷慨地与我们分享他们故事的伴侣的真实案例为原型，呈现出伴侣双方如何从破坏性的争吵转变为建设性的争吵，从僵局之中摆脱出来，继而发展为开放和更亲密的关系。

在接下来的章节中，我们将展示一些非常激烈的争吵，包括我们俩的争吵。这些都是真人真事。案例中的主人公会犯错，会说伤人的话，就像你我一样。但我们要提前透露一点：所有这些伴侣争吵的案例都有“成功的”结局。

让我们从争吵开始的那一刻开始吧！

第二部分

人人都会遇到的 5 种争吵

最大的冲突也是
最有可能实现亲密的机会。

04

第一种　扔炸弹：用苛刻的话开场

克里斯汀和史蒂夫正站在一处悬崖边上。这不是隐喻。这里是亚利桑那州的塞多纳，天气又热又干，但景色非常漂亮，沙漠的天空是矢车菊的蓝色。他们在徒步行走时，看到脚下的岩石小道呈现一种不可思议的红色。在他们站的悬崖的正下方，陡峭岩石高高耸立，纹理清晰可见，仿佛透出因沙漠日出经年累月炙烤而成的颜色。

克里斯汀非常享受这一切，她在这里感觉无比美妙。终于，只有她和史蒂夫两个人了，他们在广阔的大自然中开始了一场冒险。也许是他们有了孩子的缘故，这是他们很长一段时间以来，第一次共度二人世界的假期。他们最大的孩子刚满 10 岁。这次旅行姗姗来迟。

路越来越陡，但克里斯汀对自己体能的提升感觉良好，以往他们总是要按照孩子们的节奏做事。她看了看身后，确保史蒂夫跟上了她，毕竟他比自己大 15 岁，好在他一直很活跃，也很健康，这正是最初他吸引她的一点。当时，史蒂夫是她的心脏病医生，两人常常在一起开玩笑，经过一段时间的暧昧，他们开始约会。

克里斯汀爬上了一条狭窄小路，中间有一小段比较滑，松动的鹅卵石散落在她的脚下。她非常想登上山顶，因为旅游指南上说在山顶可以看到绝佳的美景。

与此同时，史蒂夫却感到非常紧张。自从他们走了这条路后，就再也没见过其他人了。一方面，没见到其他人是件好事，因为这条路很窄，如果遇到其他下来的人，彼此很难顺利通过。另一方面，也许这条路上没有其他人，意味着他们是唯二的徒步者，这样做真的很疯狂，一旦走错一步，很可能会掉下悬崖。早上，克里斯汀给他看过这条路的地图，上面没有地形信息，他也不知道他们走的这条路如此艰险。史蒂夫一开始不太喜欢徒步旅行，但克里斯汀对此很兴奋，于是他决定试试，但这并不是他想要的。

路越来越窄，顺着陡峭的岩壁蜿蜒而上。这时，克里斯汀突然跑了起来，石头哗啦哗啦地落在她身后。史蒂夫停了下来，他整个身体都僵住了，这太可怕了。如果继续走下去，那简直太疯狂了。

史蒂夫：亲爱的。

克里斯汀：（转过身来看着他，脸色立刻沉了下来。她很清楚他要说什么）

史蒂夫：我想这不是个好主意。

克里斯汀（语气生硬且冷淡，转身继续向前走）：史蒂夫，别这样。我们就快到了，别犯傻。

史蒂夫（被激怒了，努力让自己保持语气平稳、冷静、理性）：别犯傻？我不会再往前走了，我也不希望你再往前走了，这条小路太危险了。这个主意真是糟糕，我们往下走吧。

（克里斯汀看着史蒂夫停了下来，手拿手杖和大软帽，背包里装满了水瓶和零食。她感到自己的愤怒和沮丧马上要冲破胸膛，她觉得自己要爆炸了。）

克里斯汀（生气地）：你当然不想走了，我早就知道，你太娘娘腔了，不会跟我一起徒步。你总是说我们不能做这、不能做那。你还那么高高在上的样子！你总把我当孩子看待。那么你听着，我就是要去山顶。你是跟我一起去，还是像往常一样当个胆小鬼？

史蒂夫：（盯着克里斯汀，既震惊又愤怒，说不出话来）

克里斯汀：史蒂夫，你能不能像个男人？难道你只会站在那里一动不动吗？

史蒂夫和克里斯汀对视了一下，他感觉这一刻漫长而灼热。然后，他转身沿着湿滑的路往回走，他心想，如果我从悬崖上掉下去，她会很难受的。

克里斯汀看着史蒂夫离开并在拐弯处消失了，留下她独自一人站在高高的红色岩壁上。她不敢相信他竟然真的走了，把她丢在这里。她心想，如果我从悬崖上摔下去，他会很难过的。

史蒂夫气冲冲地走了，他们俩看起来出现了短暂的平静，但其实他们俩都无法冷静下来。两人都感到受伤、羞耻和愤怒。后来，克里斯汀沿路跟在史蒂夫后面走，她有很多话要对他说。她想说，这个假期又泡汤了，这是她等待已久的假期，她为此做了充分的准备，她非常渴望、非常期待这个假期。为了史蒂夫和孩子，她从来没有为自己做过什么，为什么他就不能遂她的意？他就不能走出他那小小的舒适区吗？这太可悲了。她正要把这些话告诉他。这时，史蒂夫听到身后有脚步声，于是转过身来，他也有很多话要对克里斯汀说，关于她的鲁莽、她的自私以及她那些令人讨厌的指责。什么样的妻子会这样对待自己的丈夫？什么样的母亲会当着孩子的面这样对待自己的丈夫？这已经不是第一次了。史蒂夫当下心想，他真不该娶她这么一个年轻、不成熟的女人。他正要把这些话告诉她。

克里斯汀和史蒂夫在悬崖边的小路上的这次对话并不顺利。他们的争吵开始得很激烈，而且一直没有平复下来，完全没有。他们互相大喊大叫。史蒂夫威胁说要离婚，克里斯汀则哭了起来。

后来，他们都被情绪淹没了，感到不堪重负，也无法再继续争吵了。他们走下山，开着租来的车回到了酒店，一路上都陷在冰冷的沉默中。

关键的开头 3 分钟

180 秒——这是启动争吵的时间，就像克里斯汀所做的那样，我们称之为“苛刻的开场白”。

Fight Right
冲突箴言

3 分钟一到，争吵的气氛和轨迹基本上就确定了，这时再想扭转局面的概率几乎为零。

为什么会这样？我们要求来到爱情实验室里的伴侣完成冲突任务，即让他们选择一个双方一直存在分歧的问题来讨论，然后把他们的话语、手势和情绪记录了下来。双方共讨论 15 分钟。我们发现，无论伴侣双方的冲突类型如何，以消极方式启动的冲突讨论往往会以这种方式结束。当然，这里说的是积极互动和消极互动的比例，而非冲突过程中的波动情况。此外，我们还发现了数据中存在的有趣的细微差别。

我们在观察伴侣争吵后绘制出了一幅“累积和图”，其实是一张道琼斯图表，只不过表现的是一对伴侣的冲突过程，而不是股票市场。[1] 从图中可以看到夫妻双方争吵的过程，图中的上升线和下降线分别代表在争吵过程中，积极互动和消极互动的变化程度。我们本来以为那些非常消极且结果很糟糕的争吵，是伴侣双方在整个冲突过程中都表现得很消极。但事实并非如此。即使是那些一开始就争吵得很激烈的伴侣——我们在他们的累积和图上看到一个很大的“消极低谷”，他们也经常试图通过各种类型的感情修复尝试来给彼此的冲突讨论注入积极的东西，就像那些总体上表现更好、最终结果也更积极的夫妻一样。不过，我们从图中仍可以看出他们的争吵永远不会真正平息，争吵中的那些积极时刻并不能弥补苛刻的开场白所造成的影响。当我们绘制出所有被试伴侣对话的总体情况时，我们有了如下重大发现。

Fight Right
冲突箴言

在 96% 的情况下，前 3 分钟的争吵不仅决定了争吵的轨迹，还决定了关系在接下来 6 年的发展方向。[2]

这些数据表明，如果争吵一开始是消极的，后面就很难扭转。就像玩弹珠机的时候，如果太用力拍打按键，弹射器就会被卡住，最终一个球都弹不出去。争吵也是如此，双方会被卡住，无法继续沟通。当然，伴侣双方还可以继续尝试，但这一轮无疑已经失败了。

此外，苛刻的开场白所导致的连锁反应会一直持续很长一段时间。我们在对这些伴侣的随访中发现，随着时间的推移，那些在争吵一开始就表达很激烈的话语、手势和情绪的伴侣，在 6 年后更有可能离婚。当我们使用 SPAFF 编码系统来预测这些伴侣会继续在一起还是离婚时，我们发现，通过他们前 3 分钟争吵的表现，也可以做出预测，且准确率高达 90%。也就是说，如果你和伴侣来爱情实验室大吵一架，我们可以在你们刚开始争吵 3 分钟的时候让你们停下来，然后预测你们 6 年后是会幸福地在一起还是会分手。而且十有八九，我们的预测是对的。

不过，我们根据数据做出的这些预测并不是预言。如果我们观察一对伴侣的行为模式并预测出消极结果，这并不意味着这对伴侣的关系注定失败。人的行为是可以改变的。事实上，冲突对话的前 3 分钟对对话本身以及伴侣关系的最终结果至关重要。这是一个好消息，它为我们提供了一个强有力的干预点。所以接下来，我们来看看大多数伴侣在冲突中容易犯的第一个主要错误，以及对此该如何应对。

苛刻的开场白的威力

我们并没有与克里斯汀和史蒂夫一起在塞多纳的那条小路上，观察和编码他们冲突的过程。在爱情实验室里，伴侣们坐在舒适的房间里，向我们讲述着这样的争吵，他们安全地坐在沙发上，而不是站在陡峭的悬崖边。但其实也可以说他们是站在某种危险的边缘，至少他们的婚姻是这样的。甚至在争吵发生的几个月后，当他们描述这场争吵时，他们仍然会被唤起很多情绪，那种感觉还不如两人站在悬崖边，互相投掷语言炸弹。也许，一切是从克里斯汀向史蒂夫提出一个困扰了她很久的问题开始的。她不仅提出了问题，还扔了一枚语言炸弹。

再来看几个经典的“扔炸弹”的场景，看看是否有你熟悉的：

- 你把孩子哄睡后下楼，准备好好放松一下，却看到伴侣懒洋洋地躺在沙发上看手机，而厨房的水槽里堆满了脏盘子。你的血压立即飙升：“请问，我让你起来打扫厨房，你听到了吗？还是你认为这些盘子会神奇地自己变干净？就像家里的其他事情一样，‘神奇地’就做完了？”
- 你和朋友喝完酒回家晚了，而且一小时前手机就没电了。你进门后准备道歉，但伴侣在等着你，她也许会说：“你到底去哪儿了？我猜你不会想到我会担心，因为你只为自己着想。”
- 你被邀请参加一个工作会议，你很想去，但你的伴侣说他无法照顾孩子，因为他也有很重要的工作要做。你可能会说："你总是认为你的工作比我的重要得多。你以为这是什么，我的爱好吗？我也有自己的事业。不说了，我要走了，我觉得你可以应付。"

- 你的伴侣沮丧地走出卧室，并对你说："你又忘了交水费了吧。你是怎么回事？你知道你这样让我们的生活变得多麻烦吗？"

苛刻的开场白是一个非常常见的问题。我们最近在对 4 万对伴侣进行的研究中发现，在开始接受治疗的伴侣中，无论是异性恋、男同性恋还是女同性恋，有 90% 的人都遭遇过苛刻的开场白。几乎所有人都因此感到非常困扰。[3] 苛刻的开场白往往有以下 3 个关键特征。

- 批评对方。
- 描述对方而不是自己。
- 厨房水槽效应，即翻旧账。比如"你从来不捡袜子""你忘了拿干洗的衣服""你都没问过我今天过得怎么样""你还知道什么""你的床上功夫太差了"等。

接下来，我们来具体探讨苛刻的开场白的这 3 个特征，以及它为什么非常不利于争吵。

批评对方

批评永远不会有成效。批评和有效抱怨之间的区别在于，批评往往是对对方的性格或个性进行攻击。一方针对的不是事情本身的问题，而是伴侣这个人的问题。比如：

批评：你怎么这么邋遢？你就不能打扫一下吗？

抱怨：地板上有一堆脏衣服，你能在睡觉前把它们收起来吗？

Fight Right
冲突箴言

没有所谓的“建设性批评”，批评永远都有破坏性。

描述对方而不是自己

通常，尤其是在心烦意乱的时候，人们会通过指责别人及其所做的错事来挑起争吵。人们倾向于以假设为出发点，来谈论困扰他们的事情，比如“我所做的每件事都有意义，而你所做的每件事都是错误的”。

人们常用“你总是……”和“你从不……”来批评伴侣，这暗示着对方的性格存在缺点。比如：

描述伴侣：你总是把衣服扔得到处都是。你为什么不能把衣服放进洗衣篮里呢？只需要10秒钟而已。

描述自己：当卧室乱糟糟的时候，我真的很烦。所以，请你记得要把脏衣服扔进洗衣篮里，好吗？

厨房水槽效应

我们称之为厨房水槽效应，是因为此时人们并不会只谈一个单独的问题，而是把一大堆一直困扰着他们的事情一股脑地说出来。也许他们内心的潜台词是：“嘿，既然吵起来了，那我还有好几笔账和你一起算！”很多时候，人们这样做，是因为想感觉自己的愤怒是“合理的”，而眼下引起冲突的问题似乎微不足道。人们也可能习惯性地不提小问题，而是等它们全部累积起来之后，来一次大爆发。但厨房水槽效应从来都无法有效地解决冲突。此时，双方面临的不是一个类似洗盘子的问题，而是一大堆问题，到底该从哪里开始解决呢？这通常会令人难以承受。比如：

厨房水槽效应：我又看到卧室里到处都是衣服，乱糟糟的。车也坏了。你说你上周末会把车库打扫干净，结果还没打扫。你还忘了情人节！你永远都不会为我着想！

避免厨房水槽效应：（先把盘子洗了！剩下的以后再说）

总而言之，不要积攒不满和怨恨。当它们出现的时候，马上解决，否则越积越多，可能会导致苛刻的开场白。

为什么苛刻的开场白如此普遍

如果现在问你："给伴侣提出问题的最佳方式是什么？"你肯定不会说："冲进房间，指责对方！"然而，很多伴侣恰恰就是这样做的，简而言之就是，先感到暴躁、愤怒，然后发起争吵。接下来，我们来看看导致苛刻的开场白的几个主要因素。

压力

每个人都背负着很多压力。当人们承受着较高的压力时，更倾向于用苛刻的开场白来开始争吵，随之而来的便是连锁反应。新冠疫情就是一个很好的例子。新冠疫情刚开始的那段时间，对每个人来说都极端不确定且充满波动，很多伴侣在争吵时总是出现苛刻的开场白。由于隔离措施的施行，家似乎变成了没有释放阀的高压锅，伴侣之间的争吵也变得更加激烈。伴侣双方常常感到焦虑、害怕、无助，于是会无意识地表达出自己的焦虑、恐惧、沮丧等情绪，以及对生活和对家庭的失控感。由于频繁的高压，伴侣双方的皮质醇和肾上腺素在体内大量蓄积，双方由于忧虑而无法维持认知能力，思维能力疲软，认知能力枯竭，情绪调节能力随之下降。当最后一根稻草袭来时，双方就会崩溃，无论那根稻草是什么。曾经，一方会问对方“这周每晚都是我洗碗，今晚你来洗，好吗？”，如今突然变成了“你为什么就不能把这该死的厨房清理干净？你简直是好吃懒做！”。

怨恨

如果对一系列事件积怨在心，一旦有机会提起，双方往往会非常愤怒和压抑，同时语气中会带着挖苦或讽刺。双方一直没有问彼此到底需要什么，且以为伴侣应该知道自己需要什么，对方只是选择不满足自己的需要。

怨恨不断累积，最终爆发。以克里斯汀为例，当她在徒步旅行中对史蒂夫大吼大叫时，她早已累积了许多怨恨。她总是把自己的欲望放在次要位置，优先考虑孩子的需要或史蒂夫的边界。在徒步旅行的那天，她内心的“大坝”终于决堤了，她把一切都涌泄了出来。她从没有告诉过史蒂夫她需要什么，这些需要被压抑得太久，变得苦涩，最终变成了怨恨。

拒绝

有时，伴侣双方各自都知道自己需要什么，但彼此对此没有反应，可能不予理会，甚至提出反对意见。这时，双方可能会上演情感联结沟通邀请的游戏，并采用苛刻的开场白开始争吵——一方一直在不断地、温柔地提出请求，对方却没有回应，于是前者试图用攻击的方式来引起对方的关注。一方以为必须通过攻击才能得到回应，而对方给的任何回应，即便是愤怒的回应，都比被忽视或被抛弃的感受要好。

不知道更好的办法

很多伴侣只知道苛刻的开场白，不知道有其他开启冲突讨论的方式。因此，伴侣双方应该学会提问题，否则无法打破那种根深蒂固的模式。有时，伴侣双方甚至不知道自己需要改变这种模式。朱莉的母亲就是一个范例，她在争吵中一直都很强势，常常批评、蔑视和指责他人。因此，朱莉从她母亲那里学会了这种与他人互动的方式，这种根深蒂固的习惯，她从未改变过。

我们第一次见面时，邀请了朱莉的母亲到我们家吃饭，当时，朱莉总是对无法达到母亲的完美标准而感到紧张。那天，她一直忙着在家里搞卫生，而约翰坐在椅子上休息了一会儿，他一整个上午都在备菜。当朱莉的母亲进来的时候，朱莉正站在外面的凳子上，清扫门廊的遮阳篷。朱莉还没来得及向母亲介绍自己的新男友，她母亲就径直走进厨房并对约翰说："你这个懒鬼，你为什么不去帮我女儿打扫？"

这是一个典型的苛刻的开场白。就连研究人际关系科学的约翰也受不了，他马上开始进行防御，他跳起来，指了指厨房里准备好的饭菜大声回击道："我在给您做饭！怎么了？"

此时，面对苛刻的开场白，除了防御，约翰其实很难做出其他反应。当一方开启苛刻的开场白时，对方几乎没有其他选择。

温和地开场，为对话创造广阔的空间

我们必须给伴侣空间，让对方在我们提出的问题上与我们接触和互动，而不是把对方的选择空间缩小到只能给出一个回应，即为自己辩护。从进攻和防御的角度来看，这样会导致双方没有交流、没有联结、没有理解、没有发展，自然也没有任何积极性可言。

Fight Right
冲突箴言

要意识到，我们在冲突中真正需要的是积极性。

在情绪激动、心烦意乱、忍无可忍、承诺被辜负或被遗忘、感到被欺骗或被忽视、感到崩溃或愤怒的时候，伴侣双方又该怎么办？我们在研究过程中发现，进行苛刻的开场白的伴侣很少能修复彼此的关系，且随着时间的推移，他们的关系大多会变得不健康。对此，我们认为应当为这些伴侣提供实际的干预措施，那就是教他们把苛刻的开场白变成温和的开场白。我们要在他们争吵的前几分钟内，给他们进行清晰的指导，让他们在最佳时机为彼此的冲突和共同的未来寻求积极结果。

我们想到了阿纳托尔·拉波波特（Anatol Rapoport）的研究。拉波波特是一位俄罗斯裔美国学者，获得了数学博士学位和社会心理学博士学位。在研究数学与人类行为的背景和视角下，拉波波特将他的研究重点转向了一个迫在眉睫且与每个人息息相关的问题上：国家之间如何实现和平共处？而对我们来说，迫在眉睫的问题则是，伴侣之间如何才能和平共处？事实证明，国家之间如何进行良好的往来和伴侣之间如何进行良好的沟通，二者有很多相似之处。

拉波波特研究了国际外交官的工作方式，并专门研究了最成功的外交官是如何工作的。比如，他们如何与其他国家代表进行交流和合作，尤其是当其他国家有不同的文化习俗、相反的目标和观点，甚至对本国怀有敌意的时候，该如何应对？拉波波特观察和分析这些“外交大师”的方式，就像约翰后来在爱情实验室里研究爱情大师一样。拉波波特发现，最成功的外交官会以非常特定的方式提出问题或表达不满：

- 不指责。
- 不批评。
- 不蔑视。

这样一来，他们就解除了对方的防御，对方能更好地接收他们的信息，因而他们从互动中获得积极结果的成功率更高。[4]

在爱情实验室里，我们发现，最成功的伴侣和最成功的外交官的行为方式完全一样，他们在提出自己的担忧时，不指责、不批评、不蔑视。他们不会在心烦意乱的时候，通过描述伴侣及其做错的每件事来开启冲突讨论，而是很快转换话题。他们通过谈论自己和自己的感受来提出问题，而不是谈论伴侣的不良行为和性格缺陷。他们会实事求是且中立地描述问题或情况，而不会指责对方。最后，他们会用积极的方式陈述自己的需要，以便更好地解决问题。这就是正确开启争吵的基本方式。比如：

- "我感觉到……"
- "现在的问题是……"
- "我需要……"

这听起来非常非常简单，但非常高效。在国际峰会上如此，在家庭餐桌上如此，在徒步穿过亚利桑那州沙漠里灼热的小径时亦是如此。

现在，让我们回到克里斯汀和史蒂夫的案例。对克里斯汀和史蒂夫来说，那天发生在塞多纳悬崖边的事情让他们意识到，他们需要帮助。当他们来寻求治疗时，我们先了解了他们的背景故事，这样可以更全面地了解他们正面临的问题及其根源所在。

当克里斯汀和史蒂夫相遇时，两人都感到了联结和吸引。史蒂夫是一位心脏病专家，克里斯汀是他的患者，他们第一次交换电话号码是以医生和患者的身份交换的。史蒂夫经常把自己的电话号码给患者，好让他们在发生紧急情况时可以联系到他。他很敬业，希望患者有被关照的感觉。一开始，史蒂夫和克里斯汀在短信上谈的主要是克里斯汀的健康问题，后来演变成了相互调情。接着，他们相爱了。

克里斯汀带着 3 个年幼的孩子，且比史蒂夫小 15 岁。史蒂夫一心扑在工作上，经常在诊所里忙，很少在家。在婚后的几年里，他们生了两个孩子，生活烦琐而忙碌。两人似乎非常默契地扮演了两个非常不同的角色，克里斯汀是家里的照顾者，史蒂夫是敬职敬业、忙于工作的医生。早在去塞多纳度假之前，他们就开始争吵了，而且每次争吵的开场白似乎总是很糟糕。在史蒂夫看来，克里斯汀会莫名其妙地把自己压抑的沮丧情绪朝他爆发出来，他感觉自己遭到了攻击，在忍无可忍的时候，他会中断对话，他感到自己似乎无法与克里斯汀沟通。

而在克里斯汀看来，她不知道自己在争吵时可以用哪些方式来表达自己。她是个独生女，她的单亲母亲对她一直非常蔑视和挑剔，在某种程度上，这种对待亲人的方式已经常态化了。克里斯汀说她母亲极其夸张，几乎对任何事情都会大惊小怪、反应过度，且会想方设法让她回应并关注自己。她母亲常对她说：“我要是死了，你会后悔的！”

有一天，克里斯汀从学校回到家，发现母亲躺在厨房地板上，周围血红一片，她以为母亲死了。但其实那不是血，而是番茄酱。母亲从厨房地板上坐起来，然后说道：“也许现在你意识到了我对你有多重要！”

克里斯汀对任何夸张的表达或过度反应都非常敏感。因此，在徒步旅行那天，当她听到史蒂夫的回应时，她以为他在小题大做，无中生有地制造问题，并随便找了个理由拒绝和她一起登山顶。这让她陷入被抛弃和愿望受挫的深渊。她一直把史蒂夫想象成一个能和她一起冒险的人，一个可以和她一起探索世界的伙伴。当他拒绝牵着她的手和她一起的时候，她感觉自己被彻底拒绝了。

史蒂夫向她解释说，在路上的那一刻，他根本不是在表演，而是真的感到害怕。他选择从事心脏科的部分原因，是为了拯救生命。他讲了这样一个故事：在他十几岁的时候，他亲眼看到一个男孩从船上掉下去淹死了。当时有很多人帮着抢救，但都没能救活那个男孩。他当了医生之后，见过许多患者突然心脏病发作，那是一种致命的、无法恢复的病症。所有这些都令他震惊和痛苦，尤其是他十几岁时目睹的那一次，也让他意识到生命是非常脆弱的，很容易就会消逝。他深深地感受到自己和所爱之人的生命是有限的、脆弱的，且一直担心某些时刻的一件小事都可能演变成一场悲剧。他学会了谨慎和警惕，并认真权衡风险与回报。他也觉得自己对克里斯汀和孩子们负有巨大的责任，他总是在想，如果自己出了事，他们就会陷入困境，失去经济和家庭的支持。

克里斯汀和史蒂夫争吵的背后其实隐藏着很多事，那我们要在 3 分钟之内帮他们解决所有问题吗？当然不是。但也好在，我们不必这么做。

记住，我们并非要解决那些永恒的冲突。对这对夫妻来说，这就是一个永恒的冲突：克里斯汀总想要冒险，而史蒂夫总是谨小慎微，更倾向于规避风险。此时我们的目标不是解决他们的分歧，而是让他们公开分享各自的期待和恐惧，以及在彼此的差异背后，与各自的经历有关的触发因素。当他们更好地了解了彼此之后，会找到很多共同探索和冒险的创造性方式，而不必去挑战悬崖峭壁。但这一切都取决于他们如何开启讨论。

我们请克里斯汀和史蒂夫做的第一件事，是谈论这样一个话题：当你感到失望和沮丧，非常消极的时候，你会怎么说？

我们一起谈论了他们两人在路上各自的感受，以及倾听和被倾听是多么重要，但如果用批评和蔑视来表达需求，就会失去被倾听的机会。克里斯汀有一个根深蒂固的习惯，那就是用批评来引发讨论。从本质上说，批评就是她的语言。对此，克里斯汀必须用一种新的语言来代替已经学会且习惯使用的语言。我们请他们重演了那天在悬崖边的争吵场景，并让他们准确地记住当时的想法和感受，也许是史蒂夫的恐惧，也许是克里斯汀的怨恨和愤怒。之后，我们请他们带着这些强烈的情绪，不带批评和蔑视地表达自己的感受和需要。

克里斯汀先是深吸了一口气，然后对史蒂夫说："你不想和我一起走这条路，我很失望。我很想知道后面的路上会有什么，尤其是和你一起探索，我会感到兴奋。我想和你一起去冒险！这对我来说真的很重要……"也许他们之后的亲密关系之路仍然不会一帆风顺，但现在，这种温和的开场白已经开始产生很大的影响了。对此，史蒂夫可以选择用好奇而非防御的态度来回应克里斯汀。

现在，让我们暂时回到拉波波特的外交官研究上。拉波波特发现，当关系中的一方提出一个问题时，对方如何接收信息很关键，如是否能保持倾听而不提出自己的观点。在爱情实验室里，爱情大师们就是这么做的。正如我们之前所说，无论是哪种冲突类型，大多数人都会迅速掉入说服对方的陷阱。

Fight Right
冲突箴言

最优秀的外交官和最成功的伴侣都会把说服对方阶段推迟，专注于理解对方的抱怨或问题。

可以说，这是拉波波特的外交官研究中最重要的发现。这意味着，不仅发言的一方要温和地提出问题，倾听的一方也必须推迟表达任何争论、辩论或观点，除非后者先表达自己对前者的理解。倾听的一方需要仔细倾听，一旦有不明白的地方，就提出问题，然后总结发言的一方的观点并给予回应，以确保自己准确地理解了对方的问题。

当然，你可能会想，他们是外交官，那是他们的工作。事实证明，我们在来到爱情实验室的那些拥有长久、幸福且美满关系的伴侣身上，也看到了完全相同的行为模式。在爱情实验室的冲突任务中，他们中的一方提出问题，对方会有以下具体的表现。

- 仔细倾听，不发表自己的观点，有时甚至重复伴侣所讲的部分内容。比如："好，当我发短信说我必须继续工作而不能和你一起参加聚会时，你很失望……"
- 问一些明确的或开放式问题，以便更好地理解对方。比如："你觉得你今晚为什么特别难过？其他时候你好像好好的。"
- 总结陈述，回应对方并让对方感到满意。换句话说，如果对方反馈说总结有误，那就继续问问题来澄清。比如："你的意思是，你感到你对我而言不重要，因为我总是忙于工作，对吗？"
- 站在对方的立场上表达自己的认可、理解和感同身受，即使自己不同意对方的立场。认可并不意味着认同。比如："是的，我可以理解你的感受，我最近确实有很多事情没能如约做到。确实如此。"

这样的夫妻可能会继续讨论如何平衡家庭和工作，以及关于经济责任、在一起的时间、职业目标等方面的期望。重要的是，他们的谈话将很有成效，也会有相对确定的结果。

所以，无论谁提出问题，双方都要共同努力进行沟通。比如，A 需要温和地提出问题，B 则需要仔细倾听。当 B 表示理解 A 的观点之后，两人可以互换角色。接下来，B 可以表达自己的立场，而 A 保持倾听，并表达对 B 的理解。

记住，无论哪种冲突类型，人们都容易犯这样的错误，即在完全不了解问题的情况下，就急着想说服对方。所以，最好先了解对方的观点。这个阶段的唯一目标是理解，然后才是说服。

温和的开场白的力量

我们与克里斯汀、史蒂夫一起进行了为期 3 天、每天五六小时的马拉松式交谈。对于克里斯汀，我们的目标是让她学会采用温和的开场白提出问题。而对于史蒂夫，我们的目标是，当克里斯汀提出问题时，让他学会不再重现防御性反应模式。而且，他需要试着跟随克里斯汀的思路，仿佛她是一个铁轨上的火车头，仔细倾听她所说的话，而不要准备着反驳她。克里斯汀思维敏捷、能言善辩，经常对他人评头论足，因此，朱莉必须一次又一次地打断她，提醒她要温和一些。这个过程对他们俩来说就像在学习一门新语言。

温和的开场白听起来很简单，但其实可能很有挑战性，正如学习一门新语言总是很难，因为这需要练习。你唯一能做的就是重复和强化。当你开始使用这种新语言时，你可能会立即发现，你的伴侣真的开始倾听而不是防御了。我们与克里斯汀和史蒂夫的下一步工作是，专注于帮他们建立亲密和互相欣赏的关系。我们向他们展示了一份“积极词语清单”，让他们从清单上选出他们认为可以用来描述对方品质的 3 个词。

冲突指南 Fight Right

积极词语清单

有爱心	敏感	勇敢	聪明
体贴	慷慨	忠诚	诚实
坚强	精力充沛	性感	果断
有创造力	富有想象力	有趣	有吸引力
搞笑	支持他人	风趣	周到
深情	有条理	机智	爱运动
开朗	善于配合	优雅	活泼
贴心	友爱	令人兴奋	节俭
害羞	坚定	投入	善于表达

积极	细心	保守	爱冒险
接受力强	可靠	负责任	值得信赖
有教养	暖心	有男子气概	善良
温柔	务实	有活力	机敏
自在	漂亮	英俊	冷静
活跃	是个好伴侣	是个好家长	自信
爱护他人	甜蜜	温柔	强大
灵活	理解他人	脆弱	……

克里斯汀大声说出了自己欣赏史蒂夫的 3 点：忠诚、支持他人、值得信赖。而史蒂夫欣赏克里斯汀的 3 点是活泼、精力充沛、机敏。

当然，他们彼此欣赏的品质，与彼此的差异以及关于理想生活的差异深深地交织在一起。其实在发生冲突时，只要记住下面这句话，就会很有帮助："我们因为彼此不同而发生冲突，但这些不同也正是我们相爱的原因。"

克里斯汀对此很不适应，因为她从小就不习惯接受别人的赞美，对她来说，这些积极反馈很陌生，让她感到焦虑。所以，当史蒂夫读出那 3 个词时，她用一种下意识的反应来应对自己的焦虑，这种反应把史蒂夫"推开"了。

克里斯汀：你是个骗子。

朱莉：克里斯汀，你听起来像是在批评史蒂夫，你在使用旧的语言。要不要试试温和的开场白？

克里斯汀（尝试更深入地描述自己而不是史蒂夫）：我很难相信你说的话，我母亲从来没说过我的好话，除非她想操纵我。所以，我很难相信你的赞美是真心的。

史蒂夫（反击）：哦，你以为我会相信你吗？如果我这么善于"支持他人"，为什么你不把我放在眼里？

我们提醒史蒂夫注意，他此刻在自我防御，他可以用语言表达：“我觉得自己想防御，你能换一种方式说吗？”这样调整之后，相当于再给克里斯汀一次机会，而不是把彼此的对话升级为一场攻击与防御的战斗。当克里斯汀意识到自己说错话时，她可以承认这一点，然后再试一次。她可以试着说：“哦，不，我刚才说错了。我能重新再说一次吗？”

我们都是人，都会犯错。即使我们学会了正确地争吵，仍然可能在争吵中变得混乱和情绪化。重点不是要做到完美，而是要承认那些不可避免的失误，并迅速进行修复，然后马上回到正轨。就比如，我们俩现在仍然会犯这样的错误，即便在我们发生争吵时，即便在进行过所有这些研究之后，也是如此。但当我们发生争吵时，我们会尽力给彼此留一点面子和再来一次的机会。

当伴侣双方尝试实践温和的开场白之后，他们的关系随之发生了很大变化。记住，在 96% 的情况下，你和伴侣开始争吵的方式预示着你们结束争吵的方式，也预示着你们未来几年关系的发展。[5]随着时间的推移，温和的开场白将有助于让你们的关系变得更成功、更稳定。

以下是使用温和的开场白的基本方式。你要根据自己的情况来进行，但基本内容是：“我对________（某种情况或问题）感到________（某种感受），我需要________（某种积极需求）。”

示例如下：

苛刻的开场白：你又超支了！你什么时候才能在钱的事情上有点责任心？

温和的开场白：我对这个月的预算感到压力很大（感受）。看来我们又要出现资金短缺的情况了（情况）。我们能不能坐下来商量一下怎么削减一些开支（需求）？

苛刻的开场白：你又要出去？行！我又得一个人待在家里了。（讽刺地说）太好了！

温和的开场白：嘿，亲爱的，我得跟你谈谈。我一直在想上周你和朋友出去，没回家吃饭。我知道我说过没关系，但不知道为什么，这仍然让我感到闷闷不乐。我觉得自己好像被拒绝了，很孤独（感受）。也许是因为我们最近很少有时间单独在一起（情况）。今晚下班后，你能直接回家吗？我很想念你（需求）。

苛刻的开场白：你竟然又同意去你母亲家过圣诞节？简直难以置信！她要什么你都同意。我们可能永远不会去我父母家度假。对你来说，真正重要的只有你们家。

温和的开场白：宝贝，对不起，我还是很沮丧（感受）。你母亲又想让我们和她一起过圣诞节（情况）。但我很怀念和我的家人一起度假的时光（更多感受）。你能跟她说今年我们不去了，这样我们就能去我父母家了？那会让我觉得你真的很支持我（需求）。

从上面的示例中可以看出，尽管内容、风格和措辞可能有所不同，但温和的开场白的基本原则是一致的，那就是：

- 描述自己和自己的感受。
- 描述问题，不要批评或指责伴侣。描述情况，而不是描述伴侣。
- 表达积极需求。与伴侣确认，对方能做什么来提供帮助。不要执着于数落伴侣的消极行为或做错的事情。要具体地告诉伴侣如何支持你。

这是成功的温和的开场白应当遵循的 3 个原则。最后要记住的是，不要翻旧账，即不要制造厨房水槽效应。也就是说，不要在你的伴侣坐下来之后，一股脑儿地向对方倾倒出一大堆问题。只关注当下的情况，即使它可能已经出现过无数次。别对伴侣说“你总是……”或“你从不……”，这样的话听起来像是批评，对应对冲突没有任何好处。

记住，好的倾听者应当做到以下几点：

- 推迟提出自己的观点，用心倾听。
- 如果没听明白，就问对方问题，但只能问帮助自己加深理解的问题。
- 总结伴侣的感受、提出的问题和需求并给予回应，直到伴侣满意。
- 说一些真正认可伴侣的话。

使用温和的开场白的伴侣更有可能拥有成功的关系。但要注意的是，这里的“成功”不仅意味着双方在一起，还意味着双方有高度的幸福感和满足感。前文提到过，在观察过伴侣之间短暂的互动后，我们可以以90%的准确率预测哪对伴侣会离婚。但同时，我们也预测了哪些伴侣会成为应对冲突的高手。能否学会温和的开场白，可以预测一对伴侣是否会拥有长久、成功的关系。

Fight Right
冲突箴言

爱情大师的一个普遍特质是，即使不开心，也会带着善意开启一段冲突。

你更适合哪种形式的温和的开场白

对于不同的冲突类型，温和的开场白会有所不同吗？答案是肯定的，但基本内容仍然是一样的，即“我对……感到……，我需要……”，只不过说话的强度听起来会有所不同，这取决于哪种冲突类型让伴侣更容易接受。回避型的人会轻描淡写，说话时更具有试探性；认可型的人可能会更快地转换到解决问题模式；易变型的人则会表现出更多的强度和激情。接下来，我们来看看 3 种冲突类型的人应该避免哪些苛刻的开场白，以及如何使用温和的开场白。

回避型

- 苛刻的开场白：嗯，账单又来了！（或感到压力和担心，但什么都不说）
- 温和的开场白：我有点紧张，账单还没付。如果你愿意的话，我很乐意付或者你来付？

认可型

- 苛刻的开场白：你又没付账单。难道你不知道这样会降低我们的信用评级吗？
- 温和的开场白：我很沮丧，账单又没有按时付，这可能会影响我们的信用评级。上次我们谈到这个问题的时候，我们说好了你来处理账单，我来预约医生，记得吗？不如我去陪孩子们睡觉吧，这样你今晚就可以把这些处理一下，好吗？

易变型

- 苛刻的开场白：搞什么鬼？你还没付账单吗？我真不敢相信我竟然嫁给了你这么一个不负责任的人！
- 温和的开场白：我对我们的财务状况完全不抱希望了，又有账单逾期了。我真的希望你按照我们的约定按时付账单。要不然我们怎么办？

在冲突类型不匹配的情况下，伴侣双方产生误解的可能性更高。回避型伴侣可能会察觉到易变型伴侣咄咄逼人，即使温和的开场白听起来温和了很多，但后者仍然在表达强烈的情绪。无论双方是哪种冲突类型，关键要看本人是否感到被防御或被攻击，以及对话中是否存在蔑视、指责或批评。你或伴侣可能倾向于使用更情绪化的情绪语言，但如果你谨慎地避免表达批评和指责，温和的开场白仍然很有效。

那些真正习惯了用苛刻的开场白来接近伴侣的人，有时会为自己的行为辩护，声称自己那样是“坦诚的”或“真实的”。我们并非认为这样的人不应该坦诚，而是希望他更加坦诚，但他要关注自己的感受，而不是描述伴侣做错了什么。不要用一连串的不满来巩固自己的位置，不要找理由抱怨伴侣做错了，也不要把注意力都集中在伴侣的性格缺陷上。你可能会想：但我要不指出来，对方怎么改呢?

对于这个问题，我们的答案是：你要做的并不是改变你的伴侣，改不改变完全是对方自己的事情。你要做的就是做最好的自己。

Fight Right
冲突箴言

如果你能在冲突中表现得更友善，伴侣也就更愿意合作，这样才会双赢。

温和的开场白的方式有很多。我们收到过很多富有创意且更温和的替代方法。记住，一点点幽默就可以大有助益，只要带着真诚而非讽刺就可以。在我们的一次研讨会上，我们问一众伴侣：“某人很想和伴侣做爱，但感到被对方拒绝了，于是他说：‘你再也别想碰我了！我看你跟你母亲一样性冷淡！’这时，该如何进行温和的开场白？”现场有人举起手说：“我现在感觉欲火焚身。我想上楼做爱。你想来吗？”

练习

温和的开场白

接下来，是你实践的时候了，你要做的是把下面的苛刻的开场白转化成温和的开场白。我们将描述不同的场景，然后你先尝试“坏人你来当”的版本，想一想该如何向伴侣提出问题，要特别留意你下意识的、冲动的想法。但这一次，你有机会停下来仔细思考，然后把你的想法修改成温和的开场白的方式。你会如何表达呢？

场景1：你的伴侣把车开进了车道。你立刻注意到前保险杠上有一个新的凹痕，车门上有一道长长的刮痕。此时，你的血压飙升，因为就在两周前，你们在某个学校区域因超速被交警拦下，并收到了巨额罚单。

苛刻的开场白：“怎么搞的？又出事了？你知道你的鲁莽驾驶会让我们付出多少代价吗？”

反思：你的伴侣可能会如何回应？

你的温和的开场白：______________________________

场景2：你在做晚饭的时候，伴侣在陪孩子们写作业。你无意中听到他们在做数学作业，但似乎进行得不太顺利。你的女儿哭了，伴侣很沮丧并对女儿说，如果她不集中注意力，就不再辅导她写数学作业，到时候不及格好了。

苛刻的开场白：“天哪，你说话跟你父亲一模一样，太可怕了。你父母害了你，你也想害咱们的女儿吗？”

反思：你的伴侣可能会如何反应？

你的温和的开场白：______________________________

场景3：伴侣今天工作不顺心，回家后看起来很暴躁，时不时地就会因为冰箱门开得太久这样的小事对你发火。

苛刻的开场白：“你干吗对我这么刻薄？你今晚简直不可理喻！”

反思：伴侣可能会如何反应？

你的温和的开场白：______________________________

如果可能的话，和伴侣一起做这个练习，并讨论你们的答案。你们可以一起讨论每个场景中你猜测的伴侣对苛刻的开场白的反应，以及你对温和的开场白的想法。如果你想不出有效的方式来表达自己的感受和需求，可以参考使用表 4-1 中的范例。你可以根据每种情景选择或修改具体内容，或者使用表中提供的清单来练习你想和伴侣讨论的问题。

表 4-1　表达感受和需求

我感到	我需要
被遗弃	知道你在想什么
害怕	和你谈一谈
警觉	你问我今天过得怎么样
生气	当我们在一起时，彼此温暖和深情拥抱
蒙羞	当我想和你说话的时候，你可以放下手机
被贬低	你告诉我我看起来不错
背叛	知道你为我感到骄傲
很有竞争	在我刚到家的时候，有一段安静独处的时间
矛盾	当我心烦的时候，你听我说
困惑	在我伤心的时候，你能倾听我而不是责怪我
崩溃	每周和你约会一次
绝望	你多做些家务
受挫	你在心烦的时候，能平静地对我说话
恶心	你对我的辛苦表示感谢
不信任	知道你觉得我很性感
疏离	你更深情地抚摸我
尴尬	你能回复我的短信
被激怒了	多谈谈我们的孩子
疯狂	你多倾听，而不是试图给我提建议
沮丧	听到你更多的赞美
愤怒	在你的家人指责我时，你能站在我这一边
受伤	听到你说“我爱你”

续表

我感到	我需要
难以描述自己的感觉	
愤慨	
震惊	
焦虑	
惊讶	
紧张	
心烦意乱	
担心	
未被接纳	

05

第二种　情绪淹没：攻击、防御、冷战

想象一下，你和伴侣的谈话开始变得棘手。也许是一方透支了情感银行账户，也许你们在谈论晚餐吃什么，也许你们在谈论要不要搬家……无论你们谈论的是什么话题，似乎开始的时候双方都很温和，但后来便开始争论不休。你感到被攻击、被误解、委屈、愤怒、不知所措，或者你内心的感受非常复杂。你感到一阵潮热，手心开始出汗，心跳加速，胸口发紧。你的大脑感到晕眩和疯狂，你甚至听不到伴侣在说什么。你心想，我应付不来了，我该怎么办？我实在是受够了。也许你会发起猛烈的攻击，向对方说些难听的话，以牙还牙。

也许你会深深地陷入自己的防御阵地，专注于阻挡来自伴侣的攻击。你几乎没有时间来思考和做决定，你连自己想说什么、怎么说都不知道。你在防守蹲伏。或者你可能完全放弃了。你觉得说什么也没有意义，只会让事情变得更糟。你陷入沉默，开始退缩，或转过身去，拒绝回应伴侣所说或所做的任何事情，就好像对方根本不存在一样。你想结束这场互动。你在回避，变得像堵石

墙一样，试图保护自己不受伴侣的攻击，你仿佛别无选择。以上所有反应有一个共性，那就是出现了情绪淹没。

你被情绪淹没了吗

当我们在冲突中感到不知所措，神经系统努力应对来自伴侣的消极影响时，就会出现情绪淹没。情绪淹没会立即导致人出现生理反应，比如心率从正常的平均每分钟 76 次（女性）或 82 次（男性）升高到每分钟 100 次以上，甚至高达 195 次。同时，肾上腺会将应激激素释放到血液中，为身体应对危急情况做好准备。就像被猎杀的动物一样，我们会进入战斗、逃跑或僵住模式。这时，我们更容易受到心跳加速、皮质醇和肾上腺素涌入血液的影响，而无法保持理性或共情。身体会产生强烈的恐惧反应，并快速启动避险系统，导致我们无法和伴侣进行冷静而富有同情心的对话。

当我们在爱情实验室里看到一对伴侣出现情绪淹没时，我们知道，如果不进行干预，他们将会分道扬镳，[1] 因为当一个人被情绪淹没时，他是绝对无法正确地争吵的。在这种情况下，人会迅速丧失处理信息的能力，无法集中注意力，听不到也听不懂对方在说什么。人此时的反应是条件反射性的，往往会使用末日四骑士的前 3 个，即批评、蔑视和防御，而这往往会导致冷战。

正如前一章所谈到的，温和的开场白很重要。随着冲突的发展，伴侣双方几乎每时每刻都需要作出决定：是听还是说，是描述自己还是描述伴侣，该用什么语气，等等。苛刻的开场白肯定会产生消极影响，批评和蔑视随时会在冲突过程中出现。这时，伴侣双方往往会退到以下常见的防守状态：

- 默认采用攻击和防御的互动模式，把伴侣当作敌人。

- 陷入沉默和回避，把伴侣当作陌生人。

在这种相互对立的情况下，双方无法再相互联结，不再相互倾听和学习，也没能力探索彼此冲突的根本原因。即使一方提出建议或让步来尝试修复关系，对方也无法看到或接受。[2] 记住，爱情大师们和其他伴侣一样也会争吵，但他们与后者不同的是，他们知道如何在争吵过程中进行感情修复尝试。如果你能在冲突中做到这一点，意味着你承认自己已偏离健康且富有同情心的交流轨道，而如果你正遭受强烈的情绪淹没，你很难承认自己的错误。

Fight Right
冲突箴言

无论是在冲突中还是冲突后，感情修复尝试都非常有帮助，这是爱情大师们的独门绝技。

许多伴侣都会受到情绪淹没的影响。我们最近的一项国际研究发现，无论性取向如何，97% 的伴侣都认为情绪淹没是一大挑战。[3] 需要注意的是，在争吵中产生这种情绪和生理反应是完全正常的。对每个人来说，争论的问题对自己来说是很重要的，这本身就是人类思想和行为的自然方式之一。当我们为真正重要的事情争吵时，身体必然会做出反应。但如果我们希望保持合作的态度和积极性，避开末日四骑士，并正确地争吵，就需要学习如何应对冲突中那些具有冲击性的时刻。接下来，我们来谈谈如何让争吵顺利进行下去。

变成了敌人或陌生人

我们将为你展示两对夫妻的争吵过程。这两对夫妻面对的问题各有不同。第一对夫妻正遭遇一场灾难性的关系危机，他们不确定彼此的婚姻是否还能继续。第二对夫妻则是因为一件小事爆发了一场令双方感到受伤且意外的争吵。情绪淹没对这两对夫妻都造成了影响。

第一对夫妻：新婚宴尔

斯坦和苏珊是一对年轻夫妻，他们看上去过着理想中的生活。斯坦是一名高级职业网球选手，目前正处在职业巅峰。在他刚崭露头角并想要挑战网球巡回赛时，苏珊给了他很多支持。他们一路携手走来，都为彼此的关系颇感自豪。在斯坦努力发展成为职业网球选手的那些年，他们经常搬家，现在，他们终于住进了苏珊喜欢的房子和社区。他们不用再担心钱的问题，因为现在斯坦的名字几乎已经家喻户晓了。他们备孕多年但屡屡失败，于是尝试了试管婴儿，结果第一次苏珊就怀孕了，而且怀的是双胞胎。

现在，他们的孩子刚学会走路，不太容易照看。他们的生活也发生了很大改变。斯坦经常因为参加比赛而在世界各地旅行，一走就是几周。苏珊则在保姆的帮助下手忙脚乱地带孩子。虽然保姆很出色，但苏珊感到保姆在越来越多地代替斯坦承担孩子父亲的角色。她和孩子们总是盼望着斯坦回家，但当他终于回家时，家里会变得更混乱，蹒跚学步的孩子吵着要斯坦的关注，总是缠着他。当他们单独出去约会时，苏珊总是事无巨细地向斯坦倾吐孩子们生活中的一切，并为他错过了这么多而感到遗憾。

一天，家里的座机响了。苏珊接起电话，听到一位女士问斯坦是否在家。苏珊说："他不在家，他去比赛了，你可以给他打电话。你是谁？"

那个女人说出了自己的名字。苏珊觉得听起来很耳熟，她记得好像斯坦的团队里有人叫这个名字。斯坦有一个小团队，里面有经理、助理、社交媒体人。随后，对方又含糊地说手机联系不到斯坦，总之让苏珊觉得很奇怪。"你是他的工作人员吗？"苏珊疑惑地问。对方挂断了电话。

当苏珊告诉斯坦那个奇怪的电话时，她立刻看到他的脸上闪过了恐惧和内疚。她希望他和自己摊牌，但他否认自己有任何不当行为。在苏珊的逼问下，斯坦崩溃了，他承认了自己有外遇，已经持续快一年了。他是在一次比赛中通过朋友认识对方的，后来他们在一次庆功派对上相遇，于是他出轨了。斯坦说他并不是有意的，他们之间没什么，只是发生了性关系而已。

听完，苏珊感到自己像挨了一拳，喘不过气来。她感到很吃惊，既为斯坦竟然做出这种事吃惊，也为自己太蠢吃惊。她以为这种事情只会发生在别人身上，只会出现在电视里，无论如何也不应该出现在她和斯坦身上。

她回忆起在大学时，斯坦跟着她从一个聚会到另一个聚会，试图制造与她偶遇的机会，当他一次又一次"碰巧"在舞池里遇到她时，他会表现出很惊讶的样子。而现在，斯坦抱着他们刚出生的孩子哭了起来。事实证明，她以为的一切，原来都是谎言。她的整个世界开始崩塌。她只想问斯坦："你怎么能这样对我们？"

斯坦感到后悔和羞耻，但他不喜欢这种感觉。他想要为自己的行为找借口，说苏珊从来没有陪过他，他们现在更像是商业合伙人而非恋人。他还认为，她根本不明白，很多人都这么做，没什么大不了的。他当然也可以。

此时斯坦充满戒备，苏珊感到更加愤怒和震惊，她觉得斯坦根本不知道自己错得有多离谱。斯坦继续防御，指责苏珊让他感觉不到一点儿温暖。从那以后，他们再也没有性生活了。她总是拒绝他，甚至对性完全丧失了兴趣。她只关注孩子们，对斯坦视而不见。这时，斯坦感到了情绪淹没，苏珊也感到了情绪淹没，彼此都心率飙升，肾上腺素急速涌动。斯坦的生理反应比苏珊更快、更强烈，迅速击垮了他，他需要更长的时间才能从这种反应中恢复过来。为什么会这样？

在人类发展早期，为了保护部落和捕猎危险动物，人类的雄性祖先获得了生存优势，在面对危险时，他们能迅速提高并维持对肾上腺素激增的反应。有这种快速反应能力的人能更好地御敌和猎食，也能更好地活下来，他们的基因更有可能遗传下去，最终传到现在的男性身上。这种持久的战斗或逃跑反应可能曾经帮助斯坦的远祖生存了下来，但对现在的他来说，并没有用。

“我根本不知道我为什么还要回家！”他尖叫道，“你根本不在乎我在不在家！”“我真希望我从来没有遇到过你。”苏珊抽泣着说，“也许那样我更快乐。”在接下来的几个月里，斯坦和苏珊爆发了自他们结婚以来从未有过的争吵。他们每次争吵都会出现情绪淹没，并立即与对方恶语相向。即使一开始是很平静的对话，比如关于如何在双方想要沟通时照顾孩子，也会迅速升级为互相吼叫，双方开始愤怒地扔东西。一天晚上，斯坦把一个玻璃杯摔到了厨房地板上，碎片击中了苏珊的腿，马上就流血了，她被吓坏了。那时，他们终于意识到彼此变得有多么失控，他们决定寻求帮助。

前面的故事是他们向朱莉描述的，但从头到尾，他们都没有解释是什么原因让他们来找我们的。对他们来说，讲述自己的故事并不容易，其间，他们数次被情绪淹没。苏珊会哭起来，感到生气；斯坦先是愤怒，然后陷入沉默。

当朱莉让他们互相问候时，他们的谈话是这样进行的。

斯坦：问候她？好吧。嗯。可以。嗯……嘿！你今天怎么样？

苏珊（难以置信地笑了）：嗯，真别扭，你想我怎么样？

斯坦：你说“我想你怎么样”是什么意思？

苏珊：我的意思是你毁了我的生活！我当然过得很糟糕！

斯坦：喂，这不能全怪我。是你先那样对我的，你不再关心我了，你对我而言不再是一个真正的妻子。

苏珊：我是孩子的母亲。你照顾过他们吗？你从来没有！你连你自己的孩子都不关心！别把你出轨的事怪到我头上。那是你的错。

斯坦：我知道！但我要跟你说多少遍？我很抱歉，对不起，对不起。好吗？你还要我怎么样？

苏珊：我知道你很抱歉，真的。但是……

斯坦：你太自以为是了。你就没想好好过。你只是想让我一直难过下去，你想一直控制我。

苏珊：控制你？哼！你需要控制你自己。你厌恶我，那我走，我甚至不想看见你这张脸。

在短短几分钟内，他们俩都出现了情绪淹没。显然，他们都在指责和蔑视对方。接下来，我们来听听另一对夫妻的故事，他们虽然也出现了情绪淹没，却有不同的表现。

第二对夫妻：老夫老妻

诺拉和罗比是一对黑人夫妻，两人都 40 岁出头，都有工作收入。他们是校园情侣，很早就结婚了。他们的孩子现在正处在青春期，他们开玩笑说，现在孩子们仍然很黏他们，尤其是早上。

每天早上，诺拉和罗比都要安排孩子们吃早饭，给他们收拾东西，再把他们送到各自的学校，他们一个在上高中，一个在上初中。这真的需要付出很多精力。有天早上，诺拉低声对罗比说："难道等他们上了大学，我们还要打电话提醒他们刷牙吗？"说这话时，诺拉眼睛微微眯了起来，隔着厨房望着孩子们，仿佛一个乖戾的 14 岁少女。随后，他俩一起轻声笑了起来。

就在那天早上，一直在努力工作的诺拉病倒了。她是一家大型科技公司的法律顾问，需要在一周内完成一笔大业务。她感到很不舒服，头痛、身体酸痛，还发热，有可能感染了新冠病毒。她用抗原试剂做了测试，结果是阴性的，但可能是处于病程早期，所以测试呈阴性。

她通常比孩子们起得早，起来后，她会给他们准备早餐，再简单地给自己做点早餐，一般就是冲一碗速溶燕麦片，再配上牛奶和香蕉片。她感觉自己像是被一辆半拖车碾过一样，非常难受。罗比虽然没有生病，但他也很疲惫，他花了整个周末的时间来搭建房后的露台。他想趁还没下雨把它完成，这是一项需要花费很多时间的工作。他浑身酸痛，感觉好像没过周末似的。不过，当诺拉告诉罗比自己感觉不舒服时，罗比温柔地说："怎么不多睡会儿？"然后，他起床去给孩子们准备早餐。诺拉又沉沉地睡去，等她醒来时，罗比正伸头朝卧室看她。

罗比：嘿，我要出去。我只是告诉你，现在已经7：40了。如果5分钟内你还不起来，孩子们上学就要迟到了。

诺拉：哦，我以为你要送孩子们去呢。

罗比（叹了口气，显然很生气）：不行，宝贝，我会迟到的。我和孩子们不顺路，我得走了。

诺拉：亲爱的，我真的病了。你就不能送他们一次吗？

罗比：就一次？等等，我刚起了个大早，做了你应该做的事。现在我倒成了坏人？你看起来病得没那么严重。我觉得你开10分钟的车完全没问题。

诺拉：你怎么知道我病得不严重？我感觉糟透了。我可能感染新冠病毒了。

罗比：好吧，我以为只是感冒，对不起。

诺拉：不，比感冒更严重，你为什么不能对我好一点？我一直对你很好！我一直在帮你做事。

罗比（怒气冲冲）：诺拉，过去的3周里，你一直在忙工作，你以为我在干什么？上周我早退了3次。我一直在收拾家里的烂摊子！

诺拉：哦，多亏你这几周收拾烂摊子！你知道我帮你收拾了多少年吗？

罗比：你什么意思？

诺拉：你没听错！

罗比：我真不敢相信你会对我说这些。我为你和孩子们做了那么多。

诺拉：哦，别跟我胡扯。你总是表现得像帮了我多大的忙。你只不过是管管孩子、刷刷马桶罢了，还以为自己成了英雄。成熟点吧，罗比！

罗比：（突然离开，用力地关上了门）

究竟哪里出了问题

以上这两对夫妻的对话一开始都很顺利。比如斯坦友善地问候苏珊，他们之间的互动是应对冲突的积极资源，这很好；诺拉清楚地表达了她的需求，这也很好。但很快，各自的对话趋势都急转直下，仿佛发生了多米诺骨牌效应。一方或双方开始批评或蔑视，接着出现防御、情绪淹没、感情修复尝试失败，最终导致冲突迅速升级。两场争吵都以严厉而痛苦的指控结束，这意味着两场争吵已经成了“令人遗憾的事件”，一方或双方都在情感上受到了伤害。他们将不得不努力来处理和治愈这些事件导致的创伤，以此来治愈这些恶语相向带来的痛苦并向前发展。

回顾上面的对话，你能否发现争吵升级的几个时刻？也许你会发现，这两对夫妻都有批评或蔑视的言论，也都有防御，而且在争吵到激烈之时，可以推断，一方或双方都体验到了情绪淹没带来的影响。他们最大的问题是什么？答案是，他们都没能及时处理情绪淹没，反而仍在继续对话。

Fight Right
冲突箴言

关于情绪淹没的第一要点是，必须停止对话，马上进行处理。

一方一旦感到被情绪淹没，就无法进行富有成效或积极的冲突对话。这是很多伴侣无法把最佳冲突管理方法付诸实践的主要原因之一。也就是说，你可能已经学会了所有“正确的”争吵方式，但当你感到情绪淹没时，你仍然无法使用它们。你的神经系统正把你拉回原始的战斗或逃跑反应情境中。当你感到情绪淹没时，那些高级的认知机制早已失灵。如果你在情绪淹没时还继续战斗，唯一的结果就是受伤。

所以，当你和伴侣的争吵开始很温和，后来变得失控时，你要问自己：“我被情绪淹没了吗？我的伴侣被情绪淹没了吗？”然后，你要停下来。当一场争吵急转直下时，双方需要做的是停止任何行动，及时应对情绪淹没。要想避免情绪淹没，首先要学会识别情绪淹没的迹象，以便及早应对。你的身体遭到情绪淹没的信号对你来说是独一无二的，但可能会让你有不堪重负的感觉。以下是情绪淹没的一些常见表现。

- 呼吸急促
- 咬紧牙关
- 下巴紧绷或疼痛
- 身体任何部位出现发热
- 脸变红或感觉变红
- 感觉身体被重击
- 肌肉收紧
- 眯眼
- 心跳加速（通常超过每分钟 100 次）
- 胃部不适
- 头晕

Fight Right
冲突箴言

关于情绪淹没的第二要点是，要觉察情绪淹没在身体层面的任何可能的迹象。

关注身体，了解身体在情绪淹没下发出的信号，这非常重要。因为关注自己的生理反应，可以避免将冲突升级为无可挽回的遗憾事件。情绪淹没在行为、强度和时间等方面对每个人的影响是不同的。当情绪淹没来临时，有些人会向外表达，比如猛烈抨击、批评或攻击他人；有些人则会向内“表达”，比如沉默、回避。有些人容易产生强烈的神经系统反应，需要很长时间才能恢复过来，尤其是男性；有些人的反应则比较微妙。有些人很容易被情绪淹没，在消极反馈或批评之后，几乎会瞬间发作，突然之间陷入其中；有些人则会在较长时间，或一系列事件之后被情绪淹没。斯坦就是会瞬间发作的那种人，任何他认为是攻击的表达都会导致他的身体出现反应。因此，识别这些“早期预警信号”对他来说尤为重要。

目前，我们开发的人工智能系统的生理算法极其敏感，它会提醒你情绪淹没即将来临，甚至在你自己还没发现时就发出提醒。它会捕捉到你的皮肤和心率最细微的变化，提醒你即将产生生理唤起反应。

在开发帮助治疗师和伴侣的软件时，我们首先考虑的就是这种功能，因为伴侣在对话时表现出的生理反应等信息非常重要。不过，尽管算法很有用，但你并不需要人工智能系统来告诉你你正遭遇情绪淹没。你完全可以成为自己的“高敏人工智能”，只要你能意识到自己的身体发出了情绪淹没的信号，你的大脑就会发出警告。

现在，想想你们上一次感到情绪淹没的时候发生了什么，识别出各自的感受，看看都有哪些。一旦觉察到自己有被情绪淹没的感觉，就要马上停下来，休息一下。当你发现早期预警信号以后，要停止与伴侣的冲突讨论并提出暂停和休息。以下是暂停和休息的指导原则。

表达你的需要。不要直接走开。告诉伴侣你感觉被情绪淹没了，需要休息，并告诉对方你要去哪里，什么时候回来继续对话。比如："亲爱的，我感到难以承受，我不想说违心的话。我想出去走走，半小时后回来，到时候我们再继续交谈。"

离开视线范围。如果你被情绪淹没了，你需要离开你和伴侣所处的场所。独处一会儿，不要和别人在一起。

做些舒缓的事情，让你的思绪从应对冲突的焦虑中解脱出来。你需要休息，需要在物理空间上与伴侣暂时分开，也需要在头脑中暂时屏蔽掉与争吵有关的内容。休息的重点是不要回避，也不要反刍和沉思，因为反复思考争吵的细枝末节，只会让你本就紧张的神经系统一直处于过度激活状态。试试带狗出去散散步，听听音乐或播客；或躺下来，看看杂志；或给自己做点点心；或冥想，做些深呼吸等放松练习；或出去跑步、做其他运动等；或做些手工或家务；或给院子除杂草；又或回复邮件等。尝试任何可以转移你的注意力且最好能舒缓或缓解压力的方式。不过，根据我们的经验，我们不建议你看凶杀悬疑片……

最后，准时回到对话上来。不能因为情绪淹没而无限期地搁置你和伴侣的对话。在你离开时许诺的时间准时返回，然后再试着与伴侣对话。在理想的情况下，休息时间至少要 20 分钟，因为这是应激激素肾上腺素和皮质醇开始代谢并排出体外所需的最短时间，最长不应超过 24 小时。你可以试试先睡一觉，醒来后再解决冲突，有时候这是最好的办法。但休息时间不要超过一天，否则你就会觉得这是一种惩罚。我们发现，大多数人平均会花一小时的时间来休息。而如果你能较早地发现情绪淹没的迹象，你可能不需要花这么长时间。

以上这些都是应对情绪淹没基本上"要做的事"，接下来列出的是一些重要的"不要做的事"。

永远不要对伴侣说："亲爱的，我觉得你被情绪淹没了。你应该休息一下。" 这会让你的伴侣觉得你可能在指责他。记住，你并不了解对方。你可以说："亲爱的，我觉得我们需要休息一下，一小时后再回来继续谈。"

不要在休息之前争着说最后一句话。这对双方没什么好处，还可能会导致冲突升级。

不要把伴侣晾在一边。如果你告诉对方你会回来，那你一定要回来。如果你的休息时间结束了，你仍然感到无法冷静，那你也要回来。你可以向对方提出你需要更多的时间，并约定晚些时候再谈。你只需要告诉对方："我需要更多的时间。我们能在晚饭后 / 下班后 / 明天早上再谈吗？"即使当时你可能感到非常崩溃，也不要直接走开，那对对方是不公平的。

不要准备论点和反驳。不要把休息时间用在咀嚼自己被不公平对待、被诽谤、被冤枉、被指控等感受中，也不要用来策划再回来时说什么。休息的目的是回来后能冷静、开放地继续对话，并准备好与对方联结，而不是进行论证或反驳。

不必在冲突中犹豫要不要向伴侣提出休息一下，如有需要，尽管提出来，因为提出这个要求并不意味着你自私。停下来自我安抚时，你是在保护你们的关系免受冲突升级可能导致的更多伤害，比如蔑视、侮辱甚至向伴侣扔东西。你迈出了重要的一步，为的是避免令人遗憾的事件发生；而如果你坚持不休息、继续保持冲突，那令人遗憾的事件注定要发生。伴侣在出现情绪淹没时可能会彼此说难听的话，这通常意味着，双方将来要付出更多的努力来弥补曾经造成的损失。

Fight Right
冲突箴言

出现情绪淹没时，你能做的最好的事就是休息一下，重新调整自己的头脑和身体，也给伴侣提供调整的机会和空间。

无论伴侣双方的冲突类型匹配与否，一些细微的差别都需要注意。易变型伴侣是经历情绪淹没最多的人，但有趣的是，他们可能需要很长的时间才能感受到情绪淹没，因为他们习惯于激烈地对话，可能不会把提高音量视作情绪淹没或攻击。如果看到一对在争吵中情绪不稳定的伴侣，你可能会认为他们出现了情绪淹没，但实际上可能并没有。所以，对处于冲突中的伴侣来说，重要的是要判断冲突中是否有批评、蔑视和防御，并觉察身体是否出现遭受情绪淹没时的生理症状，以及自己的感觉如何。如果伴侣双方都是易变型的人，那双方在精神上或情感上确实容易出现激烈的表现，但未必会导致情绪淹没。

对认可型伴侣来说，他们往往已经处于冷静协商的状态，所以情绪淹没对他们通常并不是挑战。但一旦发生情绪淹没，就要知道如何处理，这一点仍然很重要。任何冲突类型的伴侣都可能在冲突中遭遇令人遗憾的事件。如果认可型伴侣在冲突的某一刻体验到了特别痛苦或具有挑战性的感受，他们可能也会遭受情绪淹没，但他们对此种体验并不熟悉，所以对他们来说，重要的是知道情绪淹没的迹象和表现，以及如何应对。

毫无疑问，回避型伴侣在冲突中会更早地陷入情绪淹没，且往往会从0直接升到很高水平，并突然进入战斗或逃跑状态。这可能恰恰是回避型的人倾向于回避冲突的部分原因，他们被情绪淹没得太迅速、太强烈，所以会不惜一切代价主动回避冲突。对回避型伴侣来说，学会处理情绪淹没有助于他们用健康和富有成效的方式来应对冲突。

那么，当伴侣双方冷静下来以后，又该如何继续交谈呢？

表达需求，只解决当下的问题

冲突归根结底往往是永恒的，深入到我们的核心人格、生活哲学、恐惧和创伤，以及更多的内在动力。这意味着，你的目标不是一劳永逸地解决问题，也许问题永远都不会得到解决。你要做的只是专注于使你和伴侣的互动成为积极互动。

Fight Right
冲突箴言

在争吵中，你不需要解决整个冲突，甚至连试都不要试，你需要做的是解决当下的问题。

记住以下几点：

- 你们要重新调整争吵目标，且目标不是要赢。
- 你的目标不是说服伴侣。
- 你的目标不是想出解决问题的办法。
- 你的目标甚至不是与伴侣达成妥协。

你的目标是让争吵变得更积极而非更消极。这是完全可能的，也是必要的。以苏珊和斯坦为例，他们能在一次争吵中解决斯坦出轨和苏珊被背叛的问题吗？不能。对他们来说，这需要一个过程，因为他们正受到情绪淹没的强烈影响。

他们的首要任务是让彼此可以互相谈论这件事，而不是被情绪淹没。然后，他们需要在这个问题上进行积极互动，而不是消极互动。他们需要重新开始感受到团结与合作，一起找出解决问题的方法，而不是分化成敌对阵营。只有确保冲突对话中积极互动与消极互动的比例为 5∶1 或更高，他们才能保持良好的交流和更深入的理解。

通常，消极互动往往比积极互动有更大的影响力和冲击力。这意味着，在伴侣双方发生争吵时，必须确保双方的积极互动与消极互动的比例至少是 5∶1，以便消解后者带来的影响。

Fight Right
冲突箴言

在发生冲突时，你需要确保积极互动与消极互动的比例至少是5：1。

我们并不是在说，让你在与伴侣的争吵过程中计算你们的积极互动和消极互动的比例，我们只是建议你遵循一些准则，这些准则会自然而然地把你们的争吵导向积极的方向，如：

- 在感到情绪淹没时自我安抚。
- 谈论你和你的需求，而不是谈论伴侣。
- 做出、识别并接受感情修复尝试的行为。

当你努力做到以上这 3 点时，你和伴侣的冲突对话会自动地受到更多积极因素的影响，积极互动和消极互动的比例很容易达到 5：1。

前文提到的应对情绪淹没的策略，是解决当下问题的第一步。记住，当出现情绪淹没的时候，谁也无法解决任何问题。当结束休息回来继续对话时，仍然要使用温和的开场白。解决当下问题的下一步是，表达需求。

前文曾说过，冲突升级的主要原因之一是伴侣中的一方或双方不表达自己的需求，而以为对方知道自己的需求，并出于某种原因拒绝满足自己的需求。他们认为伴侣知道自己带孩子需要更多帮助，想要更多性生活，想要更多的爱意，等等。这种想法非常常见。找我们接受治疗的一位丈夫对妻子说："你应该懂我的爱的语言！你在故意躲着我！"妻子听到后很生气，被丈夫的指责激怒了，她不知道他当时在表达什么，于是她陷入了防御状态。

表达需求并不是一件容易的事。我们提出需求时，会感觉自己很脆弱，仿佛一个没有外壳的、柔软的小生物被暴露在外面。也许当我们直接提出需求时，对方会拒绝甚至轻蔑地对待我们的需求，那种感受真的很糟糕。但如果我们不提需求，而是希望伴侣能凭直觉知道我们的需求并满足我们，或假设我们的需求很容易被看出来，对方自然会注意到并感同身受，那我们最终得到的将会是愤恨，因为我们的需求不会得到满足，还会导致冲突升级。

前文提到的诺拉和罗比就是典型的例子。两个人都各自承担了很多，却没有向对方表达自己的压力。他们看起来是为了谁开车送孩子上学这个小问题而争吵，但真正的问题是他们没有表达出自己的真实需求。他们都以为对方明知自己需要支持，却选择视而不见。如果在冲突升级并发生情绪淹没之前，他们可以清楚地说出自己的需求，冲突很可能会平息。

在治疗过程中，如果伴侣双方尝试表达自己的需求，效果会非常好。当伴侣之间的冲突不断升级时，我们会给他们提供一些表达需求的工具，这样可以有效地平息他们的争吵。通过这些表达需求的工具，处于警戒状态，即消极互动比积极互动更多的伴侣，很快会进入正常状态，即积极互动和消极互动的比例更容易达到 5∶1。上文提到的那对夫妻，丈夫认为妻子故意疏远他，但他很快就会明白，问题其实在于他并没有提出过自己的需求，也没有表达过自己的感受，而他的妻子却有过。

丈夫：我们的婚姻存在双重标准，我总是满足你。

妻子：但我不知道你需要什么。

丈夫（沮丧且很愤怒）：你当然知道！

这位丈夫是个音乐家，写过不少关于爱情的歌曲。妻子以为，如果有什么感受，他会说出来。而对他来说，他似乎总在为妻子做一些得不到任何回报的事情，他觉得彼此的关系不平衡，对此他很不满。这对夫妻有一段有趣的故事。他们从小就认识，是多年的朋友，但他们直到快 30 岁时才开始谈恋爱，现在他们结婚只有几年的时间。丈夫觉得妻子非常了解他，他们一直都很了解彼此，他认为妻子非常了解他每时每刻的需求和感受，他并不需要真正地表达出来。

和某人相识已久，彼此知根知底，这种感觉很美妙。但同时，双方仍然需要清楚地表达自己的需求和感受。伴侣不会读心术，无论他们多么了解你，都无法真正地了解你的需求和感受。这位丈夫不习惯向他人表达自己的需求和感受，现在他知道了他必须更清楚地用语言表达出来，但他仍然感到非常困难。

我们向他提供了一些有助于表达需求的卡片，并请他阅读卡片上写的需求，让他找到能与自己的需求产生共鸣的内容。他依次抽了 3 张卡片，每张都写有一个需求，然后，他大声地把每个需求都念了出来：

- 在一天结束的时候，我需要你温暖的问候。
- 我需要更多深情而非挑逗的爱抚。
- 我需要与你共度浪漫之夜。

妻子听到这些以后很高兴，她说："这些需求听起来都很棒。我也想要。"

接下来，他继续使用卡片来帮助自己表达需求和感受，这在他们发生冲突期间以及之后都起到了很大的作用。妻子觉得她开始真正地理解丈夫的内心世界，他们的争吵不再像以前那样升级了。对他来说，他很难在头脑中厘清自己的感受和需求并用语言表达出来。好在，他抽取卡片时可以识别自己的需求。

有时，为了感觉更亲近并得到伴侣更多的支持，我们的需求是小而具体的；但有时，我们的需求更大、更深入，甚至需要以更开放、更有创造力的方式来满足。以下是表达需求的其他范例：

- 我需要出去吃饭、看电影。
- 我需要我们一起来一次冒险。
- 我需要一点儿独处的时间。
- 我需要你关心我今天过得怎么样。
- 我需要谈谈我是如何发生改变的。
- 在睡觉前，我需要抱抱你。
- 当我情绪低落时，我需要你倾听我并和我共情，不要试图解决我的问题。
- 我需要听到你说你仍然是我最好的朋友。

想要表达自己的需求和感受，首先要识别出它们。表达需求卡片可以帮你更好地识别。如果你或你的伴侣需要帮助，不妨把你们的需求用语言表达出来，可以试一试这个方法。如果你发现自己很难识别，可以试试朱莉根据尤金·简德林（Eugene Gendlin）的“专注”方法创建的以下练习。[4]

练习

积极的话练习

尽量不掺杂复杂的感受，想一些你喜欢的东西或让你心怀感激的事情，可以是你去过的某个地方、认识的某个人、某只宠物，也可以是一天中某段特定的时间或日常事件。比如，前文那位音乐家丈夫选择了一条山间小路，他会去那里冥想。然后，用一分钟的时间对自己说消极的话：“我讨厌这件事。”再对自己重复类似的话，比如“我讨厌山……”。

一分钟后，停下来，然后再反复对自己说积极的话，比如“我爱这座山……”。

现在感受一下，从第一分钟到第二分钟，你的身体感觉有什么不同？从对自己说消极的话到对自己说积极的话，你的身体发生了什么变化？

在前一分钟，人们通常会说“我的肩膀很僵”“我的喉咙很紧”“我感到焦虑”“我的胃里不舒服”等。在说出积极的话之后，他们常常会说“我终于松了口气”“我感觉更轻松了”“背部的紧张感得到了缓解”等。

这个练习的重点是觉察你身体的本体感知。本体感知指的是你对生理层面发生的事情的意识。本体感知的控制中心位于大脑的顶部和前部，即前额后方的部位。大脑接收来自感官和神经系统的信息的区域就位于控制中心后面。它被称为“大脑中的小矮人”（也叫“感观侏儒”），能呈现出人的生理状态“地图”，尤其是在身体不同部位发生的变化。

这个“小矮人”还可以帮助我们通过身体表现来追踪情绪。每个人都有通过身体表达情绪的独特方式。比如，有的人在生气时胸部可能会感觉发热，拳头和手臂肌肉可能会感到紧张；有的人在生气时会感到下巴收紧。这些生理反应可能会让人感到轻微不适，并向大脑发出“这不对劲”或“这不是真的”之类的信号。当你开始对自己说积极的话时，你的身体很可能会放松和改变，再次向你发出信号，让你感觉“这样才对”。

重要的是，你有这种本体感知反馈的能力。当你需要确认自己的真实感受时，你可以使用这种方法。在做这个练习时，你会更好地理解什么样的语言适合描述自己的情绪。有时候，人对糟糕的感受是非常模糊的。

所以，当你和伴侣谈论你的感受和体验时，必须具体。比如，你是感觉难过、沮丧、孤独还是担心，要具体地描述出来，这很重要。当你准确地表达自己的感受时，可能会更深入地意识到自己的需求。

相对而言，男性更难确定自己的感受。对上面提到的音乐家丈夫来说，尽管他对生活和爱情有着清晰而诗意的看法，但当他专注于自己的内心时，他发现自己的感受非常模糊。

无论男女，这个练习都可以帮助你厘清自己的需求并大声说出来。

前文讨论了应对情绪淹没以及如何表达自己的需求，这是帮助伴侣双方正确争吵的两个有效方式。而解决当下的问题并将争吵保持在正常状态的最后一个策略是，感情修复尝试。

积极修复，防止冲突升级

感情修复尝试意味着，通过任何反馈或行动来降低争吵中消极互动的影响，并防止冲突升级。想象一下，你和伴侣的对话就像在轨道上行驶的火车，如果火车开始滑出轨道，它就有可能会滑下悬崖或山坡。而感情修复尝试可以防止严重的冲突发生，并把对话重新拉回轨道。

感情修复尝试可以是做任何让彼此的对话变得积极的事情，最基本的方式是直截了当的道歉，比如对对方说“我很抱歉”或“对不起，我说了那些话，让我再试一次”。感情修复尝试也可以是表达共情或认可，比如对对方说“我理解你的感受”或“你这么说很有道理”；还可以是表达赞赏，比如对对方说“你知道我真正欣赏你什么吗？你关心孩子。虽然我们在选哪所学校的问题上意见不一致，但我很欣赏你对孩子接受良好教育的重视”。

感情修复尝试还可以是做一些看似愚蠢的事情，比如当你脱口而出某句话时，你立刻意识到不合时宜，于是夸张地发出一声：“哎呀！”如果你的伴侣明白你在用幽默的方式道歉，并和你一起笑，那争吵的基调就可以重新设定。感情修复尝试甚至可以是摆出某个身体姿势，比如鼓励地点头或伸手握住伴侣的手。总之，形式并不重要，只要你能传达出“我爱你”“我明白你说的了”“我错了”之类的信息就好。

在爱情实验室里研究了 3 000 多对伴侣的案例之后，我们发现，关于感情修复尝试很有趣的一点是，其成功的关键并不在于如何实施修复。换句话说，我们无法根据措辞的好坏来预测感情修复尝试是否会成功。有些措辞是体面的道歉，却没有真正地被对方接收到，而许多笨拙且生硬的措辞却取得了令人满意的效果。为什么？因为关键并不取决于感情修复尝试的形式，而取决于伴侣双方接受的方式以及回应的方式。[5]

友善和联结通常意味着感情修复尝试很成功。[6]你们之间的感情有多深？你们最近一起度过了多少美好时光？你们对彼此的沟通邀请有多在意？你们能否放下其他事情去回应对方？还是说，你们的关系一直以来都困难重重？

Fight Right
冲突箴言

导致伴侣分手最遗憾的原因之一，是他们从来没有在感情修复尝试方面达成一致。

当一方试图进行感情修复尝试时，对方却拒绝或完全忽略，那双方很有可能分手。想象一下，在一家酒店中有两个连通的房间，每个房间都有一扇门，可以打开和关闭。如果某个房间里的人想打开中间的门，但另一个房间没人，那前者只能看到一扇关闭的门。有时候，伴侣之间的争吵就像这样，一方为对方敞开心门，结果却看到了对方那扇关着的门，于是又把自己的门关了起来；而对方也经历着同样的过程。双方都想敞开心扉，但有一方没有准备好。前文提到的斯坦和苏珊以及诺拉和罗比，都是如此。在争吵中，当一方试图伸出橄榄枝时，那就是在做出感情修复尝试，比如"我知道你很抱歉，我知道""我以为你只是感冒，我很抱歉"。遗憾的是，当时对方被情绪淹没了，或没有意识到也没有接受这种尝试。

感情修复尝试就是双方在当下相遇，两扇心门同时打开。为了做到这一点，双方需要对彼此有充分的了解，这种了解只来自日常生活中的点点滴滴。你们能多找点时间坐在一起叙叙旧吗？你们能注意到彼此发出的沟通邀请并接受吗，即使对方采取的是消极形式？有时候，双方对沟通的渴望是无意识的，尤其是当两个人都感到被疏远或被忽视的时候。

Fight Right
冲突箴言

如果你和伴侣一直饱受冲突升级之苦，每次争吵都会变成"攻击和防御"之战，且感情修复尝试统统付之东流，那你可以看看你们在冲突之外的日常生活是如何度过的。

比如，你约了一个很久没见的老朋友见面，但在挂掉电话之后，你的伴侣难过地说："我猜你并不想和我出去喝一杯。"对此，你可能会很自然地感到挫败和防御，然后回击道："你什么时候约我出去过？"或者在那一刻，你可以看得更深：伴侣的表达看似带着伤害和批评，但其实是沟通邀请。你可以回应说："我确实想和你出去。也许我们已经不太习惯互相约对方出去了。我很怀念。那我们什么时候去？"这样，虽然你的措辞听上去不那么积极，但意味着你接受了对方的沟通邀请。也许你们的争吵会因此有所改变。

每对伴侣都会争吵，每个人都可能会说出难听刺耳的话。**有些伴侣能顺利地面对冲突，是因为他们会在争吵过程中进行感情修复尝试。**而他们能这样做，是因为他们是带着对彼此深深的理解来面对冲突的。也许他们每天工作结束回到家后，会一起花时间聊一聊，会讨论大大小小的话题，会了解彼此的感受和需求，会讨论什么样的互动会打动对方、什么样的幽默可以用来道歉，以及什么样的回应值得倾听和认可。在了解和理解对方这一点上，他们是彼此的专家。

有这样一对从事律师职业的夫妻，在意见不合时，他们总有一方会固执地发表一些陈词滥调，其实他们俩都喜欢这样做。他们对这一点都有自知之明，但仍然会在互相达成理解之前卷入争论之中。所以，当一方意识到他们又要进入争论模式时，他们会很快地通过自嘲来应对。他们会像在法庭上那样宣布："证据显示，这一周 5 个工作日中有 4 个工作日都是我倒的垃圾。"这样做既有趣，又能以微妙的方式指出问题，并表达出内心的不平衡，同时也在表达："好吧，我这样说确实有点儿可笑，但我为自己的防御表示抱歉，我们可以继续交谈。"对他们来说，这就是一次快速的感情修复尝试。有时，他们甚至不必说完一整句话，也可以有效果。比如，他们会夸张地大喊"证据表明！"，然后两个人都笑起来，曾经蓄力准备的攻击与防御顷刻消失。接下来，他们就可以继续讨论如何解决冲突，且会感到彼此重新站在了一起，在共同努力解决问题。

回到前文提到的斯坦和苏珊以及诺拉和罗比的案例。两对夫妻都受到了情绪淹没的不利影响，都没能清楚地向彼此表达自己的需求，且都忽略了彼此的感情修复尝试。对于他们，重要的是解决当下的问题，也就是说，要优先考虑如何让双方的互动变得积极并趋向合作，而不是解决整个冲突。如果他们学会自我安抚、中场休息，使用更积极的语言，比如温和的开场白，并尝试和接受感情修复尝试，那么情况就会开始得到改善。令人欣喜的是，诺拉和罗比做得很好。当他们不再被情绪击垮时，一切都变得容易起来。至于斯坦和苏珊，他们还有更长的路要走，好在他们已经回到了正轨。对被出轨、被背叛的一方来说，这可能是一种创伤，且可能导致创伤后应激障碍。创伤后应激障碍虽然可能不会危及生命，却会对一个人的生活产生致命的威胁。

斯坦必须重新开始他的生活，且需要重新与伴侣建立信任，彻底从头再来，这意味着他需要经历漫长的过程，并付出大量的努力。所以对于斯坦，我们首先要做的是帮他在不被情绪淹没的情况下进行对话。这就像休息了很多次，然后重新开始。

我们请苏珊描述自己的感受和体验，不攻击斯坦的性格，也不在表达愤怒时使用批评、蔑视的语言，但她可以允许自己有这些感受。她不能说“你毁了我的生活！你真可恶！”，而要说“我感到很受伤，很生气，我不知道我是否能承受。我担心我们无法渡过这个难关”。在这个基础上，我们便可以开始着手帮助修复他们的感情。他们的确因为错过了感情修复尝试而苦不堪言，当一方卸下防御并伸出手时，对方却无法接受。他们的争吵就像一个充满消极情绪的气球，越来越满，却无法释放出里面的空气。而一旦他们学会更好地应对情绪淹没时，就可以更好地意识到并接受感情修复尝试。当然，这并不会奇迹般地解决斯坦婚外情的问题，他们将继续一起处理这个问题，但没有了情绪淹没，他们的冲突对话会大有改观。

斯坦：你今天感觉怎么样？

苏珊：相当糟糕，你想我怎么样？

斯坦：是什么让你感觉很糟糕？

苏珊：你说呢？是你！是整件事！

斯坦（表达认可而未防御）：是的，我知道你还在生我的气，我理解。

苏珊（变得温和且平静）：嗯……你这么说我很高兴。我每天晚上都做噩梦。

斯坦（有点防御）：等等，你做噩梦是我的错吗？

苏珊（本可以说"当然是！这都是你的错！"，但她没有被情绪淹没，选择了不同的方式）：我的意思是，我忍不住一直在想这件事，连睡觉的时候也在想。我知道我们已经谈了很多次，但我还是感觉不太好。我一整天都闷闷不乐，到了晚上也是。

斯坦：听起来很糟糕。（认可）你梦到了什么？（好奇，想更好地理解）

苏珊：都是乱糟糟的，很难记住。大概是我们躺在床上，我翻了个身，你就不见了，我不知道怎么回事，但我知道你永远地离开了，再也不会回来了。当我醒来的时候，我觉得那个梦很逼真，仿佛我们不能在一起了。我甚至形容不出那种感觉有多糟糕，我觉得我要惊恐发作了，我无法呼吸。

斯坦：亲爱的，我在。我知道我搞砸了，简直糟透了。但我想告诉你，我再也不会那么做了。我知道我要说很多次你才会相信我，但我会在你身边，因为这就是我想要的。我想要你，我想要我们在一起。

苏珊：你知道吗？我真的很难相信你。

斯坦：我知道，我想这需要时间。（他伸出手，她犹豫了一会儿，也伸出手）

这次的谈话就这样结束了。斯坦和苏珊解决了斯坦出轨的事了吗？他们达成了解决方案或"修复"了吗？没有。但他们之间已经发展出了非常稳固的、积极的互动模式。他们可以带着更多积极性一起谈论这个巨大的、挑战性的冲突，这本身就是一大胜利。

你的首要任务：感情修复尝试

你可以与伴侣有不同意见，但也可以始终与对方站在一起，即使双方起初在某个问题上持相反的立场，也没必要像敌人那样互相对立。**在发生冲突时，你的任务是允许自己变得脆弱，将攻击和防御转变为自我袒露和开放的心态。**这就是解决当下问题的意义所在，即重新规划冲突目标，更多地了解对方的想法、感受和需求，并在试图说服对方和达成妥协之前表达自己。你要努力维持你和伴侣积极互动和消极互动的比例为 5：1，并在争吵中充分地积极互动。

你可以尝试以下几点：

- 使用温和的开场白，并在整个对话中继续遵循这些原则，温和地引入主题，提出问题，避免使用批评的语言。
- 当你被情绪淹没时，在对话偏离轨道之前先自我安抚，休息一下再回来清楚地表达自己。
- 发起、识别并接受感情修复尝试。感情修复尝试是爱情大师常用的秘密武器，你不妨试试。

以上就是正确地争吵的语言，也是感情修复尝试和合作的语言，任何人都可以学会。你可以参考本章结尾的感情修复尝试清单。如果争吵开始升级，你需要迅速提醒自己谨言慎行，你可以请你的伴侣重新措辞，这样你就可以少些防御，或者把你自己的感受和需求用不同的语言表达出来。当你感到自己无能为力时，可以参考这个清单来做。也许你觉得这么做看上去很尴尬，其实，我们在治疗过程中一直都在这么做。我们把这个清单上的建议分成了 6 类，以便你轻松地找到你所需的内容：

- 感觉：当你需要表达情绪时。
- 我需要冷静一下：当你开始感觉被情绪淹没或需要进行感情修复尝试时。
- 对不起：当你需要道歉时。
- 停止行动：当你被情绪淹没、需要休息时。
- 认可：当你想要认可伴侣或妥协时。
- 感谢：当你想要进行感情修复尝试并增加积极性时。

我们最近遇到一对夫妻，他们因为养孩子方式的不同而产生了分歧，且双方的冲突开始升级。我们会在他们争吵的过程中打断他们，并问他们："停一下。你们现在感觉怎么样？"他们的回答是："不太好。"我们继续问："刚才的对话对你们有帮助吗？"双方都大声说："没有！"

接下来，我们会翻开感情修复尝试清单，然后告诉他们："如果你们觉得对话偏离了轨道，感觉不太好，可以看看这个清单，找个适合的短语或句子来描述你们现在最需要的是什么。你们可以用自己的话表达，也可以直接读出来。"

他们俩都看了看清单。我们对这位丈夫说："你刚刚对你妻子说'你从不给孩子立规矩，他们真的很需要遵守规矩'。"然后，我们又对这位妻子说："你现在的防御性很强。看看第1类'感觉'，再看看'感觉'下的'我想要防御，你能换个说法吗？请不要教训我'那一条，与其行为上表现出防御，不如说出'我想要防御'这句话，试试看。"

妻子说："我确实在防御。"她一边说，一边读着清单上的内容，"你能换个说法吗？”丈夫回应道：“是的，我很抱歉我说了‘你从不’，但那不是我的真心话。”

这位妻子看了看清单中“感谢”下的第1条，然后说：“我知道这不是你的错。”她念了一遍，然后接着说：“你在用自己的方式和孩子们相处，整天照看他们并不容易。我只是觉得我们需要更加一致。当你说他们晚饭前可以看电视时，我不同意，因为我们已经说好了那个时候不能看电视，但我似乎又变成了‘坏人’的角色。我不想总是当一个刻薄的母亲。”

在争吵过程中拿出感情修复尝试清单并直接读出上面的内容，这一点问题都没有。清单上的短语或句子是经过对成千上万对夫妻的长期观察后总结出来的，是可以使不断升级的冲突得以平息的可靠方法。所以，请放心地使用吧！

这对夫妻通过使用这个清单获得了巨大的进展，甚至在回到家后，他们还把它贴在了冰箱上。每当他们的讨论开始变得激烈时，他们就会站在冰箱前继续交谈，这样他们就可以对照清单来解决问题。这对他们帮助很大，甚至已经成为他们的一种生活习惯。

有一天，他们年仅3岁的小儿子在穿衣服准备去幼儿园时忽然发脾气，可能是因为他穿的袜子让他不舒服，毕竟他刚刚学会走路。他没好气地脱着鞋子，这时这位母亲提高了嗓门说：“我们要迟到了！我们必须赶上车！”她的儿子注意到她很生气，于是他站起来，拉着她的手走进厨房，让她站在冰箱前，然后对她说：“我们要在这里说话。”他似乎知道冰箱可以让她冷静下来。

和你的伴侣一起讨论以下问题：

- 在你的成长过程中，你是否目睹过你的父母或看护人被情绪淹没？如果有，接下来会发生什么？他们是怎么处理的？

- 想想影视节目中人们被情绪淹没的场景，那是什么样的？与你自己在冲突中的经历相比，有什么不同？
- 当你被情绪淹没时，你的身体会发生什么变化？尽可能具体地描述你身体的哪个部位有感觉，以及感觉是什么样的。
- 你被情绪淹没的触发点是什么？在冲突过程中，哪一刻会唤起你的生理反应：是在事情发展太快时，是当你感觉被困住时，还是当你翻旧账时？
- 在发生冲突时，你是经常被情绪淹没还是很少发生这种情况？持续的时间很短还是很长？你认为你的冲突类型及你的伴侣的冲突类型与此有关吗？
- 当你刚开始感到情绪淹没时，你的伴侣能做些什么来帮助你冷静下来？你的伴侣曾经做过的最有效的感情修复尝试是什么？比如，有些人会因为身体接触而平静下来，而有些人则不想被碰触，因为这会让他们更加焦躁不安，他们可能更容易接受语言上的安慰。

有时，当你真的被情绪淹没时，你很难冷静地、清晰地与伴侣沟通，也很难让自己休息。如果你和你的伴侣都同意，你们可以想出一个简单而清晰的手势，当你感到不知所措、需要暂停对话时来使用它。注意，最好不要选择只需要一个手指的手势。选择一些你们俩都能记住且可以迅速发出信号的方式来表达“我需要停下来，但在我冷静下来后会继续”，比如双手放在胸前或双手祈祷，抑或任何你喜欢的方式。如果你们选择了某种表达方式，那就要共同遵守。当你的伴侣表示需要休息时，即使你自己并不需要休息，也应该先休息一下。如果你有更多想要说的，可以稍后再说。因为人在发生冲突时容易说气话，它们就像泼出去的水，很难收回来。

冲突指南 Fight Right

感情修复尝试清单

感觉

我开始害怕了

请说得温柔一点儿

我做错什么了吗？

我受伤了

我好像受到了侮辱

我感觉很难过

我觉得受到了指责，你能换个说法吗？

我感觉未得到认可

我想要防御，你能换个说法吗？请不要教训我

我觉得你现在不理解我，听起来好像都是我的错

我感觉被批评了，你能换个说法吗？

我开始担心了

请不要回避我

我需要冷静一下

你能让我感到更安全吗？

我需要平静一些，我现在需要你的支持

现在只听我说，试着理解我

告诉我你爱我

我们能亲一下吗？

我可以收回那句话吗？

请对我温柔一点儿

请帮我冷静下来

请安静，只听我说

这对我很重要，请听我说

我需要先说完

我开始感觉被情绪淹没了

我们能休息一下吗？

我们能谈谈别的吗？

对不起

我的反应太极端了，对不起

我真的搞砸了

让我再试一次

我想对你温柔一点儿，但我不知道该怎么做

告诉我你听到我说了什么

我知道我也有责任

我怎样做才能让事情变得更好？

我们再来一遍

你所说的是……

让我用一种更温和的方式重新开始

我很抱歉。请原谅我

停止行动

我可能在这一点上错了

我们停一会儿

我们休息一下吧

给我点儿时间，我马上回来

我感觉被情绪淹没了

请停一下

让我们求同存异吧

让我们从头再来

留下，别走

我想换个话题

我们离题了

认可

你开始说服我了

我同意你的部分观点

让我们妥协一下

让我们找到共识

我从来没有那样考虑过

从大的方面来看，这个问题不是很严重

我认为你的观点有道理

让我们把各自的意见都考虑在内吧

你的顾虑是什么？

感谢

我知道这不是你的错

我的问题是……

我明白你的意思

谢谢你……

说得好

我们都在说……

我明白

我爱你

我感谢……

有一点我很欣赏你……

我明白你在说什么

这不是你一个人的问题，这是我们俩的问题

06

第三种　反复拉扯：只看表面

曼努埃尔和莎娜这对夫妻为了同一件事争吵了好几年。他们是跨种族婚姻，莎娜是黑人，曼努埃尔是太平洋岛民。现在他们都快 40 岁了，结婚快 10 年了。来进行婚姻治疗时，他们没有描述各自的情况，也没有描述争吵的过程，因为他们已经说过无数次了。他们对争吵的原因都没有异议。据他们说，他们是为了送礼物和金钱的事情而争吵。显然，双方在这一点上是一致的。但问题是，他们似乎永远无法解决这个问题，他们想出的解决办法从来都没有奏效过。他们发现自己总是重复同样的争论，就像陷入了某种灰色地带。

莎娜非常希望曼努埃尔更随性一些，尤其是在送礼物方面。曼努埃尔很少以实物的方式表达对莎娜的感激，而莎娜坚持认为他应该偶尔给她一个惊喜，因为她认为礼物是爱的象征，恋爱中的人都这样做。但她很难向他表达这一点。她没有直接提出来，而是通过给曼努埃尔惊喜，也就是送他礼物的方式来示范她所希望的互动方式。但曼努埃尔对此感到很生气："你在想什么，花钱买这些垃圾？我们负担不起。"

曼努埃尔感到很沮丧。他们的预算很紧，金钱一直是他们的压力来源。事实上，几年前他们被迫申请了破产。之后，他们制订了明确的经济计划，希望避免同样的事情再发生，但花钱买礼物这种额外的、不必要的消费会让他们再次陷入经济困境。

他们试图通过各种约定来解决这一冲突。例如，他们只在重大节日送礼物，或者严格限制买的礼物的价格。但由于这样或那样的原因，所有的约定在履行时都事与愿违。在某年的情人节那天，曼努埃尔送给莎娜一个包装精美的大礼盒。莎娜激动地打开包装，结果发现只是台新的搅拌机。

曼努埃尔注意到莎娜很失望。但莎娜什么也没说，只淡淡地说了声“谢谢”，然后回到厨房，打开午餐盒准备清洗。曼努埃尔也很不高兴。他遵守了他们的约定，当天是情人节，礼物的价格也在限定范围内，而且这台别致的搅拌机是她一直想要的，重要的是他没有忘记送礼物这件事。他做的每件事都没问题，可她还是不满意。曼努埃尔心想，到底要让自己付出什么代价？非得掏空他们的银行账户，才能让她开心吗？莎娜在厨房里走来走去，他一直跟着她。

曼努埃尔（提高嗓门）：有什么问题吗？莎娜？你怎么了？你一直说你想要礼物，我就送你一个礼物。你知道吗，我买礼物花了很多钱。

莎娜（眼泪在眼眶里打转。她心想，这很好，但这不是礼物，只是他们需要的一件东西而已。但她知道，如果她在这个时候抱怨，他会大发雷霆）：我知道，这很好。

曼努埃尔：很好？那有什么问题吗？我到底该送你什么？你总是有很多秘密规则。我永远都猜不到。

莎娜：别对我大喊大叫！

曼努埃尔：我没有大喊大叫！

曼努埃尔确实在大喊大叫。莎娜转身离开，把自己关在浴室里哭了起来。

在这个案例中，夫妻双方属于非常不同的冲突类型。丈夫曼努埃尔情绪多变，而妻子莎娜习惯回避。莎娜想避免公开提出问题，试图亲身示范让曼努埃尔明白她的心思。当他们最终直面问题时，曼努埃尔爆发了。

在治疗时，莎娜说曼努埃尔不像关心金钱那样关心她。而曼努埃尔则说，莎娜既不关心他们的未来，也不关心他所承受的经济压力。他们之间的冲突总是反反复复，并引发了更严重的冲突，他们已经心灰意冷，觉得永远都无法解决这场冲突。后来，莎娜含泪上床睡觉。曼努埃尔无法从他们的争吵引发的强烈生理冲击中平复下来，他到半夜还没睡着，在屋里踱来踱去。最终，他们决定来找我们做治疗。他们都想知道，他们该如何渡过这个难关。

Fight Right
冲突箴言

陷入周期性、僵持的冲突而没有进展时，通常表明伴侣双方需要停下来、慢下来，深入探讨。

在发生争吵时，伴侣双方经常在互相不理解的情况下就想解决问题，却往往被困在肤浅的争论中，无法深入挖掘冲突的根源。双方还没有真正理解彼此的立场和深层需求，却急于寻求解决方案。

意识到冲突的真正原因并不是一件容易的事，正如我们在曼努埃尔和莎娜身上看到的那样，他们俩在数年里不断地重复着同样的争吵，但仍然不知道真正的根源是什么。

其实，曼努埃尔和莎娜并不需要想出一个解决方案来解决他们关于送礼物的表面问题。他们已经试过很多方法了。他们需要的是停下来，停在他们之间的摩擦点上，然后向深处探索。

僵局，需要深入探索的信号

在爱情实验室观察伴侣互动时，我们最初认为，伴侣之间会在某些“内容领域”陷入僵局，但实际上并非如此。他们可能会因为任何事情陷入僵局。

正如我们在前文中讨论的那样，我们很快发现，伴侣之间可能会在几乎任何一个问题上陷入周期性的僵局，包括一些看似最琐碎的事情，比如谁拿遥控器，冬天该把恒温器调到多少度，如果孩子不喜欢他们做饭，可不可以让孩子吃花生酱和果冻三明治，等等。他们的冲突就像是冰山。有时，我们只看到了冰山的一角，不知道真正的阻碍到底有多远、有多大，结果往往盲目地撞上去。现在我们知道，大多数冲突是永恒的，我们必须在生活中管理它们，而不是一劳永逸地解决它们。

Fight Right
冲突箴言

导致双方产生冲突的并不是新鲜事，因为两个人之间或大或小的摩擦点背后，潜藏着各种各样的深层原因。

那么，管理永恒的冲突和陷入僵局之间的区别是什么呢？答案是二者带来的感觉很不一样。在生活中，一次又一次地面对同一个问题，并不意味着你陷入了僵局，而意味着你的个性或生活方式与众不同。你只需要学习当你和他人出现分歧时，进行冷静而有建设性的对话即可。本书介绍的策略对你都会有所帮助。但每个人遭遇的僵局各有不同。僵局让人感觉真的很糟糕。如果你和伴侣发生以下情况，那就说明你们陷入了僵局。

- 你们在某个问题上的冲突让你感到被伴侣拒绝。
- 你们不停地谈论某个问题，却毫无进展，根本找不到解决问题的办法，且双方无法妥协。
- 在每次讨论这个问题之后，你都会感觉更糟糕。你们在这个问题上的持续冲突令一方或双方感到受伤。

当曼努埃尔和莎娜来接受治疗时，他们正因为送礼物陷入僵局。他们正在经历上述所有典型的情况：他们争吵后感觉很糟糕；他们试图达成妥协和解决问题，但都以失败告终；他们之间的关系越来越糟，双方越来越趋向考虑最坏的结果。他们都体验着过多的消极情绪，即消极情感主导（negative sentiment override），也称“消极诠释”。这意味着双方一直在不停地争吵，彼此都看不到自己对对方的言行有任何消极影响，即使那不是自己的本意。两个人也都不再给予对方任何友善的反馈，而会作出最坏的打算。如果一方向对方问问题，对方没有回应，也许对方在思考，前者就会以为后者没有在倾听自己，并且认为自己再一次被忽视了。这时，即使是在中立的情况下，双方也会产生消极体验。一旦陷入僵局，双方就很难摆脱消极情感主导。

Fight Right
冲突箴言

僵局是一个重要的信号，表明双方需要深入探索彼此冲突的根源。

僵局就像一个闪光的警报灯，提醒双方是时候揭示冲突的真相了。但是，即使双方还没有在某些事情上陷入僵局，也有其他迹象表明他们需要为这场争吵踩刹车了，在试图继续争吵之前，双方应该弄清楚彼此到底在争论什么。以下是需要放慢争吵节奏的一些迹象。

- 你们在一些看似微不足道的事情上发生了争吵，你在想，为什么要为这些小事争吵呢？
- 你们本来已经达成了妥协，但随后被一方或双方破坏了。你们无法履行承诺。
- 当你们发生其他争吵或进行其他对话时，同样的问题不断出现。
- 你们像躲避瘟神一样回避某个特定的问题。
- 你的伴侣对突然出现的讨论做出了令人惊讶的反应，让你措手不及。

最后一条很重要。也许你以为你们在进行一场例行的逻辑对话，但你的伴侣却突然表现出巨大的情绪反应。如果伴侣做出对你来说很反常的反应，比如对于一些你认为很普通的、不起眼的关于日程安排或周末计划的对话，伴侣却在对话中表现得愤怒或生气，那这就是一个明显的迹象，表明有事情发生了。你就像撞上了潜伏在冲突的冰山一角之下的东西。你会怎么做呢？你要“刹车”，慢慢减速，然后对对方说：“让我们后退一点。看来这个问题比我想象得要严重。”

我们刚结婚的时候，就发生过这样的事。

有一天，约翰刚下班回家，朱莉早已经在厨房里做晚饭了。在约翰进门以后，他看到了放在门厅桌子上的邮件，他想起几周前我们请了一个水管工，但记不清我们是否付了账单。他走进厨房说：“嘿，你付钱给水管工了吗？”

朱莉放下切洋葱用的刀，转过身来说：“我不知道！”接着她又厉声问道：“你付钱给水管工了吗？”说完，她气汹汹地走进卧室，砰地关上了门。约翰手里拿着邮件，站在那里想：我怎么娶了这么个疯子？他大步走进卧室，质问朱莉：“你到底是怎么了？我只是想知道你有没有付钱给水管工！”“对！我就是家里的秘书。你回来连招呼都不打，只关心我有没有完成任务！是，我没完成！我真是太差劲了！”

约翰感到困惑并开始防御，和朱莉的对话一开始并不是特别顺利。但最后，两个人都冷静了下来。约翰坐在床上，更温和地问朱莉：“你是怎么回事？”朱莉想了一会儿，终于开始解释：“当我还小的时候，每次我回到家，我母亲总是批评我，比如‘你怎么穿成那样去上学？嗯，那样你看起来很胖’。你刚才进门说的话，听起来跟她一模一样。”

朱莉的期待其实很简单：“当我忙完一天回到家见到你时，我真的需要你过来吻我，跟我打招呼，问我今天过得怎么样，然后再问我有没有付钱给水管工。”我们能这样处理冲突，是因为我们花了一点时间深入探索、提出问题，并弄清楚了为什么看似很小的事情会导致朱莉产生巨大的反应。而这样的反应就像是插在地上的一面红旗，它仿佛在说“挖这里”，同时也在告诉我，朱莉期待我的关心和关注。

如果你看到有迹象表明你需要与伴侣更深入地探索冲突的根源，那么我们在此提供一个思路——冲突中的隐藏梦想。

冲突中的隐藏梦想

这种特殊的干预方法来自一个个人的故事，而不是来自爱情实验室的观察，当然，我们在爱情实验室里进行了相关的完整测试。这个故事也关乎每个人的生活和关系。

在我们刚结婚的时候，我们还没开创出现在的婚姻理论和干预措施。我们当时正试图解决一个僵局问题，但一无所获。那个僵局问题简单来说就是，我们住在西雅图这个繁忙的城市，约翰很喜欢那里，但朱莉不喜欢。约翰从小在纽约长大，对他来说，熙熙攘攘的人群、川流不息的车辆、城市中喧嚣且忙碌的人和事都令他感到熟悉而舒适，让他有种家的感官体验。而朱莉在波特兰长大，她家坐落在乡村的一大片荒野的边缘，可以说荒野就是她的家。她会在树林中寻找平静和寂静，经常偷偷溜出家门，在森林里睡觉，第二天天亮之前再回家，她的父母从来不知道。深沉、原始的天性使她保持着理智。

一个周末，我们在奥卡斯斯岛上租了一间小木屋，那里位于华盛顿州的西北，离城市很远，车程很长，要坐渡轮才能到达。朱莉对那里一见钟情，她一直幻想着有一天能在森林里的某个地方拥有一间小木屋。当我们一次又一次地回到岛上，每次都要抢着租房子的时候，她意识到，那里对她来说就是一个神奇的地方。所以有一天，她把心里的想法告诉了约翰。

朱莉：我真的很想在奥卡斯岛上买一间小木屋。

约翰（吃惊地）：什么？不可能。

就这样，我们开始争吵，并且持续升级。我们节节败退，既生气又不满。我们一直在为此事争吵，反反复复持续了6年。朱莉不想放弃，因为居住在森林中的小木屋的愿景对她来说非常珍贵。但约翰始终不同意，他认为在那里买房子太奢侈，而且也没必要。约翰坚持自己的立场，朱莉也坚持自己的立场。两个人陷入了僵局。

这成了我们彼此关系中的一个大问题，一个越来越大的障碍，我们常常为此发生冲突。对这个问题的愤恨逐渐渗透到我们的其他对话和日常互动中，并且消极互动占据了上风。后来，我们找了一位婚姻治疗师。是的，婚姻治疗师也需要自己的婚姻治疗师！那位治疗师是一位朋友介绍给我们的，她非常喜欢约翰，她发现他很聪明、健谈、有魅力。她常常站在约翰这边，且在治疗中表现出了这种倾向。朱莉逐渐隐退到了边缘位置。有一天，当我们坐在治疗室里争论，试图再次找到解决僵局的方法时，那位治疗师说："你知道吗，约翰，你完全有权拒绝，而她只能接受。你可以树立边界。好的关系都是有边界的。你可以直接说不！"

在结束治疗后，我们默默地一起向车走去。约翰显然在回想着治疗过程，他陷入了沉思。回到家后，他放下车钥匙，来找朱莉。

约翰：我是那样的吗？就像那位治疗师说的那样？她说我没有树立边界？

朱莉：是的，你确实是那样的。

约翰：好吧。我可不想当那种丈夫。

我们决定解雇那位治疗师。然后我们就坐在客厅里，开始了最初版本的“冲突中的隐藏梦想”练习。我们不再争论要不要买小木屋，不再试图说服对方做任何事，我们开始互相提问，并倾听彼此。

我们开始谈论过去和未来。朱莉告诉约翰，她小时候待在家里的感觉是多么糟糕，她的家充满了批评、蔑视，有时甚至是身体虐待。她永远不知道她母亲会对她说出什么难听的话。她从来都无法感到轻松或放松警惕，所以她会在深夜从后门溜出去。当她感到家里气氛紧张而沉重时，她就会跑到波特兰中心的荒野中。她说有时候她会在外面过夜，睡在一棵高大的红雪松下。在大自然中，她感到安全。在那里，她可以感受到树木的滋养，并获得精神上的抚慰。“城市会把我榨干，森林会使我振奋。”

轮到约翰说时，他给朱莉讲了一个关于他父母的故事。在第二次世界大战期间，他父母还是一对年轻的夫妻，住在维也纳。一天晚上，他们发现还有不到 24 小时，盖世太保就要来了，这些人会把整个街区的人围起来送去集中营。于是，他父母选择逃离，离开了家，离开了那座城市，越过边境进入瑞士，除了身上穿的衣服和口袋里藏着的几包盐和糖，他们什么也没有带。他们把一切都抛在了身后，他们的工作、家庭、学业、朋友、公寓及里面的一切，他们的书和珍贵的照片、家具，还有传家宝，统统都留下了。他们之后又从瑞士逃到了多米尼加共和国，1942 年，约翰在那里出生了。最终，他们一家作为大屠杀难民来到了纽约。

约翰的父母用自己的经验教导他，不能囤东西和财产。你永远不知道什么时候纳粹换了个名字会再来抓你，你得把这一切都抛在脑后。你投入资源的任何东西都应该是你可以随身携带的，比如教育和技能。如果你已经有了一所房子，那就不需要其他住所了。一想到这里，一想到他父母和他们的故事，约翰就感到沉重和害怕。

交换了这些故事之后，我们都释然了。从对话的角度来看，一切都不一样了，我们对彼此充满了同情。为了尊重彼此的梦想，我们不可能无动于衷。在那之后不久，我们达成了一个妥协，决定在奥卡斯岛上买一栋房子。如果几年后，约翰觉得这项投资很糟糕，我们就会重新评估，看看是否再把房子卖出去。同时，朱莉会遵守犹太洁食的传统习俗，这是约翰一直非常期待的。

我们在奥斯卡岛北侧的一个叫浣熊角的悬崖上找到了一栋质朴的房子，在那里，我们可以瞥见海峡对面的加拿大。约翰很喜欢那个地方，尽管他总是在屋里舒舒服服地躺在沙发上看书，而朱莉则总是四处奔波。一年后，约翰表示很高兴买下了那栋房子。

这个解锁冲突的过程对我们来说非常成功，我们想：我们要把它带到爱情实验室。我们回顾了爱情实验室的录像和数据，仔细地研究了使伴侣们陷入僵局的对话。我们发现，对陷入僵局或困境的伴侣来说，他们的讨论背后总隐藏着潜在的梦想，这种梦想没有被双方发掘出来，也没有被双方明确地表达出来。而那些成功地处理了矛盾的伴侣，他们可以公开和直接地讨论这些梦想。

当我们开始总结爱情大师们的成功秘诀时，我们发现了一条明显且一致的主线：他们花时间为彼此构建和扩展了共同的爱情地图，愿意提出探索性问题，对彼此充满好奇，并了解彼此的内心世界。

Fight Right
冲突箴言

爱情大师会真诚地相互喜爱和欣赏，且会在日常生活中表达出来。

大多数时候，他们都会接受对方的沟通邀请。他们对彼此保持积极的看法，更容易注意到对方的优点和做得对的事情，而不是消极行为，也不是对方做错的或没有做的事情。当遇到冲突时，他们几乎会立即深入挖掘对他们来说在哲学层面、经验层面和情感层面都至关重要的东西，比如信仰、价值观、记忆，还有梦想。

那天，当我们在僵持的争吵中取得突破时，我们的方法并不是独一无二的。这是一个好消息，因为这意味着我们的方法是可重复使用的，其他伴侣也可以使用。我们解决了我们面临的最大冲突，就像爱情大师们在爱情实验室里所做的那样，这让我们更加有信心继续开发这种方法。我们设计了一系列问题，旨在帮助伴侣们找到冲突的根源，而不是停留在表面。

我们先在工作室进行了测试。首先，我们确保了测试场景的设置清楚无误。在进行测试时，伴侣双方一个是发言者，一个是倾听者。发言者需要保持开放和诚实的态度，发自内心地发言，并使用我们到目前为止在本书中介绍的干预措施，比如温和的开场白，来描述自己遇到的问题，同时只描述自己的需求，而不是伴侣的缺点。

与此同时，倾听者需要做的是让发言者安全地敞开心扉，分享其在冲突问题之下隐藏的梦想。倾听者的任务是为发言者提供支持并倾听其观点，不发表评论，不进行防御。然后，倾听者要大声读出一系列问题，并只认真听发言者的回答，不提出自己的观点。在发言者依次回答完所有问题后，发言者和倾听者互换角色。

起初，我们为倾听者准备了一个较长的问题清单，但经过测试和打磨，我们最终筛选出了以下 6 个问题。

冲突指南 Fight Right

问题清单

你对这个问题有什么看法？在这个问题上，你是否有一些价值观、道德观或信仰与你的立场有关？

你的立场在某种程度上与你的个人经历或童年有关吗？

为什么你在这个问题上的立场对你很重要？
你对这个问题有什么感受？
你的梦想是什么？你想要得到什么？
这对你来说有什么潜在的目的或目标吗？如果有，是什么？

这个方法之所以有效，是因为它为伴侣双方打开了更多的空间，并帮助分配了更多的时间，将双方的对话扩展了开来。这个方法需要双方承担明确的角色，即一个发言者和一个倾听者。双方获得了平静的、受保护的空间，得以弄清楚自己内心深处的梦想或恐惧是什么，并将其表达出来。

当你通过温和的开场白听到伴侣的表达时，你听到的只是一两句话，只是触及了表面，而你需要了解的还有很多。

Fight Right
冲突箴言

只有在更深层次上理解彼此，才可能解决真正的问题。

发言者和倾听者的角色至关重要。一定要确保伴侣双方轮换角色。在一轮完整的练习中，发言者首先提供温和的开场白，然后回答倾听者提出的关于冲突中的隐藏梦想的问题。双方都不要干扰彼此，也不要跳过任何问题。倾听者应该遵照问题清单逐个向发言者提问，确保每个问题都尽可能地得到对方的回答，然后再继续。

你的目标是尽可能地找出关于你的伴侣和某件事的一切关系。比如，为什么这件事对你的伴侣如此重要，对方的立场从何而来，对方的个人经历是如何与立场相联系的。当然，谁也未必能根据某人的个人经历推断出其信仰和价值观是如何形成的。比如，对一些年长者来说，小时候受到父母的体罚基本上是家常便饭。有些人会从体罚中吸取教训，他们没有受到伤害，反而上了宝贵的一课。但有些人会说：“这是虐待。我什么也没学到，我只学会了恐惧，我永远不会这样伤害我的孩子。”所以，背景信息非常重要。另外，同样的背景有时也可以导致不同的信念体系。因此，我们必须深入研究这些领域，从而了解在某个冲突点上双方各自所处的立场。

即使是阶级、种族、家庭、家乡、家庭结构、宗教信仰等都相同的人，也可能持有完全不同的观点，因为每个人的身体、情绪、精神和智力的建构，将会与共享的环境形成不同的交叠，并形成独一无二的信念。比如，曼努埃尔和莎娜就有很多共同之处，他们的童年非常相似，都经历过苦日子，小时候各自的父母都不在身边，都有不稳定的看护人，也都体验过被剥夺和匮乏的感受。但从这些平行的生活经历中，他们形成了截然不同的信念体系。

这样吵，越吵越亲

曼努埃尔和莎娜要想打破彼此之间的僵局，第一步是暂且搁置持续的金钱冲突。我们一起谈论了他们的过去，并向他们提了几个问题：“你们在成长过程中，送礼物的文化是怎样的？”“你们的父母或养育者是以送礼物的方式表达爱的吗？”“你给送礼物这件事附加了什么意义？”。

他们的回答非常有启发性。莎娜说她从小到大父母都不在身边。她父亲在坐牢，她母亲是个瘾君子，她爱莎娜，却没有能力做一个可靠的母亲，也无法为莎娜提供帮助。莎娜童年的大部分时间都和叔叔、阿姨住在一起。到了圣诞节，叔叔、阿姨总会给自己的孩子送很多礼物，而给莎娜的只有一双新袜子而已。在莎娜眼中，礼物的象征意义是“你更重要”。礼物等于爱，而她得到的却很少。

曼努埃尔小时候没有收到过任何礼物。他的父母常常是缺位的，且曾虐待过他，后来他的父母离婚了，他独自长大。唯一一个送过他礼物的人，用他自己的话说，让他“感到富有”的，是他的教母。他所有的假期都是和教母一起度过的。教母似乎是他生命中唯一可以依靠的人。但是，当他十几岁开始靠卖违禁物品来养活自己时，教母告诉他，她不能容忍他的生活方式，于是突然再也不见他了。从此，他再也无法全然地相信任何人。当有人送他礼物时，他下意识的反应是：你为什么要给我这个？是不是想要控制我？

我们问曼努埃尔，他是不是无法接受莎娜的礼物，因为那意味着他要敞开心扉接受她的爱和随之而来的脆弱感，他承认是的。与此同时，莎娜非常渴望从曼努埃尔那里以礼物的形式感受到爱。这对夫妻多年来一直在为此争吵，表面上看是因为钱，但其实与钱无关，而是与潜在的爱的意义有关——如何给予爱、如何接受爱、如何对爱敞开心扉。

当他们回答冲突中的隐藏梦想的问题时，他们的对话有了很大不同。通过这种轮流对答的方式，他们谈论起各自的童年，并耐心地回答了每个问题。他们是善于接受彼此的，且能真正地倾听彼此。而且，之前情绪不稳定的曼努埃尔在进行了 6 个问题的问答环节后，表现得更平静了，这反过来让倾向于回避的莎娜感到了安全，并愿意敞开心扉分享她的答案。

曼努埃尔问莎娜：“你感觉如何？”莎娜回应说：“我觉得自己又像个小孩了，一直等待着成为对某人很重要的人。”我们看到，随着曼努埃尔开始理解莎娜，他脸上的表情开始发生变化。莎娜问他的第 5 个问题是：“你想要得到的东西是什么？”他回应说：“如果能得到，那一切就好办了。你知道我爱你，无论发生什么事。”

他们在这个话题上一直有争吵。但下次再发生争吵时，他们的对话一定非常不同。

莎娜（看着曼努埃尔刚带回来的购物袋，失望地叹了口气，翻了个白眼）：啊，从五金店买的一盒钉子，还真是女孩梦寐以求的。

曼努埃尔：我告诉过你我要在那里停一下。你想让我带什么回来？钻戒吗？

莎娜：我只是想，也许你今天会给我带点什么东西回来。我一直渴望你对我表达爱意。最近，你几乎都没关心过我。

曼努埃尔：莎娜，我想把这些修理完，这样我们就可以把这里转租出去，再找个宽敞点儿的公寓。我们谈过这件事。我以为这是你想要的。

莎娜：对。我只是想让你偶尔表现出你真的在乎我。恋爱中的人都是这样的，我也想要，这很正常。

曼努埃尔（沮丧地叹了口气）：我真的不明白为什么小礼物对你来说那么重要。你知道我爱你。那还不够吗？

莎娜：嗯……我相信如果你爱一个人，你会想要让对方知道你的爱，光嘴上说是不够的。谁都可以说这些话，没有任何意义。如果你给一个人买礼物，那就意味着你在乎对方。这需要付出，需要时间，需要在心里想着你爱的人。

曼努埃尔：是的，但我没有时间。

莎娜：我知道，我知道。

曼努埃尔：听着，我知道这是你成长过程中很重要的问题。我在努力，但我不想因为付不起房租而失去这个公寓。

莎娜：只是因为这个吗？

曼努埃尔：嗯……当你说希望我买礼物送给你的时候，我想我还是会有和之前一样的反应，觉得你想从我这里得到什么。我父亲告诉过我，永远不要相信任何人，因为他们会欺骗你、剥削你。确实是这样的。人们只会在想要得到回报的时候才会给予。我记得以前那帮孩子会给我一些东西，比如糖果或香烟，然后他们会让我去买啤酒，所以我是那个冒着风险的人。我已经习惯了被利用。我在十四五岁的时候就变聪明了，不再让别人利用和操纵我。

莎娜：但我并不想操纵你，我不是那个意思。

曼努埃尔：我是说，我现在知道了，但我仍然会被唤起那种感觉。

莎娜（走过去温柔地抱着他）：至少我可以操纵你下次回来时给我带一盒巧克力吧？

曼努埃尔（笑）：好吧，好吧，我们还是买得起巧克力的，不影响我们买公寓。

对曼努埃尔和莎娜来说，围绕金钱和礼物的价值观差异将会成为一个永恒的冲突，并将继续以不同的方式表现出来。也许曼努埃尔仍然会偶尔倾向于认为送礼物代表被操纵，他的想法仍然会和莎娜根深蒂固的“礼物代表爱”的信念发生冲突。但是，冲突中的隐藏梦想的对话彻底改变了这些冲突的结构。他们看似还在为这个问题争吵，但不会再在这个问题上陷入破坏性的僵局。

他们总能找到某种解决方案或妥协方案来平息争吵，且不再会感到被评判和攻击。他们现在对彼此有了深刻的理解，意识到各自都有持久的弱点，这个问题永远得不到解决，但它已经不再是彼此痛苦和误解的根源。

冲突意味着亲密，这在某种程度上是违反直觉的。如果某个话题是你和伴侣无法触及的禁区，会引发可怕的、紧张的、激烈的争吵，且会持续数天或更长时间，那你们最自然的反应也许就是避免谈论它。这听起来很有道理。对你们来说，它是一个永恒的冲突，太痛苦了，绝不能碰，所以还是不要谈。同样在僵局中，你和伴侣也会开始感到绝望，仿佛要被这个话题折磨得死去活来、走投无路。你们也可能会认为：“我的伴侣不是那个对的人。我就是我，不可能变成另一个人，我没法维持这段关系了，除非我完全改变我的性格。”

在对来爱情实验室的伴侣们进行治疗的过程中，我们发现，在我们带他们进行“冲突中的隐藏梦想”练习，并一步一步地对他们进行干预的过程中，在

87% 的情况下，练习中的 6 类问题可以使冲突僵局获得重大突破。[1] 但有时，效果也不好，我们不能保证所有的关系都可以或应该被挽救。无论是实验数据还是临床工作，都并不支持这一点。有时，伴侣双方的性格极其不合；有时，双方的梦想完全对立。

Fight Right
冲突箴言

在近 90% 的情况下，只需更好地理解彼此潜在的梦想，就可以摆脱僵局，发展出更有成效的冲突。

作为研究人员，我们多年来感到最大的惊喜之一，就是发现了很多伴侣的冲突“创面”之深以及冲突根源之深。日常生活中琐碎的小事让他们困扰不已，而且它们竟然与更大的问题紧密相连。我们把人口统计学意义上各种各样的伴侣都带进了爱情实验室。我们发现，无论他们的背景或教育水平如何，每个人都是哲学家。每个人都曾为同样的问题挣扎：我为什么在这里？我的目的是什么？我在这里及在这个世界上活着的意义是什么？我要如何度过我仅有的一生？

人类是意义的创造者。我们都是讲故事的人，几千年来一直如此。我们讲述人类起源的故事，也讲述个人生活的故事。我们讲述自己的人生故事，是为了寻找意义。正因为如此，诸如“你要不要把丈夫的衣服从地板上捡起来”这样鸡毛蒜皮的小事，也代表着或关联着指导你生活的基本信念或目标。因为在冲突之下，双方得以认清自己是谁，而这将有助于双方互相了解和理解。

Fight Right
冲突箴言

伴侣之间最大的冲突也是最有可能让双方实现亲密的机会。

但有时，梦想很隐秘，被深深掩埋，以至于我们自己都没有意识到它是什么，且与梦想有关的情绪会不断地出现在争吵中。“冲突中的隐藏梦想”练习的确很有帮助，但伴侣双方可能需要更多的时间才能深入了解彼此。

越靠近梦想，越能跨越冲突

伴侣双方有时意识不到自己的梦想和需求，这很常见，尤其是在西方文化中。他们忙于工作，会花很多时间努力生存，努力往上爬。他们通常不会花足够的时间来思考自己是谁，或自己为什么是现在这个样子。这意味着，他们可能会在冲突中遇到回答不出问题的情况，因为他们从来没有想过那些问题。也许双方都需要时间好好想一想。

这就是治疗师真正派得上用场的地方。如果你已经接受治疗了一段时间，他们可能对你的担忧、日常想法、背景等有了广泛的了解，而且经常能凭直觉判断什么对你有意义，什么样的个人经历可能与你在某些问题上的立场有关。他们可以问问题，指出潜在的关联，并给你提供一些线索。但其实，你也可以自己解决这些问题，给自己留些时间进行反思和内在探索，停下来想一想：我以前有没有遇到过这样的情况？我以前有过这种感觉吗？

有一对发生冲突的夫妻，他们在利率飙升之前为是否要用存款买房以及为所在城市的房地产价格无休止地争吵，实际上，只需要问他们两个完全不同的问题即可。一方需要探索的是，保持生活稳定和安全对我来说这么重要吗？对方需要探索的是，为什么居无定所和自由旅行对我来说如此重要？

如果你和伴侣正在争吵，你可能不会对这些问题有确定的答案。这对夫妻需要进行多次交谈，谈谈他们关于住所和家庭的个人经历，他们在成长过程中是否有恒定感或安全感，以及这如何导致他们现在对生活规划的差异，而且在谈话之间需要休息，以便反思发生的一切。所以，如果你在和伴侣争吵的过程中发现自己在想“哎呀，我不知道这是怎么回事”，那你首先要做的是为自己创造一些反思的空间。也许你会说：“我希望我能回答这个问题，但我想我需要一些时间。”如果是这样，那就花点时间好好想想。如果你在更深层次的探索方面有困难，以下提示也许可以帮助你。

- 翻看旧照片、年鉴或日记。
- 回想一下过去的恋爱关系或上一段婚姻带给你的感受。
- 反思你与父母、养育者或兄弟姐妹的关系。
- 回想一下你早期与同龄人的关系以及你早期的上学经历。
- 在你的家庭中寻找代际模式。比如，如果你总是陷入与金钱有关的冲突僵局之中，你可以问自己：我的家族遗产与金钱有什么关系？

最后，与伴侣分享你的想法。你不需要知道所有问题的答案，你不是一块待“完成”的拼图。你可以分享你的思考过程，描述任何突然出现的、你认为有趣的或相关的内容。比如，与金钱有关的家族遗产可能会让你想到：我在某个渔村长大，小时候家里有时特别富，有时特别穷。有时我们一无所有，晚餐吃的是救济奶酪；突然大家欢呼起来，螃蟹丰收了，我们有钱了，然后会买一切盼望已久的东西，像家具、杂货、衣食等，很快钱花光了，我们只能继续等下去。所以，只要有一点儿钱，我就会有花钱的冲动，否则很快身无分文。

“冲突中的隐藏梦想”练习的绝妙之处在于，它可以变成你的一项技能。当你越来越多地和伴侣谈论各自大大小小的目标，谈论各自关于生活的愿景时，你就越不会陷入由未知或被抑制的梦想引发的破坏性冲突之中。那些曾经可能导致剧烈争吵的事情都变成了你们互相联结和合作的机会，你们可以齐心协力面对困难和挑战。

在爱情实验室进行的一项纵向研究中，一对夫妻向我们展示了“冲突中的隐藏梦想”练习的影响力和有效性。他们是乔治和玛丽安，当时他们刚结婚没几年。他们俩都是第二次结婚，各自都带着两个孩子，所以现在，他们一起抚养着 4 个孩子。第一次访谈是在他们家中进行的，访谈从他们谈论个人背景和经历开始。为了能在爱情实验室观察之前更好地了解伴侣们的恋爱史，我们一直在不断地改进口述经历访谈这一评估工具。

约翰和他当时的研究伙伴洛厄尔·克洛科夫（Lowell Krokoff）从曾获普利策奖的主持人兼作家斯塔兹·特克尔（Studs Terkel）的工作中汲取到了灵感。特克尔开创性地采访了一些美国普通民众，了解他们在大萧条时期的经历，并汇编了一些最吸睛、最深刻的关于那段时期的口述经历。但当我们开始对伴侣们进行访谈时，我们发现内容松散且涵盖面甚广，几乎涵盖了所有常见的关系问题，因此访谈时间常常持续几小时甚至一整天。

后来，我们将访谈内容缩减为最重要的几个问题，这些问题直指伴侣关系中最重要的部分，比如他们是怎么认识的，他们的恋爱过程是怎样的，他们的关系是如何发展的，以及到目前为止，他们的婚姻中发生着怎样的变化。

Fight Right
冲突箴言

我们在口述经历访谈中发现，通过一对伴侣讲述他们关系的方式可以预测他们关系的未来。[2]

通过每隔几年的随访，我们还发现，婚姻满意度与他们描述个人经历的方式密切相关。比如，他们是否深情地谈论彼此的相遇，是否还记得初次相遇的情形，他们是否会回忆并充满爱意地谈论他们爱上彼此的原因，他们在一起谈论共同生活时是否会用“我们”而不是“我”，他们是如何描述艰难的过往和过去的冲突的，他们是否能感觉到彼此愿意齐心协力克服挑战，等等。当我们让乔治和玛丽安这对夫妻描述他们的一段具有挑战性的时期时，他们马上讲述了在他们刚刚结婚组建家庭后不久的一段经历。

乔治是一名出色的销售人员，为了让全家人住得更舒适，他刚刚买了一栋大房子，所以经济上有点紧张。婚后不久的一天，乔治的老板叫他去开会。老板对他说：“我正在重新做一些调整，我希望你好好干。我给你个全新的机会，如果你能把握住，这可能会大大增加你的收入。恭喜你！”

坐在老板的办公室里，乔治并没有感到多么高兴，反倒感觉很糟糕。因为他马上就明白了，老板要提拔他，但这不是他想要的。他告诉他的老板，他打算拒绝这次提拔。他的老板很震惊，然后对他说，这个新职位，他要么接受，要么走人。“好吧，我走人，我不干了。”他径直回到家，对玛丽安说：“我辞职了。”

玛丽安什么反应呢？她吓坏了。她喊道：“你做了什么？”当时，他们结婚还不到一个月。他们的孩子有的在上中学，有的在上大学，都需要学费，而且他们还要偿还一笔很大的抵押贷款。“你为什么要辞职？难道你不该先跟我商量一下吗？乔治，我真不敢相信你了！”

“是的，我辞职了，我必须辞职。我刚意识到，这不是我想要的生活。我的工作需要经常出差，我犯了个错误，我把事业看得比婚姻重要，结果并没有想象得那么好。现在我娶了一个我爱的人，我不想离开。我不想离开你，我也不想离开我们的孩子。”玛丽安刚才被乔治辞职的消息冲击到了，但现在她明白了。“好吧，”她说，“我们必须告诉孩子们。”

后来，他们把这个消息告诉了孩子们，听完，他们的大儿子提了个建议，说：“父亲，你为什么不拿出你的实际行动来？你总是去参加摩托车越野赛相关的活动，既然你喜欢，为什么不开辟一条自己的赛道呢？”

乔治想了想说，如果大家都支持，他就试试看。孩子们纷纷表示赞同。于是，他开始申请商业贷款，开了一家摩托车越野赛服务商店，开展了卖车、培训、维修等业务。乔治成功了，至少在当时成功了。几年后，当乔治和玛丽安来到爱情实验室时，乔治仍在开店，孩子们都已经上了大学，他们有时也会在店里帮忙。乔治和玛丽安彼此很亲密、很稳定，他们都很有幽默感。在访谈中，我们问他们是怎么认识的，是什么吸引了彼此。乔治说：“哦，其实我当时特别喜欢她……的身材。”玛丽安笑了。他接着说：“当然，后来我更了解她了……我知道我非她不娶。”

当我们请他们讲述他们克服冲突的经历时，他们讲了上面这段故事。不过有趣的是，他们并没有大吵一架。当乔治回到家，在没有和妻子商量的情况下宣布他辞职的那一刻，本来他们是有可能吵起来的。但在那个时刻，他们走近了彼此的梦想。乔治知道他想要什么和不想要什么，并用语言表达了出来。

在访谈中，玛丽安对乔治说："我仍然不敢相信你这么突然就辞职了。你不害怕吗？"乔治说："我当然害怕，但我知道一切都会好起来的。和你在一起，我可以做任何事。"

你可以和你的伴侣一起做下面的练习，以此来探索彼此冲突之下的梦想，并更深入地了解彼此，从而真正改变彼此的关系，也改变彼此的生活。

练习

你的隐藏梦想是什么

你们可以选择一个僵局或永恒的冲突来讨论。如果需要进行头脑风暴，可以参考下面的话题清单，也许有你们都感兴趣的话题。虽然很多伴侣可能会在任何事情上陷入僵局，且永恒的冲突可能会以各种形式出现，但以下清单列出的是许多伴侣在冲突中会遇到的一些常见问题。你们可以选择其中一个进行讨论，或者各自选择一个话题，然后进行两次讨论。

永恒的冲突话题清单

家里整洁有序

育儿，包括育儿的分工、管教方式是严厉还是温和等

最佳性爱频率

喜欢的性爱方式。如一方认为性爱可以带来亲密，而对方则需要亲密作为性爱的前提条件

处理与其他家族成员的关系，想更独立还是想与其更亲密

处理财务，如一方可能比较保守，担心存不下钱，而对方更喜欢花钱，想活在当下

如何分担家务，如是共同分担还是按传统的方式分担

社交以及与朋友和社区的联系，如一方可能外向，而对方内向

忠诚对彼此意味着什么

对刺激和冒险的需求

志向和工作的重要性，如一方比对方在工作方面投入得更多、更成功

宗教信仰

对独立的渴望，如一方可能想要更独立

核心价值观，双方最看重和最优先考虑的各是什么

如果还有其他话题，比如在你们的冲突中出现过的关于性格、生活方式、价值观或信念的差异，也可以加上去。

接下来，根据以下提示开始讨论。你的任务是帮助你的伴侣理解你在僵局或永恒的冲突的立场之下潜在的梦想、个人经历、信仰或价值观。讨论时，一方是发言者，对方是倾听者。

发言者的任务：诚实地谈论自己对自己立场的感受和信念，探索这个立场对自己意味着什么，以及立场背后的梦想可能是什么。讲述信念或梦想的来源及其象征意义。务必清晰而诚实地表达：自己到底想要什么？为什么这对自己很重要？试着让伴侣理解。

不要争论或试图说服伴侣，只表达自己的想法即可。告诉伴侣，关于自己在这个问题上的立场，以及自己的想法和感受。

可以参考下文的问题清单，了解人们通常怀有哪些梦想或曾经失去过哪些梦想，也许这会有所帮助。

倾听者的任务：让伴侣感到足够安全，可以放心地表达自己在这个问题上的立场以及信仰、梦想或个人故事。为此，要像朋友一样倾听。向对方提出以下梦想清单列出的梦想，以帮助自己了解对方及其观点。尽量不带评判地倾听，且不要分析对方的故事，只倾听即可。

不要试图找到解决方案，现在为时过早。首先要打破双方梦想的对立，让彼此成为朋友而非敌人。试着理解伴侣的梦想。保持好奇。

此时的目标不是解决问题，而是从僵局转向对话，并深入了解伴侣的立场。

不要争论观点，只倾听和提问。

问题清单

你对这个问题有什么看法?

这背后有什么故事吗?

这是否与你的成长背景有关?

告诉我为什么这对你这么重要?

这与你的信仰或价值观有关吗?

你的成长背景或童年经历与你在这个问题上的立场有关吗?

为什么这对你这么重要?

你对这个问题有什么感受?

关于这个问题，你的理想是什么?

你是否有更深层次的目的或目标?

梦想清单

自由感

平静的体验

与自然融为一体

探索自我

冒险

进行一次精神之旅

公平

荣誉

与过去和解

了解我的家庭

尽我所能

拥有权力感

应对衰老

探索自己创造性的一面

变得更强大

从过去的伤痛中恢复

变得更有能力

探索失去的自我

克服个人困扰

有秩序感
工作效率高
有自己的时间和空间
真正放松
反思生活
分清轻重缓急
完成重要事项
探索自己的身体
竞争并获胜
旅行
享受安静
创造一些重要的东西
结束人生的一个篇章
扔掉或忘掉某个东西
爱

如果你一味地争强好胜并向对方施加影响力，最终可能会毁掉伴侣的梦想。也许你期待的关系并非如此，而是双方互相支持彼此的梦想。当然，如果你们的梦想一致，那就更好了。

共同向梦想进发

如何根据你和伴侣的冲突类型更好地进行“冲突中的隐藏梦想”练习呢？可以参考以下 3 点建议。

给回避型的人的建议：你可能并不愿意进行这样的对话。如果你觉得伴侣并没有对你的回答做出消极反应，而是在了解信息并从中学习，这将对你有很大帮助。你可以通过认真对待和耐心倾听，帮助回避型的人敞开心扉。不要评判，也不要急于打断对方，所有冲突类型的人都应当注意这一点。对回避型的人来说，在对话过程中感到安全尤为重要。

给认可型的人的建议：认可型的人通常更容易回答这个问题。只需要记住，要给对方足够的空间来回答问题，而不是急于说服对方。记住，你们的目标是互相了解，拉近彼此的距离，而不是找到解决方案，找解决方案现在还为时过早。提醒自己待在这个探索阶段，和对方一起完成练习。如果你发现自己忍不住想要找解决方案或妥协方案，要设法立即打消这些念头。

给易变型的人的建议：你可能会觉得在伴侣回答问题的时候很难做到不打断对方，很难克制自己提出观点，要改变这一点确实需要一些时间。你可能会被伴侣的回答激起消极感受，并产生想插话的冲动，这也许是你熟悉的探索情绪的方式。但在练习过程中，你需要锻炼等待和倾听的能力，这很不容易。你要做的就是，不要急于与对方争辩或说服对方，而要让彼此都有机会深入地回答问题，且过程不能被打断。

事实上，该练习本质上是一场访谈。你按照问题清单依次问伴侣一系列问题，但不表达自己的想法，这种对话形式一开始可能会让人觉得很奇怪。但我们认为，这恰恰是练习中最精彩的部分。在争吵过程中，如果你一言我一语，双方会有争论和反驳。而该练习会给双方的表达留出大量的时间和空间。发言者可以充分地表达自己，不必考虑对方的反应，这样就不会发生争吵。

如果你很难做到不去说服伴侣而只倾听，一个很有效的策略就是做笔记，写下伴侣的答案。这个简单的方法可以让你只关注伴侣在说什么，而不用关注自己要做出哪些反应。

在进行该练习的过程中，你不要急于寻求解决方案或妥协方案。等你对问题本身有了深入的理解，你就更容易与伴侣达成妥协。先理解问题，再解决问题，这一点你要铭记于心。不过，即便你们都说出了冲突中的隐藏梦想，仍然要付出很多努力去适应新的情况。但如果你发现自己和伴侣的梦想是对立的，那又该如何？

这种极端的情况偶尔确实会出现，彼此梦想的对立可能会变成破坏因素，就像前文提到的约翰和他的前妻，一方想要孩子，但对方不想。不过，双方总还有妥协的空间。你们并不需要非得有共同的伟大的人生梦想，才能拥有一段美好的、充实的、成功的关系。比如我们俩，当我们第一次见面时，朱莉的梦想是带一群女性去攀登珠穆朗玛峰，跨越大本营在海拔至少 5 500 米的地方露营，体验户外探险生活。而约翰的梦想是坐在温暖的沙发上，旁边点燃一堆篝火，再放一大堆书，享受理想中的人际关系模式，反正不是去氧气稀缺的世界之巅的岩石上睡觉。然而，35 年后，我们仍然在一起，且都觉得彼此的梦想得到了尊重。其实，只要伴侣双方愿意共同寻找前进的道路，那双方就可以为彼此的梦想创造条件。但在如今这种情况下，先待在这个探索阶段，双方要尽可能地探索关于彼此的梦想的一切。对彼此的梦想知道得越多，下一阶段就越顺利。

07

第四种　非赢不可：无法换位思考

在博弈论中，零和结果是指一方的收益必然意味着对方的损失。打扑克就是一个很好的例子，一方失去多少筹码，对方就得到多少筹码。同样，在伴侣关系中，有些情况是真正的零和，没有第三种方式可以解决双方的冲突。

研究发现，许多伴侣倾向于把彼此冲突中的细微差别和复杂情况看作零和，而事实并非如此。[1]无论出于何种原因，双方都可能倾向于将包括亲密关系在内的任何关系都视为非赢即输的游戏。双方在冲突中特别容易受到这种思维模式的影响。比如以下几种场景。

场景一：你希望伴侣在晚饭后洗碗，而对方想先处理一些紧急的工作邮件。于是，你们开始争吵，争论着家里谁该做什么，你抱怨对方总是优先考虑工作而不是分担家务，你还说这周你每隔一天晚上就会洗一次碗。最终，你的伴侣同意去洗碗，但感觉很有压力——你赢了，对方输了。

场景二：你的伴侣想让孩子们去参加夏令营，因为他们从小就去，而你想省下这些钱，用来维修房子。你认为夏令营是一种“奢侈品”，而不是必需品。你和伴侣开始争吵起来，很快争吵升级，你们冲对方大喊大叫，频频打断对方。你感到被情绪淹没，最终妥协，同意送孩子们去夏令营——对方赢了，你输了。

场景三：你想搬到离你的家人更近的地方，他们住在遥远的异地，而你的伴侣认为你们不可能搬家，因为那里的就业机会少，且房地产市场不是很好，现在不是卖房子搬家的好时机。你说住得离家人近些，他们可以帮忙带孩子，但你的伴侣仍然不同意，然后你们的谈话结束——对方赢了，你输了。

通常，人们在关系中总想赢，因为他们坚信自己的观点是正确的，或者是唯一的解决方案。比如，“我每隔一天晚上会倒垃圾，你当然应该洗碗”“我们应该省着点花钱，这样孩子们就可以去露营，收获一段珍贵的体验，如果我能再解释几句，你就明白了”“我们当然不能在房地产市场不景气的时候搬家”。

人们都认为自己的看法是合乎逻辑的、中立的、正确的，而伴侣需要被说服才能明白其中的道理，伴侣的立场是不正确或不可信的。

如果你能以我的方式看问题

文斯和珍妮是一对 60 多岁的夫妻，他们住在华盛顿的贝灵汉，位于西雅图北部普吉特湾的一座寂静的大学城内。他们几乎大半辈子都住在市中心山上的一所房子里。文斯是一个商业渔民，经常沿着海岸到阿拉斯加去钓螃蟹和大比目鱼。珍妮曾是一名教师，但后来为了抚养孩子，她辞职了。

现在，孩子们都长大了，各自过着自己的生活。文斯即将退休，两人都梦想着度过他们人生的下一个篇章。但问题是，他们的梦想非常不同。

文斯一直想去旅行。他爱家庭生活，但现在他想去看看外面的世界。多年来，他一直梦想着退休，卖掉房子，买一艘帆船。他不会买那种笨重的拖网渔船，他一生都在上面度过，常常在冰冷的雨中把装满螃蟹的渔网拖到甲板上。他想要的是一艘华丽的大船，甲板下面配有生活舱，他和珍妮可以住在船上，一起环游世界。

与此同时，珍妮的梦想是卖掉房子，搬回她父亲居住的农场，住进那里的一座古老农舍。小时候，她在那里度过了很多个夏天，一直把那里当作家。农场在她的家族里已经传了好几代，那里既是农场，也是家。她的家人，从她的曾曾祖父母到她的父母一直住在那里，现在，她希望她和文斯一起住进去。但问题是，这个农场位于远隔万里的艾奥瓦州。

在文斯和珍妮到西雅图参加周末治疗研讨会时，我们见到了他们。在那之前，他们围绕搬家的问题已经争论了一年多，但没有任何进展，双方都不妥协。他们怎么能妥协呢？他们的梦想是完全对立的，谁也不能放弃自己对未来生活的憧憬。他们各自此刻的梦想就像生命中的一部分，是一生都在期盼、追寻且无法放弃的一部分。他们之间似乎没有“中间地带”，艾奥瓦州没有海洋，太平洋中部也没有祖传的农田。他们几乎已经彻底放弃了自己的梦想，彼此的怨恨和痛苦越来越深。

他们似乎也无法放弃这段婚姻，因为他们一起度过了很多美好的时光。总的来说，他们一直是彼此很好的伴侣，互相扶持，相亲相爱。他们工作都很努力，在养育孩子方面也都很精心和投入。但他们都感到很伤心，一直以来，他们都以为自己在朝着双方共同的愿景努力，结果发现并非如此。现在，在他们长久的关系中，他们第一次发生了争吵，而且都带着怨恨和前所未有的蔑视。他们把过去积累的善意和友谊消耗殆尽，他们的关系仿佛命悬一线，且每一次互动都会给他们带来痛苦。

在治疗研讨会上，我们请参加的伴侣想出一个双方无法妥协的冲突问题，珍妮和文斯很快就想到了，并直切正题。我们发现，当伴侣双方意见相左时，他们很容易陷入激烈的冲突，无论他们是在家、在爱情实验室里，还是在有上千人的会议室里。以下是珍妮和文斯在治疗研讨会上的一段对话。

珍妮：我们需要从逻辑上解决这个问题。

文斯（讽刺地哼了一声）：哦，从逻辑上讲，没错，这是你的强项。

珍妮（暂时忽略讽刺）：是的。你只需要实事求是地想想。你说要坐大船去航行，但你从来没尝试过。这和带一群人捕螃蟹可不一样！你对在海上航行一无所知。你这是白日梦，文斯。你是要拿我们的生命去冒险。

文斯：白日梦？过去的30多年里，我一直在开船出海。你以为我不会开船吗？你以为我是心血来潮？

珍妮：没有，但是……

文斯：这么多年来，我一直说想去航行，我说了很多年了。你总是说这听起来不错。你是在哄我吗？

珍妮：文斯，这就像有人说“在月球上生活难道不是很有趣吗？”，这个想法太疯狂了！我没想到你真的想搭上我们的后半生去做。

文斯：难道搭上我们的后半生搬去艾奥瓦州就可以吗？你才是脑子不清楚的人。你对农业总是有着浪漫的想法。我们去那里做什么，种土豆吗？你的想法很愚蠢。

珍妮：哦，是是是，我真愚蠢！

文斯：你在曲解我的话。

珍妮：我不明白。我不知道你为什么这么自私。这本该是我们俩的时间，安定下来，一起聊聊天，享受舒适静谧的时光……

文斯：我现在最不想要的就是舒适，听起来就像死了一样。

珍妮（摇了摇头）：天哪，你说得太夸张了！

文斯：得了吧，我在农场能做什么？我要当农民吗？坐在摇椅上？每天干什么？我已经在渔船上工作了45年，现在我想做一些有趣的事情！

珍妮（面带痛苦）：那就去吧，去做吧，如果那对你来说很重要的话。走远点儿。离我远点儿！

不像上一章提到的那对夫妻，珍妮和文斯之间没有驱动冲突的神秘的深层根源，他们的梦想就摆在明面上。但两人的梦想是完全对立的，彼此无法达成妥协，似乎总要有一方遭受巨大的“损失”。这确实是一种零和状况，如果按珍妮的梦想来，文斯就必须放弃他的梦想；反之亦然。双方都固守自己的立场，不愿妥协，也无法作出任何妥协。任何妥协都将导致一方获益而对方失去一切，这就是零和博弈。

想赢，就要先让步

2010年，约翰和利文森在加州大学伯克利分校利文森的实验室，完成了一项针对夫妻双方的为期20年的纵向研究。[2]

这项研究的形式与我们进行的其他研究类似，即夫妻们来到实验室，研究人员要求他们提出彼此关系中一直存在的一个冲突点并进行讨论，时间持续15分钟。研究人员会录下他们的互动过程，然后让他们坐下来观看录像。在观看录像时，每个人面前都有一个带有表盘的控制板，他们需要转动表盘，为他们的互动过程做出积极或消极的评估。有些夫妻在大多数情况下的评估是一致的，即当一方认为某个互动在顺利进行时，对方也赞同。还有一些夫妻的评估正好相反，即当一方对互动的评估倾向于积极时，对方的评估则倾向于消极，在研究结束时，他们的评估结果如图 7-1 所示。

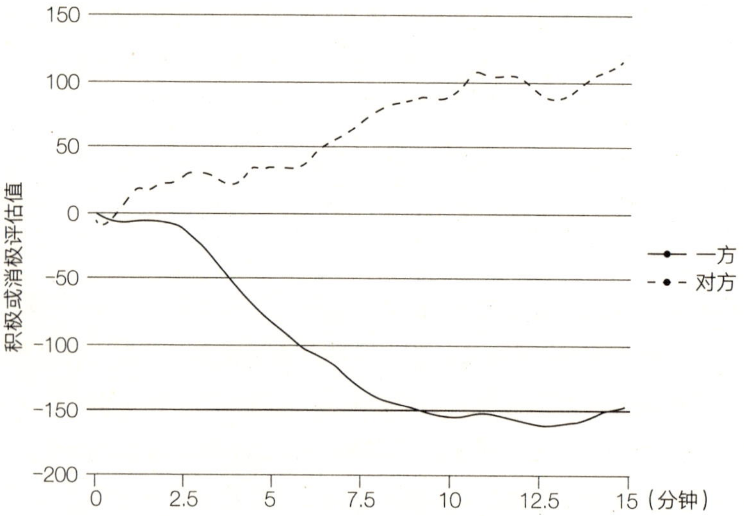

图 7-1 积极或消极评估图

从图中可以看到，一方的积极增益全被对方的消极减损抵消了。我们称这些夫妻为“零和夫妻”，在他们的互动中，总是有一个赢家和一个输家，一方的增益总导致对方的减损。这种策略在扑克游戏中自然非常有效，因为游戏的重点是赢。但在伴侣关系中，如果一方赢了，对方输了，结果等于双方皆输。

我们很想知道这些夫妻在彼此关系中的零和博弈会发生哪些变化，但在研究过程中，我们遇到了一个问题：当我们经过多年随访再次邀请这些夫妻回到实验室时，很多零和夫妻并没有出现。一开始我们猜想，也许那样的体验对他们来说压力太大，太难受了，他们只好选择退出。但后来我们发现，他们并没有退出，实际上他们去世了。尤其是男性。在过去的 20 年里，在零和夫妻中，有 58% 的丈夫去世了。相比之下，在研究中倾向于合作的夫妻中，只有 20% 的丈夫去世了。

这引起了我们的注意。于是，我们开展了另一项研究，想弄清楚为什么会发生这种情况。我们发现，互相信任和合作的夫妻的血流速度更慢。[3] 他们的心率更低、更稳定，且不仅是在发生冲突时如此，而是一直如此，同时，他们的基础健康水平整体上都比较良好。而零和夫妻的心率和应激激素水平都很高，随着时间的推移，这种对彼此产生的生理反应使他们付出了代价。

Fight Right
冲突箴言

零和策略不仅会损害伴侣的关系，还会损害健康。

那为什么只有男性会发生这种情况呢？我们认为，女性往往更能免受零和冲突带来的高压力影响，因为女性在感受到亲密和联结时可以产生催产素，这种物质可以缓解压力反应。

冲突中的零和策略永远不会起作用。遗憾的是，零和策略在冲突中非常普遍。在我们评估的 4 万对接受治疗的伴侣中，84% 的异性恋伴侣为了寻求妥协，都在与慢性性功能障碍作斗争，而男同性恋伴侣和女同性恋伴侣的这一比例分别为 81% 和 78%。[4] 零和思维是一个陷阱，任何进行冲突讨论的伴侣都有可能陷入其中。

我们希望能用一个不同的线形图来替换图 7-1，即换成一个不同的冲突数学模型，可以反映伴侣双方的合作收益。在这个模型中，冲突的起伏代表伴侣双方共同的经历，所以不会出现一方评级暴跌，而对方评级上升的情况。我们从中看到了更多的相关性，即“共赢”是双方合作和共享的结果。这些共赢的伴侣往往有着良好的冲突经历，生理反应少，而积极性很高。从长远来看，这不仅对双方关系有保护作用，对他们的身体健康也有好处。

那伴侣双方该怎么做呢？如何在冲突中达成合作而不是进行有害的零和博弈？实验数据显示，彼此关系最成功的伴侣及在冲突中表现最佳的伴侣，都能接受彼此的影响。[5]

Fight Right
冲突箴言

我们在爱情实验室中有一个反直觉的发现，那就是如果想在冲突中获胜，首先需要作出让步。

这就是“合气道原则”。合气道是一种日本武术，通常被看作“和平的艺术”，其核心原则是“向胜利让步”。在合气道中，你需要利用而非对抗对方的精力和动作。如果你在合气道练习中向对方移动，你不会遭到对方身体上的阻挡或抵抗；相反，对方会跟随你、与你一起移动，并引导你跟随他们的步调。对方先向你让步，却引导了你的行动。这对应对伴侣之间的争吵可谓一个很好的参考视角。

无论你和伴侣是否发生冲突，你都要允许对方影响你。你要与对方合作，而不是与之对抗。就像合气道一样，如果你试图强迫伴侣，你是赢不了的，只会消耗能量。争吵的目的不是击败伴侣，而是实现平衡，在伴侣关系中也是如此。这听起来虽然很矛盾，但很有道理，因为越是让自己受到对方的影响，你就越能影响对方。当然，合气道涉及身体上的影响，需要双方一起行动，静下心来。当谈到在伴侣关系中接受影响时，我们指的是情感层面的合气道，也是双方一起行动，静下心来，而不是互相逼迫。

需要明确的是，接受影响不是简单地屈服于伴侣想要的一切，而是对伴侣的想法持开放的态度，因为你越了解伴侣的感受及其产生的原因，就越愿意改变自己的想法。我们在爱情实验室的研究中发现，在异性恋婚姻中，那些允许妻子影响自己的丈夫与那些抗拒妻子影响的丈夫相比，前者的婚姻更幸福，离婚的可能性更低。[6] **事实上，拒绝与伴侣分享权力的男性有 81% 的概率会与伴侣分手。**这概率真的很高！

这里把重点放在男性身上，是因为我们的社交方式，以及我们从出生起就了解到的关于男性和女性的信息，导致男性在接受他人影响方面确实比女性更困难。即使在今天，意识到这种文化性别动态并努力在伴侣关系中做到平等待人的男性，在面对这种根深蒂固的社会条件时，仍然感到很有挑战性，在他们看来，接受影响、放弃立场似乎就意味着软弱，尤其是面对女性时。虽然我们在意识层面不认同这种情况，但它早已镌刻在每个人的潜意识深处，如同在后台隐秘运行的计算机程序一样。

争强好胜的隐藏动因：进化、性别与文化

我们发现，同性恋伴侣中的一方更容易接受对方的影响。约翰和利文森对21对同性恋伴侣进行了一项为期超过12年的观察性研究。他们在研究中观察到，男同性恋和女同性恋伴侣一开始似乎都擅长自嘲。他们往往不会像异性恋伴侣那样以自我为中心，而是在争吵中倾向于更有积极性，并互相表达幽默和爱意，即使在发生冲突时也是如此。因此，同性恋者的生理反应水平比较低，不太容易被情绪淹没。而且，他们总是更愿意接受彼此的影响。另外，同性恋伴侣比异性恋伴侣表现出来的防御更少，更有可能赞同伴侣。

为什么会这样？我们对此困惑了很长一段时间。根据美国最新的盖洛普民意调查，只有7.1%的美国人认为自己是男同性恋、女同性恋或跨性别者，[8]还有很多认为自己是性少数群体的人感到自己格格不入。理论上我们认为，一种可能是，也许当他们找到真爱以后，他们更倾向于接受彼此的影响。另一种可能是，从统计数据来看，他们可能比异性恋者经历过更多来自原生家庭的阻碍和拒绝，因此他们对伴侣有更多的同情心，希望通过接受伴侣的影响来减轻伴侣的痛苦。无论是什么原因，这项于2003年结束、历时12年的研究的数据显示，同性恋伴侣更倾向于不向对方施加控制，尤其是女同性恋伴侣，因为大多数女性都经历过经由男性的统治、压制或压迫所表现出的厌女和物化。在女同性恋的关系中，双方往往不会表现出异性恋伴侣关系中那样的动力，她们可能会尽

可能地选择保守。

在针对伴侣的临床研究过程中，我们观察到，女同性恋伴侣可能更喜欢绕圈子，因为她们不想在伴侣面前太强势，谁也不想做决定，也不想成为更有影响力的那个人。朱莉见过的一对女同性恋伴侣曾开玩笑说："12 年的研究是吧？我们要花 12 年的时间才能想好今晚去哪里吃饭。"

有些异性恋男性会说："我们在育儿和家务方面的分配是绝对公平的，我在接受影响方面完全没问题。"对此，我们认为，厌女症的根源很深，甚至可以追溯到有历史记载的早期社会。一些历史学家指出，在历史上存在过的文化中，女性掌握着更多的权力或更平等的权力。然而，这样的情况少之又少。而且在女性力量彰显的地方，同样也会出现厌女现象。[9] 历史上，女性在战争中是被奴役的，是性暴力的受害者，女性曾经被当作奴隶和政治筹码售出。她们被看作物品或财产，以其生养能力为标准来评估其价值。

一直以来，女性的声音普遍被压制。在欧美，直到 20 世纪 70 年代中期，女性才可以在没有丈夫授权的情况下使用信用卡。如今，女性仍然需要拼命为自己争取很多东西，男女不平等仍然很普遍，比如男性每挣 1 美元，女性最多只能挣 81 美分。25% ～ 33% 的女性是强奸的受害者，事实上这个数字可能更高，因为很多女性受害者没有报告。此外，一名女性一生中被性侵的概率是 40%，而男性是 9%。这个世界对女性来说是一个更加危险的地方。

女性与恐惧情绪有一种特殊的关系。几千年来，男性既是保护者又是侵略者，而女性始终要保持警惕。我们在雌性灵长类近亲身上也发现了这种现象。女性会照顾孩子，围成一圈吃东西，以便能全方位地观察任何可能逼近的危险。几千年来，对威胁和危险的高度意识对女性的生存至关重要，这一本能延续至今。比如，女性往往先需要一种安全感，然后才能产生性欲。美国知名演员兼制片人比利·克里斯特尔（Billy Crystal）曾说："女人需要一个做爱的理由，男人只需要一个地方。”这虽是个玩笑，但足以说明恐惧与女性的关系。对女性来说，人身安全和情绪安全密不可分。

所有这一切都说明，影响力以及谁在关系中拥有影响力，并不是凭空出现的结果。伴侣双方发生冲突时，会呈现出来自进化、历史和文化的压力，尤其是当涉及施加影响和接受影响的能力时，更是如此。从某种角度来看，女性的价值评判向来只是基于她们的身体形象以及试图满足审美标准的努力程度。这种信念根植于女性的骨子里，她们能感觉到，即使不知道它的确切来源，她们也深知这一点，因为它渗透在我们的文化中。这就是为什么我们会特别要求男性反思他们接受伴侣影响的能力。也因此，约翰在研讨会上做了关于接受影响以及为何接受影响至关重要的演讲。所有这些枷锁仍然对人类的关系产生着重要影响。

朱莉在临床治疗时发现，她经常要面对来自异性恋伴侣们的挑战。异性恋男性习惯拥有权力，他们要么一辈子都拥有权力，要么一直争强好胜，努力奋斗以获得一定程度的影响力和权力，一旦获得就不想失去。因此，他们对自己的男子气概往往没有十足的把握。对此，我们做的一件事就是，帮他们探索男子气概对他们意味着什么，即他们要明确主宰者和保护者之间的区别。

在我们的文化中，很多男性会把这两件事混为一谈。但保护者的真正含义是什么呢？

Fight Right
冲突箴言

当一个男性和一个他爱的女性在一起时，他要做的就是保护她的人性。

保护女性的人性意味着什么？在这种文化下，如何保护女性的人性？实际上，男性并不知道女性的人性的核心是什么，因此他们需要问她们：你有什么梦想？你想成为什么样的人？我该如何保护你实现你的梦想？你面临的障碍是什么？我如何帮助你排除障碍？

我们接受过很多家电视和广播的采访。主持人往往明显偏向于约翰的权威，而对朱莉的专业能力不屑一顾。在某个节目中，主持人问了我们一个关于临床工作的问题。朱莉作了回答，但主持人对此毫无反应，好像朱莉什么都没说一样，然后支持人转向约翰说："戈特曼博士，你怎么看？"而且，我们俩都是博士，主持人却只这样称呼约翰。

约翰后来回答说："我想朱莉已经回答了你的问题。"约翰显然就是朱莉的保护者，他保护的是她作为权威受到尊重的权利。

实际上，约翰这样做，即成为女性的保护者，有时与我们在文化上对男子气概根深蒂固的观念是背道而驰的。比如，朱莉想回学校获得学位，作为她的保护者，约翰就要承担更多照顾孩子的责任。他将成为一个照料者，协调满足孩子们的需要，还要负责给他们梳头和做午餐。我们曾问那些因角色分工而感到困扰的伴侣:"做这些事情会更像个男人还是像个女人？"常见的回答是"像个女人"，因为根据传统观念，这种照顾他人的事情都是女性来做的。我们说他同样"像个男人"，因为他在保护她作为一个人实现自我的权利，他这样做是非常有力量的。当我们的女儿莫莉亚 8 岁时，约翰再一次用行动证明，他是朱莉英勇的保护者。他做了什么？他学会了编辫子。

我们刚结婚的时候，朱莉梦想带一群女性去攀登珠穆朗玛峰的大本营并向更高的地方攀登。约翰是个标准的"宅男"，他很担心朱莉的安全，但他明白这个梦想对她有多重要，他支持她去。但这也意味着他要独自照顾莫莉亚。约翰第一次学会了如何把莫莉亚又长又硬的卷发编在一起。这是一项艰巨的任务，但他编得很好，也很有耐心。他每天早上都为莫莉亚编辫子，连续编了 28 天。

还有一个例子，也和莫莉亚有关。她现在长大结婚了，最近生了孩子。她选择用母乳喂养，任何有母乳喂养经历的人都知道，这是一项艰巨的任务。她需要充分的休息来分泌婴儿所需的母乳，所以她的丈夫负责夜里带孩子，他每天夜里起来好几次，从冰箱里取出新鲜的母乳给孩子喂奶，好让莫莉亚睡觉。从孩子出生的头几周起，莫莉亚的丈夫每晚都这样，如果换作莫莉亚，那会很辛苦，她就没办法得到足够的休息，也就没有足够的奶水。当莫莉亚对丈夫说"我想多休息，你来起夜喂奶"时，他接受了她的影响；他改变了对自己父亲角色的固有期望，在情绪和生理上为莫莉亚提供了保护。

事实上，抵制来自文化和系统的压力是很有挑战性的。对不同性别根深蒂固的角色期待是压力的一种表现形式，尤其是对当今社会中的男性来说，接受他人的影响是非常困难的。但其实无论男女，每个人都可能会感受到自己难以接受他人的影响。但具有讽刺意味的是，拒绝接受他人影响恰恰是一个人放弃自己影响他人的主要方式。

一个忠告是，不要当一块石头！这一条对所有人都适用。当你不能被伴侣感动或影响时，你就失去了在彼此关系中的所有力量。如果你总是对伴侣的需求或提议说不，你就会成为彼此关系中的障碍。这样一来，你们之间不会产生新的信息，彼此没有联结，也没有合作的出路，对方会想办法躲你。打个比方，如果你正在一条小路上徒步旅行，突然发现小路中间有一块大石头，你会怎么做？难道你和它讲道理，说服它让路吗？你当然不会，你会想办法绕过它。当你因为不想放弃权力或掌控力而拒绝接受伴侣的影响时，你就变成了彼此关系之路上的一块石头，这时，伴侣就会饶过你。最终，你将会变得无能为力，因为你丧失了自己的影响力。

在一段关系中变得强大的唯一方法是接受影响。只有当一个人真正地给予并索取时，这个人才拥有真正的力量。这意味着你要在意和尊重对方，包括对方的情绪、需求和梦想；你愿意从对方的角度看问题，愿意在某些方面灵活地适应对方的需求和梦想。这在很大程度上也会反映出，对方是否会倾听你的观点，并愿意灵活地满足你的需求和梦想。

你有多容易接受伴侣的影响呢？根据自己的实际情况回答以下问题：“是”还是“否”？

- 我很想知道伴侣对某件事的看法。
- 我会带着好奇心倾听伴侣的观点并提出问题。
- 我认为伴侣懂得很多基本常识。
- 即使我们意见不同，我也能从伴侣身上学到一些东西。
- 我愿意尝试伴侣的做事方式。
- 我希望伴侣感到有影响力和受到尊重。

练习

戈特曼荒岛求生游戏

如果你想进一步探索关于伴侣之间的影响力，你可以和伴侣一起试试本练习。本练习可以启发你们解决一些关于影响力的常见问题，帮你们更好地意识到彼此在什么情况下倾向于抵制对方的影响并固执己见。我们把本练习称为“戈特曼荒岛求生游戏”。游戏的基本规则很简单：假设你们被困在一个岛上，现在你们需要一起选出必不可缺的几件求生物品。我们提供了一个清单，你和伴侣必须一致选出 10 件。在练习中，你们可能很快会发现自己对伴侣变得挑剔，或逐渐表现出霸道的态度，比如对对方说“我来回答这个问题”、“我来解决这个问题”或“你说得毫无道理”。此时，请想一想，当你们真正发生冲突时，你们也会这样吗？如果答案是肯定的，那你们可以把本练习作为“影响力练习”。

本练习提供了一个低风险的假想场景，可以测试你们的开放程度以及是否容易接受影响。请给伴侣更多的空间和自由来做决定，并试着听取对方的意见。你可以问：“你觉得怎么样？”当你不同意对方的选择时，请保持尊重，体会一下那是什么样的感觉，看看这是否会改变对方回应你的方式。你们还可以用本练习来探索各自在接受影响方面的内在动力，探索出属于你们俩的合气道模式。

想象一下，你们乘坐的游轮在加勒比海沉没了，当你们醒来时，发现自己身处一个荒岛上。场景如下：

- 你们俩是唯二的幸存者。
- 你们中的一个人受伤了。
- 你们不知道自己身在何处。
- 你们认为有人可能知道游轮遇险了，但对此并不确定。
- 一场风暴似乎即将来临。
- 你们需要在岛上生存一段时间，这也是为了确保能被救援队发现。
- 海滩边留有一些用得上的物品，但你们只能带 10 件。

你们的任务分为以下 3 个步骤：

第一步

各自从下列物品清单中圈出自认为最重要的 10 件物品，然后根据它们的重要性进行排序。给最重要的选项编号“1”，次要的编号“2”，以此类推。注意，答案没有正误之分。

_____2 套衣服
_____1 台收音机
_____约 40 升水
_____1 套锅具
_____1 盒火柴
_____1 把铲子
_____1 个背包
_____1 卷卫生纸
_____2 个帐篷
_____2 个睡袋
_____1 把刀
_____1 个带帆的小救生筏
_____1 瓶防晒霜
_____1 套炊具和灯笼
_____1 条长绳
_____2 台对讲机发射 / 接收装置
_____能维持 7 天的冷冻干食
_____1 套可换洗的衣服
_____1/5 瓶威士忌
_____一些信号弹
_____1 个指南针
_____1 张区域航空地图
_____带有 6 发子弹的枪支
_____50 包安全套
_____1 个装有青霉素的急救箱
_____1 个氧气罐

第二步

与伴侣分享你的清单。你们俩一起再共同选出 10 件物品，作为一个团队一起谈论并解决问题。注意，你们俩在讨论过程中和最终做决定时都要发挥影响力。

1. ____	6. ____
2. ____	7. ____
3. ____	8. ____
4. ____	9. ____
5. ____	10. ____

第三步

在练习完成后，对练习的过程进行评估，然后一起回答下面的问题：

1. 你认为你对伴侣的影响如何？
2. 伴侣对你的影响如何？
3. 你们中有谁试图支配对方，或你们彼此有竞争吗？
4. 你沮丧或退缩了吗？
5. 你的伴侣沮丧或退缩了吗？
6. 你们玩得开心吗？
7. 你们作为一个团队合作得好吗？
8. 你觉得有多烦躁或多愤怒？
9. 你的伴侣有多烦躁或多愤怒？
10. 你们俩都感到被彼此包容了吗？

在练习过程中，如果你很难接受伴侣的影响，也很难感受到乐趣，那请你和伴侣谈谈在冲突和生活中可能出现的关于权力分享的困难。如果你们中的一方或双方能承认这是一个挑战，并愿为此承担责任，那这对你们来说就是一个重大突破。如果你发现自己感到防御、固执，或者不愿意和伴侣分享决策权，那请你问问自己：如果让伴侣对我有更多影响力，我会失去什么？我又能得到什么？

接受影响，才能双赢

在写本书的时候，我们进行了一次期待已久的旅行，从挪威的北端，再到北极圈的高处。那里冷得惊人，也美得惊人。约翰喜欢待在舒适的船舱里，透过舱门一边欣赏裸露的岩石和冰，一边用笛子吹着爱尔兰曲调。朱莉则和往常一样，更喜欢出去观赏美丽的自然景观。她每天在冰上划皮艇或徒步旅行，但她很想念约翰。有一天，我们开始一起徒步远足。

当我们准备开始陆地徒步旅行时，我们看到了一群皮划艇运动员。他们是双人组队划桨，一个人坐在前面负责向前推进，另一个人坐在后面控制转向。我们之前划过很多次皮划艇，知道双人皮划艇需要相当多的合作和善意，就像一场精彩的争吵。我们注意到离海岸最近的皮划艇上有一对夫妻，他们争论得很激烈。

妻子：你得划快点！我在拼命划的时候，你不能像个傻瓜一样坐在那儿！

丈夫：我也在划，我在努力转向避开那些冰。这可不容易。要不你试试！

妻子：我正忙着为我们俩划桨呢！

丈夫：你一点儿也不相信我！继续划吧，冷静点儿！

接着，他们消失在一块露出地面的岩石后，但还在争吵，他们的谈话充满了批评和贬斥。

我们曾经在一个多岩石的海岸线拐角处徒步旅行过，所以可以预料他们遇到了什么事：他们的双人皮划艇被岩石和冰困住了。

妻子：我划不出去，用你的桨划过去。

丈夫：那不行！那样我们只会陷得更深。

妻子：可以，你试试吧。是你把我们困在这里的。就听我一次。

丈夫：是谁把我们带到这该死的冰山上的？不是我！现在抓住那块石头用力拉，我们必须走那条路。

妻子：你想把皮划艇弄坏吗？真是个糟糕的主意。

最后，皮划艇领队不得不召集全体船员一起划到这对夫妻被困住的地方，一起把他俩的皮划艇从冰上拉出来。结果很好，没有人受伤。但那对夫妻面红耳赤，怒火中烧，几乎没有再说话。

值得注意的是，在他们的争吵中，他们的任何一个想法都可能是对的。比如，如果他们用两个桨一起推的话，就可以从一个方向出来；如果他们互相帮助，把自己拉向另一个方向，可能也管用。但他们没有选择任何一种，所以他们没能脱困。他们本可以用一方的方式做到，只需要更开放地接受彼此的影响即可。接受伴侣的影响，才能拥有影响力，合作收益也是如此，这不是零和游戏。如果两个人都想赢，那就只能陷入困境。

Fight Right
冲突箴言

只有接受影响，才能双赢。

现在，让我们回到文斯和珍妮身上。在我们离开的时候，他们还在为谁能在退休后实现梦想而争吵。他们的梦想截然相反，双方都觉得，一旦向对方屈服，就会失去自己最重要的核心信念。他们无法妥协，就像这对划皮划艇的夫妻一样，他们需要有人帮他们脱困。后来，我们向他们提供了一个练习——“寻找共同点”练习，我们也叫它“百吉饼法”。

“寻找共同点”练习旨在帮助有矛盾的伴侣找到方法，以实现真正的妥协，即双方都感觉良好的妥协。这种策略可以让伴侣双方更全面地了解争吵“事实”的方式，双方能深入各自的梦想、需求或目标的核心，且都能施加自己的影响力，但不需要放弃对他们来说是原则性的东西。最重要的是，这种策略能为伴侣双方提供足够的空间，让他们同时满足各自的梦想。

练习

“寻找共同点”练习

在前文中，我们一直建议你推迟说服对方，现在是需要说服对方的时候了。我们把“寻找共同点”练习也称为百吉饼法，是因为它看起来就像一个百吉饼，如图 7-2 所示。

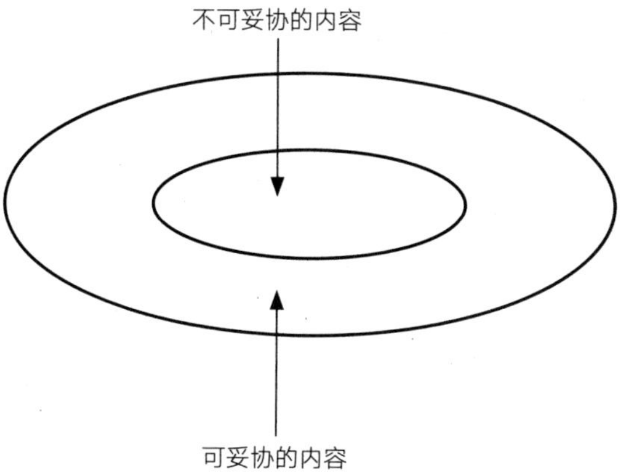

图 7-2　关于妥协的百吉饼

在纸上画出这张图，然后做以下两件事。首先，确定你的梦想或目标中不可妥协的内容，并写在内圈。百吉饼的内部是你不可妥协的梦想或自我认同需求，比如你想成为什么样的人，你想怎样过生活。为了拥有一段幸福、完整且成功的关系，你不能没有它，这是你绝对需要的。

接下来，在外圈写下与你的梦想或自我认同需求相关的可妥协的内容，它们通常是你如何实现梦想或满足需求的细节。也许一开始，你很难确定这些内容。很多人总想一直紧紧抓着自己的梦想或需求，认为一切都不能改变。为了打破你头脑中的重重阻碍，你可以尝试问自己以下问题，以此了解自己的真实想法：

- 什么时候出现的？
- 在哪里出现的？
- 出现多少次？
- 多久出现一次？
- 如何开始的？

- 应该持续多长时间？
- 中间发生了什么？
- 最后的结果是什么？

在此基础上，你可以和伴侣一起试着处理某个冲突。你们可以选择一个已经陷入僵局的可解决的冲突，也可以选择“冲突中的隐藏梦想”练习中的冲突。练习步骤如下：

- 准备两张纸，每人画一幅类似图 7-2 的图。
- 在内圈列出你认为不能让步、不可妥协的内容，即你的最小核心需求、信念和价值观。
- 在外圈列出你可以妥协的内容。
- 彼此交谈。
- 双方互相分享各自画的图。
- 问对方：为什么内圈的内容对你这么重要？

认真听对方的回答。需要的话可以记笔记，这样有助于集中注意力，以便你更好地了解对方提供的信息。

- 问对方：你可妥协的内容体现在哪些方面？具体是什么？

试着讨论一些可能的可妥协的内容，看看通过这些核心需求，能找到哪些新方向和新思路。试着回答以下问题：

- 我们在哪些方面意见一致？
- 我们有哪些共同的感受？
- 我们有哪些共同的目标？
- 我们如何实现这些目标？

最后，作出妥协。即使是部分的妥协或暂时的妥协，也没关系，你们可以先看看这种方法是否有效，然后再重新评估。把它们写下来：

- 同时满足我们俩的需求和梦想的妥协方案是：____________________

当文斯和珍妮开始这个练习时，他们已经被困了很长时间。珍妮为她在几十年的婚姻生活中被剥夺了选择权感到愤怒，她总是把文斯和孩子放在第一位。现在，65 岁的她终于决定要过自己想过的生活了。与此同时，文斯被珍妮的态度吓了一跳，他从来没见过她这样，他也不喜欢她这样。他的本能反应是掘壕固守，他担心会失去自己的“领地”。从前，文斯负责财务和决策，他承担着责任，他以为珍妮对此很乐意。他认为，珍妮从来没有对文斯这么多年来为家庭的付出表达过感谢。

珍妮则觉得文斯从来没有对她的付出表达过感谢。她为孩子们辛苦付出，文斯出海，一走就是好几周，她只能完全靠自己。为了把家庭放在第一位，她放弃了曾经的一些职业目标。这几十年来，她肩负着做计划以及考虑和照顾每个人需求的重担。

珍妮没有表达她对文斯的感激之情，文斯也没有表达他对珍妮的感激之情。他们都觉得对方的付出是理所当然的，且都觉得自己已经做得太多了。这是他们不能互相妥协的一个重要原因，即他们都有“我已经放弃了很多”的感觉。

他们是带着零和策略来接受治疗的。然而，当我们开始探索他们的冲突根源时，局面开始发生了变化。在“冲突中的隐藏梦想”练习中，他们第一次轮流访谈，互相谈论各自的梦想。他们知道了对方关于未来的愿景以及对各自的真正意义：文斯希望和珍妮一起去冒险，珍妮则希望和文斯住在一个有意义的地方，一个与过去和她的家庭有着深厚联结的地方。于是，当他们拿着空白的图坐下来练习时，他们其实能找到比以前更多的可妥协的内容。

在完成练习之后，各自的情况就一目了然了。珍妮不可妥协的内容：遵循家族传承，住在农场里。文斯不可妥协的内容：航海环游世界，体验自由和冒险。有趣的是，他们都发现了很多彼此相同的潜在的可妥协的内容，总结如下：

- 是否卖掉房子。
- 先实现谁的梦想。

- 一起去哪里。
- 梦想如何开始、如何结束。
- 梦想该持续多久。
- 会花多少钱以及要存多少钱。

通过这个练习，虽然文斯和珍妮用一个周末并没有解决所有的冲突，但他们发现了更多可妥协的内容。他们也意识到，彼此的冲突不是零和博弈，不必放弃自己的梦想去迁就对方。对他们来说，如果他们都愿意再寻找可妥协的内容，彼此的梦想之间还有很多空间。在研讨会结束之前，文斯和珍妮告诉我们，他们决定二者兼顾：先搬到农场，在那里生活；同时，文斯找一门帆船强化课程来学习，以提高自己的航行技能。之后，他们会买一艘船去航海。文斯说他并不想再花 30 多年在船上生活；珍妮则表示愿意离开艾奥瓦州的农场几个月，比如在隆冬时节，这听起来是很不错的主意。他们还不确定是卖掉房子还是租出去，也不确定第一次航海旅行去哪里、会持续多久。也许，他们会先进行一些短途航海旅行，然后再进行一次长途航海旅行。细节仍然待定，但这么长时间以来，他们第一次都对未来感到兴奋。

以下是两个案例，你从中可以看出伴侣双方在使用这个方法时的内部工作原理及过程。

案例 1：教育子女的分歧

安德列斯是一所创新私立学校的老师，他想让即将上六年级的儿子在他任教的中学上学。学费相当高，但因为他是学校的老师，所以费用可以得到减免。他自己小时候上的是私立学校，他也希望儿子能上私立学校接受精英教育。此外，他真的很期待儿子能成为他的学生，他们可以每天一起开车去学校。他的妻子莫伊拉不太同意。莫伊拉上的是公立学校，她觉得支持公立学校是作为社会公益很重要的一部分。而且，她对高昂的学费、私立学校所代表的财富和特权也感到不满。她想让儿子留在当地的公立学校，而且那所学校离他们家不远，儿子可以走路上学。为了解决这个冲突，他们俩坐下来做了一次“寻找共同点”练习。

安德列斯不可妥协的内容：让儿子成为自己的学生；在这所创新学校，我在课程研发中倾注了我的创造力和技能，我希望儿子可以从中获益。莫伊拉不可妥协的内容：与当地社区保持联系并参与其中；支持公共教育。双方可妥协的内容：安德列斯对儿子的校外生活安排很灵活；莫伊拉意识到，如果儿子能继续参与当地社区的其他活动，那她可以接受儿子去安德列斯任教的学校。他们还把“考虑儿子想做的事”等作为可妥协的内容。

双方的妥协方案：他们和儿子谈了谈，列出了解决方案。儿子很纠结，但最终还是表达出自己最想和安德列斯一起去学校的想法。他同意莫伊拉关于与他的朋友和邻居社区保持联系的建议，所以他们报名参加了附近的足球俱乐部。一年后，他们会看看事情进展如何，看看每个人是否都满意。

案例 2：文化差异

爱丽丝住在日内瓦，艾肯住在尼日利亚。爱丽丝是白人，艾肯是黑人。他们是在一次工作会议上认识的。当时艾肯飞到日内瓦参加一次会议，爱丽丝坐在他旁边，他们互相认识之后，一拍即合，然后开始约会。起初，他们的交往轻松而随意，艾肯在日内瓦的时候会给爱丽丝打电话，他们很快就相爱了，并开始讨论一起住在哪里。

这时，问题立刻出现了。爱丽丝一直期待艾肯搬到日内瓦，而艾肯以为爱丽丝会搬去拉各斯，而且他们都有孩子。艾肯在拉各斯有两个年幼的孩子，还有一个依靠他的大家庭。在他成长的文化中，成年子女需要照顾父母。他一直坚定地以为爱丽丝会搬过来，因为她只有一个孩子，而他有两个。但实际上，爱丽丝的孩子患有孤独症，需要特殊照顾。在多番调研之后，她在拉各斯没能找到一所能为孩子提供支持的学校。

如果爱丽丝搬到拉各斯，就无法满足孩子的需求；如果艾肯搬到日内瓦，他就不能再照顾父母了。他们开始互相抱怨，无法理解为什么对方不能搬到自己所住的城市来。他们的争吵越来越激烈频繁，持续不断。每个人心里因固执和自私引起的不满逐渐渗透到了生活的方方面面，如同乌云一样笼罩在彼此的关系中，这让他们看不到希望。后来，他们来接受治疗。

在治疗中，我们讨论了他们冲突中的隐藏梦想，并深入探索了他们各自的核心需求，让他们在真正深刻的层面上相互理解。艾肯很快带着同情心理解了爱丽丝对她唯一的孩子的爱和承诺；爱丽丝也终于明白，她无法让艾肯脱离日内瓦良好的教育环境。如果不能给孩子尽可能好的教育资源，作为母亲，爱丽丝会感到内疚。艾肯不再像以前那样觉得爱丽丝“选择了她的孩子而不是他”，而爱丽丝也理解了艾肯对父母和祖先的孝敬和重视，他曾在一个人际关系紧密的小村庄长大，作为长子，他需要一直陪在父母身边。对艾肯来说，跨越千山万水去另一个地方生活，意味着对自身信念和价值观的背叛。

他们开始触及彼此的内心深处。那里蕴藏着人类最深刻的情感和动力，他们在那里发现了生活的意义。这对伴侣走了很长一段路才走到这一步，差点儿就分手了。也许当他们互相理解的时候，尽管彼此相爱，他们仍然会认定这段关系无法继续。也许这样的结果并不算糟糕。但他们决定带着对对方的深切同情，共同致力于解决这个冲突。为什么不尝试一些非传统的方式呢？他们的工作都需要经常出差，而且有很大的灵活性，他们完全可以利用这一点。他们明确了各自不可妥协的内容，艾肯不可妥协的内容是遵循文化传统，陪伴父母；

爱丽丝不可妥协的内容是尽可能给孩子最好的教育。

最终，他们决定先让爱丽丝和她的孩子在拉各斯住半年，请一位家庭教师给她的孩子提供稳定的教育；接下来半年，他们会分居两地，艾肯会去日内瓦出差旅行，就像他们约会时那样。这种非传统的方式并不适用于所有伴侣，但艾肯和爱丽丝都非常独立，对他们来说，这段关系值得他们绞尽脑汁地作出一番规划。最后，他们结婚了。他们还举行了两场婚礼，一场在拉各斯，一场在日内瓦。

你们到了必须分开的地步吗

“寻找共同点”练习其实就是针对接受影响和达成妥协的一种练习。通过这种练习，你会发现自己的梦想是什么、核心需求是什么，不是自己一直想象的所有可能性或逻辑推断，而是要感觉自己是完整的，要做自己，要真实地生活。然后，你便可以试着灵活地应对与伴侣之间的冲突。也许你会开始允许伴侣的需求、梦想和目标对你产生方方面面的影响，你们共同的梦想也将徐徐展开。

伴侣双方通常可以在这个过程中有所收获，绝大多数人都能打破僵局、继续前进。但是，当一方的梦想是对方的噩梦时，双方可能不得不分开。当一方把自己的梦想浓缩到最基本的核心范围后，发现它仍然与对方的梦想相悖，当任何方式都无法同时满足两个人的梦想时，双方确实会感到无能为力。例如，当一方的梦想是生孩子，而对方的梦想是不生孩子，那双方确实没有妥协的可能。这并不是说双方太死板，而是各自的梦想是自己真实的、灵魂的需要。此时，双方可能会选择分手，不过双方都知道，彼此都没有错。

如果你仔细阅读前文列出的冲突解决蓝图，从双方一起探讨、真正地倾听和认可，到探索冲突中的隐藏梦想，再到互相妥协的练习，你也许会感觉难以置信，又或感到巨大的痛苦和丧失感，你也许会被迫问自己：我有多爱这个人？爱意味着什么？有时，爱意味着作出牺牲。这些妥协不应该让你感到丧失自我，但妥协并不是一件容易的事。你爱你的伴侣，你愿意为伴侣减少工作量吗？比如放弃或推迟工作，或者放弃晋升的机会以支持伴侣去进修吗？你足够爱你的伴侣吗？你愿意为了满足伴侣的梦想而远离自己的家人吗？伴侣会为你做同样的事情吗？

与另一个人共度余生，就意味着一辈子大大小小的牺牲和收获、争取和舍弃，有时需要承担更多责任，有时则需要为了共同的利益放弃一些东西。通常，当伴侣双方一路过关斩将走到互相妥协的阶段时，他们会学到宝贵的一课，那就是无论双方作出什么样的牺牲，都是值得的，得到的比失去的要多得多。这时，他们可以心平气和地放弃他们曾经想紧紧抓住的东西，因为回首过去，他们发现自己所拥有的珍贵的东西已经很多了。

但有时，伴侣双方需要经历这个过程才能意识到，他们早已经对期待中的生活有了不同的理解。他们的梦想互不相容，需要作出的牺牲实在太大了。在这种情况下，正确的选择是向前看，这样双方都有机会发展一段新的关系并重新开始，他们的梦想也将有机会得到尊重和满足。**在关系中，即使是长久的关系，“成功”也未必代表“永远”。**这时，伴侣双方需要互相尊重，并尊重彼此的关系，同时也需要意识到彼此必须分道扬镳。

不要零和博弈，要纳什均衡

本章开篇讨论了零和博弈对争吵的影响，它会导致伴侣双方困在争输赢的心态中，让妥协变得非常困难。过去关于博弈论的研究，尤其是关于它在政治和经济中发挥的作用的研究普遍认为，冲突中的任何谈判都是零和的，即一方的胜利总是意味着对方的失败。但在20世纪50年代，数学家约翰·纳什（John Nash）提出了一种新的模型，即游戏中会出现一个稳定点，双方玩家都无法做得更好。[10]这是一个数学模型，但它在某种意义上可以应用到伴侣关系中。也就是说，在冲突中存在一个双赢的点，伴侣双方都妥协但都对结果感到满意，因为他们无论如何都无法做得更好。

另外要记住一点，在伴侣关系中，双方不是对手。成功的伴侣不会想“什么对我是最好的”，而会想“什么对我们最好”。尽管他们可能观点相左，但他们在冲突中会始终把彼此的最大利益放在心上。这种互相信任可以让双方拥有真正的妥协能力。

Fight Right
冲突箴言

在爱的舞台上，目标不是要赢，而是通过为彼此考虑以达到纳什均衡，这是成功伴侣所具备的核心品质之一。

无论伴侣双方是在讨论晚上谁洗碗，怎么花自己的血汗钱，还是讨论要不要搬家，是搬到艾奥瓦州的农场还是去环球航行，这种讨论都是在双方互相信任的基础上以非常不同的方式展开的。伴侣双方的内心深处可能会浮现出很多问题，比如“我真的相信你在考虑怎样对你有好处的同时，也会考虑怎样对我有好处吗？”“我能相信你会考虑我的观点并给予同等的重视吗？”“我能相信你会根据情况随时调整立场吗？”“我能相信你会关心我的目标和梦想并努力实现它们吗？”，等等。如果你和伴侣对这些问题的答案是肯定的，那你们就可以灵活处理，找到一个对你们俩来说都最佳的稳定点，达成妥协。

如果双方之间没有信任和承诺，那这些策略都不会奏效。所以，对于对彼此信任度降低的伴侣来说，应该先从建立信任开始。通常，有两大迹象表明伴侣双方对彼此的信任度降低。

- 向他人抱怨伴侣，而不是和伴侣谈论重要的问题。

- 总觉得自己拥有的很少，缺少的很多。

彼此信任度低的伴侣总是环顾四周，想着“我可以做得更好”。如果他们被问到“你爱你的伴侣吗？”，他们会说“爱”。他们确实爱伴侣，但没有真正的承诺和行动，他们不会为彼此着想，心里没有“我们”。这也是他们争吵的根源和前来接受治疗的潜在原因。

对于这种伴侣，我们会给出这样的反馈——向某人做出承诺是件可怕的事情。人们经常会因为冲动而进入一段关系；有时，在真正了解对方之前，人们会对对方做出承诺。当然，随着时间的推移，每个人都会改变和成长。人们会发现，和自己结婚 5 年、10 年、20 年甚至 40 年的人，已经和从前不一样了。人们会逐渐地或在冲突中发现伴侣身上令人惊讶的事情。生活环境给每个人带来了巨大的压力，没有人是完美的，人人都有缺点。

Fight Right
冲突箴言

真正的承诺意味着，知道伴侣并不完美，但深信没有人可以取代他。

好在伴侣双方可以随时尝试重建信任和承诺。我们在本书中谈论的一切都是为了帮助伴侣双方建立信任，包括靠近、温和的开场白、倾听、认可、同情、在发生冲突时和冲突之后提出开放式问题、探索梦想等，所有这些都有助于双方逐渐建立信任和承诺。此外，伴侣双方为彼此考虑的心态，也是一种合作获益的心态。这是一个积极的反馈循环，双方越多地练习这些策略，彼此建立的信任就越多，彼此就越信任，这些策略也就越容易实践。

08

第五种　带伤上阵：没有处理好“心结”

威廉·福克纳（William Faulkner）曾写道：“过去的永远不会消失。它甚至还没有过去。”

在新冠疫情的第一年，莫莉和赛琳娜觉得一切还好。她们和两个女儿都被封控在家，只能在家办公，每周轮流去一次杂货店，两个女儿一个5岁，一个7岁。她们与曾经交往密切的家庭没有面对面的接触，两个女儿也不能像从前那样和对方的孩子一起玩耍、到对方家里过夜。前几个月，她们和两个女儿都熬过去了。但在新冠疫情持续的压力之下，她们的关系似乎正在破裂。每周7天、每天24小时亲密地待在一起，让她们几乎没有喘息和隐私的空间。她们的一些朋友以及相识多年的伴侣都发现，自己在这段时间里好像不怎么喜欢对方了。莫莉和赛琳娜却为此感到庆幸：嘿，看看我们，我们仍然喜欢彼此，很喜欢！我们真是太棒了！但后来有一天，她们吵了一架，而且吵得非常凶。

那天上午，需要有个人暂停工作帮助两个女儿上远程课程。上远程课程很有挑战性，女儿们都还太小，没有自主性，甚至无法在计算机屏幕前坐 10 分钟，除非有人坐在她们身边，督促她们专心听讲，并给她们解释屏幕上的内容。

莫莉是一名自由平面艺术家，她的工作比赛琳娜更灵活。赛琳娜是一家国际非营利组织的经理，现在正在和一家激进组织合作，她需要在办公桌前进行线上会谈。但莫莉一直在熬夜加班，很疲惫。那天上午，莫莉告诉赛琳娜，她需要在上午完成自己的工作。

莫莉：你能推迟一些会议吗？我真的需要赶时间，大多数时候都是我在带女儿们做学校留的作业。

赛琳娜：这么晚才通知我，恐怕不行。再说了，你晚一点儿再做不行吗？我觉得平面艺术没什么紧急的工作。（说完走进卧室，也是她的办公室，关上了门）

莫莉跟着进了卧室，争吵开始了。为了不让女儿们听到，她们压低了声音。赛琳娜关掉了视频会议的摄像头和麦克风，此时，参会者正纷纷进入视频会议等候室。莫莉说赛琳娜在歧视她的工作，虽然她的工作不像国际救援那样紧急，但对她来说仍然很重要。赛琳娜则说莫莉像个小孩一样，在她会议中途冲进她的办公室。接着，双方开始互相指责。

莫莉：你太自私了。

赛琳娜：你太不公平了。

莫莉：你从来没有想过我的工作和你的一样重要。

赛琳娜：别说傻话！

莫莉（沮丧地流着泪，厉声道）：如果她们是你亲生的，也许你会更在意她们的作业。

（她们沉默了很长时间）

赛琳娜：我真不敢相信你会这么说。我和你一样，都是她们的母亲。

莫莉：我知道，我不是那个意思……

赛琳娜：我得开始开会了，请你离开。

那天晚上，莫莉为她说过的话向赛琳娜道了歉，但她仍然为赛琳娜对她工作不屑一顾的态度而烦恼。赛琳娜也向莫莉道了歉，并建议制订一个更明确的时间表，来明确谁陪伴女儿们上远程课程。但当莫莉说她不是孩子们的亲生母亲时，赛琳娜仍然感受到了深深的伤害。

从表面上看，她们之间的冲突得到了解决。她们确实制订了一个时间表，给莫莉留出了更多的工作时间。但在那之后，她们就因为那天对彼此说的话隔三岔五地吵架。两人都忍不住翻旧账，争论谁挑起的争吵，谁更受委屈，谁说了什么。在一次深夜的争吵中，她们有了如下对话。

赛琳娜（哭着）：你说我是一个糟糕的母亲。

莫莉（喊道）：我没有！我可没这么说！

赛琳娜：你总是让我觉得我不是一个真正的母亲。你是她们的亲生母亲，我只是个陪衬。那天你说得很清楚。

莫莉：我怎么会？我只是在寻求帮助。你不能鱼和熊掌都想要，赛琳娜，你把更多的育儿责任放在我身上，然后又抱怨你不是真正的母亲。你想让我做什么？

赛琳娜：首先，你别每次想要为所欲为的时候，就把我不孕症的事扯出来。

莫莉：你在说什么？

赛琳娜：你知道你说了什么！她们不是我亲生的，所以我并不在乎，对吧？

莫莉：哦，天哪，你知道吗？我并不想一直由我来照看她们，你也应该多和她们待在一起，这样你就能和她们更亲近了。要不我回去全职上班，你待在家里试试？你和女儿们在家里连一天都撑不下去。

莫莉和赛琳娜陷入了困境，她们似乎无法停止关于争吵的争吵。

她们接下来将如何？她们彼此相爱，忠于家庭。但出口伤人的话，她们还在一遍一遍地说。如果她们不能在避免更大伤害的情况下解决这个问题，她们真的会在困境中越陷越深。她们的情况并不是个例，很常见。在我们的国际研究中，77%～84%的伴侣表示，他们在争吵后无法修复彼此的关系。[1] 所以，很多伴侣就像莫莉和赛琳娜一样，他们会想，为什么我们就不能向前看呢？而事实上，这正是问题所在。

不要太快道歉

前文已经谈了很多关于冲突的好处，如摩擦点可以帮伴侣双方更好地互相理解，更好地联结并变得亲密。但无论我们多么想正确地争吵，都难免会互相伤害。

我们真心希望伴侣双方能理解这种冲突是正常的、不可避免的，而且往往是生活和爱的积极的一部分。但现实是，双方的冲突也可能很激烈，甚至成为创伤。冲突是混乱的，人也是混乱的。每个人都背负着自己沉重的成见，这些成见通常来自生活、童年或过去的关系。我们会被激发出强烈的情绪，这些情绪仿佛会揪住了我们的喉咙，揪住了我们的心，揪住了我们的五脏六腑。当被情绪淹没的时候，我们无处可逃。我们常常不知道自己想要什么或需要什么，不能清楚地表达自己，会误解彼此，言不由衷，甚至说最难听的话。我们可以尽力地描绘一个理想的冲突解决蓝图，但有时难免感到迷茫。双方可能会向彼此射出一连串尖锐的语言之箭，其中一些会击中对方的心。

伴侣双方都有感到后悔的时候，在冲突后可能都会感到愤怒、怨恨、深深受伤，甚至被背叛。这些感受会发生在每个人身上，包括爱情大师。但错误的做法在于，不处理争吵。我们往往还没有学会处理事情，所以选择不处理。但在道歉时，我们又太快了，即还没弄明白为何道歉就去道歉。我们也可能试图把冲突掩盖起来，因为争吵的感觉实在太糟糕了。我们仍然很难过，但不会说出口。又或我们确实谈论过争吵这件事，但又开始了新的争吵，接着又陷入全面升级的冲突中。本来是一件令双方后悔的事情，现在变成了两件甚至很多件。

随着时间的推移，未经处理的争吵会导致伴侣之间发生更多的冲突，从而使双方减少联结并回避彼此的亲密关系。双方不再亲密，而是筑起高墙，躲在后面，因为受伤后要保护自己。在爱情实验室，伴侣双方可以挨着坐在沙发上，但在情感层面，两个人之间隔着巨大的鸿沟。

Fight Right
冲突箴言

糟糕的争吵带来的情感创伤不会自愈，如果不设法修复，伤口会一直存在，争吵引发的消极情绪也会持续下去。

随着时间的推移，争吵就像具有腐蚀性的化学物质一样，开始腐蚀伴侣之间积极的联结。当双方带着未愈合的伤口，有时还带着插在心口上的箭四处走动时，彼此很难保持联结和亲密。当令人后悔的事情发生时，双方必须设法处理和疗愈，否则双方将带着痛苦一同生活。

蔡加尼克效应：“未完成的事”杀伤力最大

20 世纪 20 年代，在当时颇有影响力的心理学家布鲁马·蔡加尼克（Bluma Zeigarnik）刚大学毕业，正在柏林大学攻读心理学博士学位，并正在撰写一篇关于记忆的论文。她的一位教员提到了他在当地一家餐厅注意到的事情。这家餐厅的服务员从来不会写下客人点的菜单，却能准确地记住，甚至是有很多客人的大餐桌点的菜单，他们也不会写下来。这位教员观察到，为他点餐的服务员的记忆力非常敏锐，能记得哪一桌的菜单还没交给厨师，但一旦把菜单交给厨师，服务员就记不住菜单的细节了。看起来，“未完成的菜单”在服务员的脑海里比已经完成的菜单留下了更深刻的印象。

蔡加尼克决定在实验室环境中验证这个观点。她在实验中招募了 164 名被试，包括学生、教师和儿童，她把他们一个接一个地带进来，然后给他们一个简单指令，要求他们尽快且尽可能准确地完成任务。每个被试都要按自己的方式完成约 20 个小任务，比如组装一个运输盒子、解决一个谜题、制作一个小泥人或解一道数学方程。在他们做任务的过程中，研究助理会巧妙地打断他们，在大约进行到一半的时间时冲进实验室，坚持说一些诸如桌子摆得不太好的话等，让他们没法在规定时间内完成特定的任务，且不得不继续下一项任务。

之后，蔡加尼克问了每个被试如下问题：“你刚刚做的是什么任务？你喜欢哪几项任务？对于每一项任务，你还记得什么？”她发现，90% 的被试更能准确地回忆起被打断时的任务的细节，而不是他们顺利完成的任务的细节。[2] 也就是说，想要完成某件事的欲望、某件事是不完整的或未解决的感觉，会更容易且更生动地被留在人的记忆中，而完成某件事的行为会让事件本身渐渐被淡忘。

这个研究发现非常重要，后来的研究也提供了证据支持，它被称为“蔡加尼克效应”。这种效应对于争吵也有着重要的意义。有的争吵生动鲜活，就像昨天刚发生一样。另外，储存在长期记忆中的争吵通常包含创伤性事件，而创伤性记忆是非常强大的。当这些记忆被唤起时，那一刻所有感官体验到的感受会顷刻涌来，人会像时间旅行者一样回到那一刻，并且身体会做出相应的反应，皮质醇和肾上腺素开始分泌，人会体验到情绪淹没。对身体而言，最初的那场争吵又开始了。

当我们有尚未解决的令人痛苦的问题时，当我们有无法表达的感受时，当伤人的话说出口却没有得到回应时，我们对争吵的记忆会非常清晰。

Fight Right
冲突箴言

除非我们把事情处理完，尤其是情感方面的事，否则它会继续留在记忆中，并发生扭曲。

现代神经科学发现，记忆，甚至是生动的、感觉真实和不安的记忆，都是不可靠的。每次当我们回想时，记忆都会发生改变、会被“编辑”。我们记忆事情的方式会变得越来越偏向于自己。[3]这意味着当我们越多地重温和反思时，我们对事情的记忆就越可能会扭曲。我们会对记忆产生一种特定的感觉，而我们对事情的记忆会越来越符合这种感觉。当时的那场争吵双方都在场，本是一段共同的经历，但后来却有两种截然不同的记忆。

在发生争吵时，伴侣双方可能会对同样的事情产生不同的感受和看法。也许一方察觉到对方的语气带有蔑视和不耐烦，感到对方不愿意倾听自己，感觉自己被忽视了。但其实，对方正为工作上的事费脑筋，感到压力很大，所以才突然发脾气，看起来很不理智。这两种事实都是合理的，都发生了，只是双方的体验不同。

完美的感知并不存在，能看到真正发生了什么的上帝视角也不存在，我们无法审查谁对谁错。我们拥有的只是普通的感知，就像你有你感知事物的方式，你的伴侣也有自己感知事物的方式，再就是可塑的、不可靠的记忆。所以，当谈到所发生事情的事实时，其实并没有事实，只有每个人不同的经历。

大脑中的记忆似乎是没有时间性的。我们可能对某些经历记忆犹新，它们仿佛刚刚才发生过，这令人感到沮丧，尤其是那些感觉未完成或未解决的事情，更是如此。**我们在记忆和反思上花的时间越长，并不断地从长期记忆中将其翻出来并再次体验那些事情，那些记忆就越有可能发生扭曲并出现偏差。**

所以，如果你不和伴侣一起处理这些事情，尤其是情感上的事情，它们就不会消失，并且会恶化。你会记住当时的话语、感受，还有在你体内涌动的肾上腺素。你会极其关注所有的细枝末节。伴侣说过的每件重要的或不公平的事情，每一次蔑视的白眼，都会清晰地印在你的记忆中。这些清晰的、强烈的记忆并不是你想要留住的，它们对你的大脑、心脏、身体、人际关系、未来发展都有破坏性。一场未经处理的激烈争吵，就像鞋子中的碎石，你总不能一直穿着这样的鞋子，一瘸一拐地痛苦行走。你必须停下来，坐下来，把它们取出来。

如果你和伴侣过去发生了令人遗憾的事件，那你们的关系中可能会出现如下某些迹象，这时你们需要一起好好处理。

- 直接谈论事情本身会导致更多的冲突，就像莫莉和赛琳娜那样。当你们试图解决冲突时，却发现又开始了激烈的、升级的冲突，仿佛进入了一个灰色地带。
- 为争吵而争吵。你们忍不住要重新审视某次争吵，如谁说了什么、怎么说的、谁的错、谁说的“事情版本”才是对的，于是变成了一种为争吵而争吵的模式，继而引发更多争吵，最终变成一连串的冲突。
- 彻底回避某个话题，彼此的情感联结变少。也许是上次谈论这个问题时的感觉太糟糕了，你们再也不想尝试了。你们把自己的感受藏在心里，且很可能开始互相疏远或变得疏离。通常，你们的性生活也会减少。
- 对于看似无关的事情发生更多争吵。你们在其他问题上的分歧可能会导致冲突迅速升级。你们对彼此更苛刻，因为你们内心被压抑的对过去事情的怨恨开始流露出来。
- 出现莫名其妙的反应。例如，你想让伴侣去杂货店买牛奶，但对方说：“我什么都不会为你做的！你对我太凶了！”像这类不寻常的、夸张的反应，会如同从地下奔涌而出的高温熔岩，侵蚀彼此的关系，这可能意味着过去的某些事情没有得到解决。

对于一场激烈的争吵，以上这些反应都是正常的、符合人性的，但它们对解决冲突没有任何帮助。那该怎么做呢？答案是处理过去的事情，也就是在不发生冲突的情况下，双方谈论发生了什么。这项特殊技能需要遵循特殊的步骤。

两种“事实”都正确

就像蔡加尼克遇到的服务员一样，你需要把菜点完、上完，把事情处理完，否则你始终会带着伤痛、怨恨、愤怒、背叛、困惑或更多复杂的感受。我们曾经在一次争吵中成功地处理了争吵。无论我们在爱情和冲突中犯了哪些错误，我们都希望能将其作为资源和素材投入爱情实验室的研究中，用来帮助他人。

事情是这样的。一天早上，我们正准备去上班，朱莉突然告诉约翰她前一天晚上做了一个噩梦。在梦里，约翰背叛了她。她真的很紧张，被那个梦弄得心烦意乱。她一边说“梦中的约翰”对她做了可怕的事情，一边打开浴室的门走了进去。

听到这话，约翰生气了，他走进浴室并厉声说道：“我不是你梦里的那个人，我做了什么让你想到了这些？我不会做那样的事情！”接着，他说了一些评判的话，抱怨朱莉总是指责他，说他什么事都做不好。“为什么你要说那些话？”说完，他怒气冲冲地走出浴室。

此时，朱莉正在一边淋浴一边哭泣。约翰暗指朱莉不应该提这件事，因为她的梦在表达约翰背叛了她。她把水关掉，披了一条毛巾就跑出去追他了。“你证明了我的梦是真的！”她喊道。

过了一会儿，等我们都平静下来，便开始坐下来谈论这件事。“你不明白吗？”朱莉说，“我是想告诉你，在梦里你只是我母亲的替身，她一直对我很糟糕，总是瞧不起我。这只是象征性的，与你无关。我以为你会理解的。”

我们讨论了争吵的整个过程：为什么朱莉会这样提出这个问题，为什么约翰会有那样的反应。朱莉在童年时期留下的感受和记忆与当下争吵中的体验叠加在了一起。我们随时随地会有很多感受，但那也许没有意义。在潜意识里，我们会在环境中搜寻一些符合自己感受的事物或人，然后攻击对方。其实，这与眼前的人毫无关系。这一切是被触发的。这也是冲突开始和升级的重要原因。

每个人都是带着过去的成见步入成年、进入关系中的。而以往遭受的旧伤留下了伤疤，而伤疤下面是稚嫩的健康组织。伤疤比健康组织更脆弱，更容易被撕裂。有时，我们在冲突中会互揭伤疤，使旧伤再次被撕开，这是一种让人很受伤的感觉。我们互相猛烈抨击，声嘶力竭、暴跳如雷，彼此无法理解，就像在纯氧中燃起的火焰，越烧越烈，并发出嘶嘶声。

在讨论了我们自己的冲突之后，我们发现这很常见。那我们该如何帮助其他伴侣应对这样的时刻呢？后来，我们根据爱情实验室的数据并参考其他策略，最终研发了一个干预处理模型。

不同的人对争吵的记忆方式是不同的。至于争吵是如何发生的，每个人都有自己的“事实”。人会通过感知、情绪、假设、解释和推断来过滤一切。比如当伴侣一进门，脸上带着不安的表情时，你会想，她在生我的气。但其实她感到不安跟你一点儿关系都没有，也许只是因为她的邮件来晚了、猫在地板上撒尿了、她丢了钱包等。但当你试着和对方谈论这些事情时，你的假设就已经融入了彼此互动的语言中。比如，你可能会说：“你一进门就生我的气！”对方会说：“什么？不，我没有！你总是这样指责我！”所以，为了理解发生的事情并弥补其造成的伤害，我们必须首先理解伴侣看到、听到和感觉到的事实，尤其是当我们自己体验到不同的事实时。

我们期待这个精心设计的模型可以帮助伴侣双方不再周而复始地陷入争吵中。我们不希望让修复对话演变成争论，争论谁的事实更合理，谁更清楚地记得某场争吵。当伴侣双方一起应对时，要从双方共同的假设出发，即双方的事实都是合理的，每个主观事实都有它真实的部分。此时的目标不是就发生的一系列事实达成一致，而是了解对方的经历，这样彼此才能感同身受，并理解对方何以如此。

Fight Right
冲突箴言

当我们谈论发生的事情时，很重要的一点是使用“我”开头来谈论自己的感知和体验。

不要责怪对方，不要假设对方是故意的，也不要说对方做了什么或说了什么，而只描述自己认为发生了什么。要做到这一点，需要努力和练习。在说的时候，也要注意审查自己的语言。任何时候都可以改变自己的措辞，把自己看到、听到或感觉到的，而不是伴侣所做的或所说的表达出来。例如，与其说“你一进门就生我的气！”，不如说“你进门时，我看到你脸上的表情很生气。我想你可能在生我的气”。还可以试一试以下表达。

- 我想象的是……
- 我以为……
- 在我看来……
- 我看到……
- 我记得……
- 我听到你说……

可以用这种第一人称、自我描述的语言真实地描述自己的经历，不要指责或批评对方，也不要把自己对事情的看法强加给对方。这样，对方会更开放，更容易接受你的经历且更能感同身受。

当你们分享了彼此的经历，邀请彼此进入各自的主观事实，了解在各自的视角中事情是如何发生的时，双方需要互相认可。你们需要告诉彼此：“你说得有道理。如果你听到的是这个，那我就明白你为什么那样回答了。”你不必同意对方，你认可对方仅仅意味着你理解对方的一小部分经历。

触发点是引起双方争吵的导火索，因此一定要及时处理。通常，触发点的威力非常强大。双方需要回顾过去，搞清楚当下这场争吵揭示了哪些深层根源。伴侣双方需要反思，然后互相讨论争吵的哪些内容引发了各自强烈的情绪反应。在其他时刻，双方会有这种感觉吗？在这段关系之前，彼此曾有过被抛弃、被误解、被批评等感受吗？如果有，是发生在以前的恋爱关系中或童年时期，还是发生在学校？

另外，该如何真诚地道歉？人们总想立即道歉，这样彼此的关系就能立即好起来。但有时，当你立即道歉时，你甚至都不知道你道歉的原因——你还没有从伴侣那里听到发生了什么，你还没有机会表达你自己在争吵中的经历。要想承担责任，为自己在争吵中扮演的角色而真诚地向对方道歉，并修复对对方造成的伤害，你需要把道歉放在其他事情的后面。

Fight Right
冲突箴言

要先了解彼此的经历和彼此所受到的影响，明白道歉的真正意义，然后再道歉。

在讨论了伴侣如何在冲突后继续前进之后，下一个问题是，如何把冲突抛在脑后？为此，我们制订了一个流程，包含以下 5 个步骤。

- 第一，分享你的感受。不要说你为什么会有这种感受，也不要评论伴侣的感受，只描述你自己的感受。
- 第二，描述你的事实。和伴侣轮流进行，总结并至少确认伴侣的一部分事实。
- 第三，分享触发点。分享曾经触发你们产生冲突并导致冲突升级的记忆或经历。
- 第四，承担责任。承担自己在处理冲突中的责任。
- 第五，制订建设性计划。如何在下次做得更好，双方一起列出计划。

约翰和朱莉会怎么做

以上 5 个步骤在我们最糟糕的一次争论中发挥了很大作用。故事要从我们的女儿莫莉亚从大学打来的电话说起。莫莉亚已经上大二了，当时下半学期刚开始几周。大一那年她过得很艰难，她和男朋友分手，并失去了和男朋友有关的朋友圈，她感到孤独和沮丧，后来得了严重的链球菌咽喉炎。在放假回家的时候，她还在生病。后来，她的身体终于恢复了，并回到了学校，但我们都很担心她。

不过最近，她的情况似乎有所好转。她加入了一个烹饪俱乐部，在那里交了一群新朋友，他们看起来很友善，也很支持她。她喜欢到俱乐部上课。无论她什么时候打电话给我们，她听起来都很开心。我们终于松了一口气。作为父母，我们仍然很担心她，但我们对这一年充满希望。有一天下午，她打来电话，朱莉接了电话。

接下来，我们将提供对于同一事件的两种不同的叙述。先是朱莉的叙述，然后是约翰的。

朱莉的事实

朱莉一听电话，就能从莫莉亚的声音里听出来她病了。朱莉的脑子里亮起了小红灯，莫莉亚的身体一直不太好。

不过，莫莉亚听起来却很高兴。朱莉一直都很担心莫莉亚会一直很沮丧，然后再生病。听到莫莉亚现在很快乐，朱莉感到很高兴。但莫莉亚又得了链球菌咽喉炎。莫莉亚滔滔不绝地说她要在烹饪俱乐部学一道新的泰国菜，她还和新朋友聊天聊到深夜。朱莉忍住没有说任何听起来像是控制和霸道的话，她告诉自己，不要做“直升机父母”①，莫莉亚 19 岁了，她能照顾好自己。朱莉本想对莫莉亚说：“听起来你好像生病了，你应该放轻松。”但她说的是：“哇，听起来你玩得很开心，我真为你高兴。”当莫莉亚说要和学习小组成员一起熬夜到凌晨三四点时，朱莉快忍不住了。“你需要睡觉！”她心里在喊，但她告诉自己不要喊出来，她极力克制着。听莫莉亚说完，朱莉说：“我很高兴你喜欢这些课程，一切听起来都很有趣。”

朱莉挂断电话以后，她为自己感到骄傲，因为她把担心藏在了心里，只对莫莉亚表达了支持。她告诉自己，莫莉亚会没事的，熬夜聊天是大学生的常态。

当朱莉和约翰准备睡觉时，她开始回顾和莫莉亚通话的过程。她说莫莉亚听起来很开心，但她很担心莫莉亚的健康，因为她总熬夜。这时，约翰打断了她：“别再试图控制她了，放手，随她去吧！这就是大学的意义所在。我希望你别管那么多，别再告诉她该怎么做了。”

---

①“直升机父母”，helicopter parent，指对孩子过度保护的父母，他们通常对孩子严密监视、处处保护或干涉孩子的行动。——译者注

朱莉觉得好像被扇了一巴掌，她感到被狠狠地侮辱了。约翰想当然地认为她很有控制欲和霸道，但她已经在尝试放手了。她认为约翰显然不相信她作为一个家长有足够的智慧来管住自己的嘴，而事实上她能做到。她感到炽热的愤怒在心中腾起，脑子里蹦出了一些她知道不该说的话，但还是脱口而出：“哼，我倒希望我有个成熟的伴侣。”

约翰的脸“唰”地一下变得通红。随后，他冲她喊了一通，但她不记得喊了什么，然后他抓起枕头，“砰”地关上门，离开了卧室。朱莉则并不为自己说过的话感到抱歉，直到现在也是。她气坏了。她想，好吧，今晚我一个人睡！她上床关灯，一个人睡着了。

约翰的事实

直到今天，约翰还记得莫莉亚大一的时候，呜咽着在电话里说没人喜欢她，她觉得自己不可爱，朋友都躲着她。约翰觉得这真的很糟糕，莫莉亚离得那么远，他无能为力。当莫莉亚回家过暑假时，她又虚弱又沮丧，约翰一遍又一遍地安慰她。对他来说，莫莉亚是世界上最可爱的人。后来，莫莉亚回到学校，加入了一个烹饪俱乐部，交了新朋友。约翰很高兴，他认为熬夜、聊天到深夜、建立无可替代的关系，就是大学生活，他不希望她错过。

他知道朱莉对莫莉亚有很大的影响，她们非常亲密。当朱莉开始说她有多担心莫莉亚熬夜时，他感到惊慌，他担心朱莉会试图引导莫莉亚远离那些经历。约翰记得自己说过：“给她一点空间，别再想控制她。大学是进行深入对话、谈论信仰和生命的意义的时候，让她找到自己的平衡。”然而，他随后却听到朱莉莫名其妙地指责他不成熟，是个糟糕的父亲。

他开始反击，吼了几句难听的话，他也不记得是什么了，然后决定离开卧室，否则接下来他可能会说出一些令他真正后悔的话。他跺着脚走出卧室，把枕头扔到沙发上，但他睡不着。他整夜辗转反侧，气愤得无法入睡。

我们是爱情关系的研究者，受过良好的人际关系科学教育，且任何关于教导人们如何在爱情和长久的伴侣关系中取得成功的方法，我们都分析过了。但在一天的工作结束后，我们也只是一对伴侣，过去的生活会塑造我们，也会伤害我们。

在一段关系中，伴侣双方接触得越多，互相了解得越多，对彼此内心世界的了解越多，就越能知道彼此的触发点或持久的弱点。**但是，了解伴侣是一个持续一生的过程，而不是一蹴而就地“只限恋爱初期”。**在我们争吵的那个时刻，我们正好碰到了对方的触发点，却都没有真正意识到我们在这样做。要知道，我们都已经结婚 20 年了！

现在，我们已经对爱情和冲突进行了 50 多年的研究，但仍然像其他夫妻一样，容易受到糟糕的争吵的影响。但在这件事之后，我们确实有了进步，我们绘制出了处理争吵的新蓝图。所以，当我们都冷静下来后，我们决定把这段经历当作治疗和教学的素材。

最重要的是保持冷静。你应该注意到了，我们争吵之后并没有尝试立即处理争吵。我们都气坏了，做不到这一点。如果你很愤怒，感到被情绪淹没，那前文提到的 5 个步骤是不管用的。你要聚焦并观察你和伴侣的争吵，就好比你是一出戏剧的观众，坐在看台上俯视舞台演员的动作。你必须保持冷静，才能目睹和描述戏剧中发生的一幕幕。所以，你需要花些时间进行反思。人们常说，夫妻吵架不过夜。事实并非如此。有时候，带着怒气上床睡觉正是你需要做的事情，让自己冷静下来，远离争吵，这样你就可以看清争吵的全貌。

第二天，我们都很平静，也都有了一些想法，所以我们聊了聊。然后，我们按照以下这 5 个步骤开始交谈。

1. 分享你的感受

分享你的感受，而不是为什么你会有这样的感受。轮流描述你们在争吵中的感受，可以从下面的感受清单中选择或用你自己的语言描述。大声读出符合你感受的词或短语。简单地描述自己的感受，并坚持用“我感觉……”的句式，避免说“我觉得你……”，且不要评论伴侣的感受。

以下是关于感受的简短清单，完整的清单可参见本书后面的“快速指南”。

冲突指南 Fight Right

感受清单

我感觉……

被防御	没人听自己的话	受伤
完全被情绪淹没了	愤怒	悲伤
不被爱	被误解了	被批评了
你好像不喜欢我	没人关心	担心
害怕	不安全	紧张
我是对的你是错的	我们俩都有一部分是对的	失控了
沮丧	义愤填膺	自己很讲道义
被不公平地对待了	不受赞赏	没有吸引力
愚蠢	在道德上很愤怒	未被当回事
想离开	想留下来继续讨论	无能为力
没有影响力	孤独	被疏远
羞愧	被抛弃了	筋疲力尽
懊悔		

我们都使用了这个感受清单，我们先是浏览了一遍，然后找到了最能描述自己经历的词或短语。朱莉选的是：被防御、没人听自己的话、愤怒、悲伤、被误解了和被批评了、不安全、紧张、沮丧、被不公平地对待了、没有吸引力、无能为力、没有影响力、孤独、被抛弃了、懊悔。约翰选的是：被防御、悲伤、完全被情绪淹没了、愤怒、我是对的你是错的、义愤填膺、自己很讲道义、不受赞赏、孤独、筋疲力尽。

2. 描述你的事实

首先，双方轮流描述自己关于某件事的看法，即你们各自的事实。不要描述你的伴侣。避免攻击和指责。像记者一样记录你的看法，并给出客观的描述。你可以说“我听到你说……”，而不是“你说……”。其次，总结并认可伴侣的事实。带着共情说一些诸如“我知道你为什么不高兴”等表示认可的话。**当然，认可并不意味着你同意，而是意味着你能理解伴侣的一部分经历。**最后，如果双方都觉得被理解了，继续前进；如果没有，继续问“我需要知道什么才能更好地理解你的想法？”“我理解得对吗？”“还有别的吗？”。

朱莉先开始。她描述了她的事实：和莫莉亚说话，努力克制，不去干扰莫莉亚的独立性，然后挂断电话，给了莫莉亚做自己事情的空间，并为此而感到自豪。然后，和约翰分享她对莫莉亚健康的担忧。“我记得你说的第一句话是‘别想控制她，放手！’，或类似的话。我想，你可能觉得你必须告诉我我该做什么，必须指导我。我觉得我被批评了，被贬低了……好像你不信任我这个母亲。我的愤怒涌了上来。于是我说‘哼，我希望我有个成熟的伴侣’。”“哦，是的，”约翰挖苦地说，“我记得那些话。”我们都笑了。

接着，约翰向朱莉总结了她的经历：“我听到的是，你真的很担心莫莉亚的健康，但你没有尝试控制她。你不是直升机母亲。你那天晚上跟我说话，你是想让我感受到你的担忧，但我没有这样做，而是建议你放手，你觉得那是一种侮辱，因为你不是直升机母亲。你感到被冒犯了。我说对了吗？”朱莉说：“是的，你说对了。”

“嗯，我觉得你不高兴是有道理的，”约翰开始表示认可并继续说，“你担心她的健康，你需要支持，这是我们俩都关心的问题，但你没有从我这里得到支持。我知道你感到被冒犯了，因为我暗指你是直升机母亲，但你不是。”

接下来，轮到约翰了。约翰描述了他的事实，尤其是他提到他对莫莉亚找到了一群新朋友并加入了烹饪俱乐部感到多么兴奋。“我母亲是一家酒店的厨师，”约翰解释说，“她对食物非常着迷，我也喜欢做饭，所以母亲和我经常谈论食物，交换食谱。这是我和我母亲之间的纽带。我很高兴能和女儿也有这样的纽带。我知道你担心她的健康，她听你的话，我担心你会影响她，劝她退出烹饪俱乐部，那样我就会失去这种纽带。当你说我不是个成熟的父亲的时候，我真的失去理智了。因为我这辈子没做过什么比当她父亲更重要的事情了，其他一切都不重要。所以当你这么说完以后，如果我继续留在卧室，我会后悔我说的话。我真的很生气。”

“我能理解你为什么这么想。”朱莉说。她总结了约翰的经历，约翰也认可了她的理解。朱莉继续说：“我明白这对你来说是多么大的恐惧。特别是因为莫莉亚上高中的时候，你们俩没那么亲密，所以你想保留这样的纽带，你不想失去任何机会。”“是的，完全正确！”约翰笑着大声说。

3. 分享触发点

首先，分享哪些事让你们的冲突升级了，哪些事引起了你的强烈反应。其次，回顾你记忆中的画面，你过去类似的感觉。然后把过去那一刻的情形告诉你的伴侣，这样对方就能理解为什么这成了你的触发点。最后，分享你的故事，这有助于你的伴侣理解你。当你回想起你的早年经历或童年时，是否记得有某个情形和你的触发点有关，它是你持久的弱点吗？你的伴侣需要了解你，这样才能对你更敏感。

在这个过程中，确定我们的触发点是对我们最具启示性的一步。对朱莉来说，她的触发点是一种普遍的感觉，即人的健康是如此脆弱，而不作为的后果是如此严重。当她还是一个小女孩时，她父亲是个心脏科医生，他很会照顾患者，但不太会照顾家人。朱莉告诉约翰："我们基本上是不允许生病的，这会冒犯到我父亲，他会认为好像我们是故意的。"当她 10 岁左右的时候，她和家人准备接种刚推出的脊髓灰质炎疫苗，这种活疫苗加了一点糖浆。打疫苗的前一晚，朱莉的脸颊肿了起来。她告诉了父亲，但他说没什么大不了的，认为她可能只是被昆虫叮了一下。

两周后，朱莉在学校突然感到一条腿出奇地疼。朱莉说："那是我经历过的最疼的一次，比生孩子还疼。"她发了几周的高烧，后来终于康复了，但她的腿没有好。一天早上，她从床上爬起来，却发现那条腿无法动弹，她不得不拖着腿走路。她没有告诉父母，她总是想起那句话："记住，我们不应该生病！"她学着保持平衡，就一直隐瞒着这件事，直到 3 个月后才有人发现她的腿有问题。之后，她常常去看医生，包括神经科医生，每天做腿部电击治疗，她戴着沉重的金属支架，仍然没有人能找出问题所在。最后，当地疾病控制与预防中心的工作人员发现，朱莉之前肿胀的脸颊不是昆虫咬伤，而是她患了腮腺炎，并且已经与疫苗相互作用发展成了一种全面的疾病。朱莉成了全美因为疫苗感染脊髓灰质炎的 4 个人中的一个。

"在那之前，我非常擅长运动，"朱莉说，"但后来都停了。我戴了一年半的支架，甚至在手术结束后，我也没有完全恢复。"对她来说，那是一场噩梦。直到今天，朱莉仍然有一种感觉，如果作为医生的父亲更加关注那天她生病的情况，没让她打疫苗的话，一切都不会发生。朱莉现在很不安，如果她的孩子生病了，或者她身边有人生病了，她要提前做好准备。但当约翰告诉她不要理会时，这便成了她的触发点。她的父母由于忽视了她的身体健康，导致她出现了严重的后果，那种伤痛将伴随她的一生。

约翰的触发点也来自童年经历。他从小在布鲁克林长大，是个聪明的学霸，小学曾跳了两次级。在他开始上高中的那一年，他家搬到了新泽西州的一个城镇。在他 12 岁开始上九年级的时候，周围都是 14 岁的孩子，于是他很快就被孤立了。这个书呆子气的、矮小的、新来的犹太人遭到了霸凌和虐待。他每天都被欺负、被辱骂，随之而来的压力和低价值感持续伴随着他走过整整 4 年的高中生活。

“我经历了像莫莉亚上大学第一年经历的很多事情，”约翰告诉朱莉，“包括抑郁、孤独、自我怀疑。16 岁那年，我去了费尔利·迪金森大学……那是一个完全不同的世界。”

约翰和他的父母住在一起，他通过做兼职来赚取学费，但他仍然有一段不可思议的大学经历。在大学，聪明是可以的，热忱地追求知识也是可以的。学生们想谈论事情，想通宵讨论哲学和生活的意义。约翰很喜欢这样的大学生活。终于，他开始在学校生活中茁壮成长。“对我来说，这是一种复兴，一种重生，”他说，“一切都变了。我可以相信自己。我有信心了，我也有圈子了。对我和对我的人生来说，这是一个巨大的转折点，我非常希望莫莉亚能有同样的经历，我忍受不了任何可能破坏这一切的事情发生。”

在“分享触发点”这一步，我们都意识到，早年经历是多么强烈地触动着我们的情感，说实话，我们都有点惊讶。从表面看来，我们的争吵是因为莫莉亚睡得太晚，但实际上，争吵却引出了我们一生都在努力解决的一些深层次的问题，同时也为我们的旧伤疤注入了新的愈合力。这也激发了朱莉的警觉性，她不想让任何有潜在破坏性的疾病因父母的疏忽而造成遗憾的后果。

对约翰来说，他迫切想要保护一种脆弱的、正在萌发的人生体验，这种体验可能会改变一个人的生活并产生积极影响。这场冲突并不是关于莫莉亚的一通电话或朱莉是不是直升机母亲、约翰是不是不成熟的父亲，而是关于我们的过去和我们的童年。

有趣的是，我们之前早就已经和对方谈论过童年经历了。约翰早就提到过自己被欺负的经历，朱莉描述过她患脊髓灰质炎的经历。但我们以前并没有把这些点联系起来，而这次我们意识到，这些经历是如何影响着我们，以及如何影响着我们的生活，还影响着我们的争吵。

最终，正是这些触发点导致我们的争吵变得如此糟糕。理解彼此的触发点真的很有疗愈作用，如今，我们都能真正认可彼此了。

Fight Right
冲突箴言

当伴侣双方相互理解之后，下一步承担各自在事件中的责任就会变得很容易。

4. 承担责任

首先，在理想情况下，你可能会在谈论问题方面做得更好。那什么会导致理解错误呢？分享你是如何让自己陷入冲突的。大声读出以下清单中符合你的描述，完整清单可参见本书后面的“快速指南”。

冲突指南
Fight Right

承担责任清单

我最近压力很大，脾气暴躁

我太敏感了
我很少分享自己的内心世界
我无法提供情感支持
我一直很沮丧
我最近一直很生气
我没有时间和你好好相处
我没有说出我所需要的
我一直觉得自己像个烈士
我需要独处
我最近很忙
我对自己没有多少信心
我筋疲力尽了

其次，具体来说，你对争吵感到后悔或遗憾吗？

最后，你想为哪些事情道歉？以下是一些范例，你可以根据自己的实际情况来进行。

- 我很抱歉我反应过度了。
- 我很抱歉我太消极了。
- 我很抱歉我攻击了你。
- 我很抱歉我没听你的。
- 我很抱歉我没有尊重你。
- 我很抱歉我没有讲道理。

约翰从上面的清单中开始选择：“你知道我最近压力很大，脾气暴躁，我最近一直很生气，因为我的很多申请都被驳回了。我刚听说美国国家卫生研究所决定不再资助人际关系研究了。所以……我一直觉得自己像个烈士。我真的很想争吵。我的情绪很糟糕，堵车的时候我很生气。但我后悔的是侮辱了你。你是个出色的母亲。我爱你作为母亲的角色。我为我认为你想控制女儿而道歉。我也很抱歉不知道你被触发了，不知道你强烈的反应背后的东西。我很抱歉我反应过度了，我没有问你任何问题。”

朱莉接受了约翰的道歉，轮到她了。“嗯，”她说，同样使用了上面的清单，“我可能没有向你表达太多的感激之情。我太敏感了……我一直都这样。我想我没有花很多时间给我们俩。我一直在工作，真的很辛苦，工作时间很长，你也一样。我一直非常忙。作为一个内向的人，我可能需要通过独处来处理我的担忧。我真正后悔的是说了那些伤人的话，说你是个不成熟的伴侣或父亲。天啊，我感觉很糟糕。你根本不是那样的人。你是个了不起的父亲，了不起的伴侣，而且你很可爱。”约翰接受了朱莉的道歉。

5. 制订建设性计划

分享一件你的伴侣可以做的、可以让你们更好地讨论这个问题的事情。此时，尤其重要的是你要保持冷静。然后再分享一件你可以做得更好的事情。你觉得自己需要做些什么可以把问题抛在脑后，继续前进？要尽可能地与伴侣的建议一致。我们的做法如下。

约翰：我能做的一件事是，当你真的情绪激动时，向你提问而不是做出反应。你可以做的不同的事情是，告诉我“这是一种减压谈话”。这会帮助我成为一个更好的倾听者。

朱莉：我觉得有一件事我可以做得不一样，那就是保持沉默，不要在盛怒之下说伤人的话。真的，我需要锻炼，因为我确实会说一些违心的话。约翰，你可以做一件不同的事，就是认识到我们的每一次谈话都是一次减压谈话。

在结束时，我们都笑了。我们都感觉更好了，彼此更亲近了。我们对彼此说过的话也不会继续困扰着我们。我们把鞋里的石头拿了出来。

修复创伤，永远都不算晚

我们都很感激，在那场恶战之后，我们总结出了前文提到的 5 个步骤。更详细的内容可参见后文的“快速指南”，这会对你有很大帮助。实际上，我们仍然在使用它。即使我们在整个职业生涯中一直在研究爱情和冲突，这些步骤对我们来说仍然很有帮助。因此，当你无法说出你的感受时，你可以找类似的有用信息来帮助你。

当我们第一次在某个研讨会上介绍这 5 个步骤时，提供支持的治疗师都吓坏了，他们看了一眼就开始摇头。他们担心人们无法处理自己的情绪淹没，这个过程会给人们带来更多的问题，会使事情变得更糟。

事实恰恰相反。这个方法我们使用了 10 年了。我们在研讨会中进行任何形式的干预时，都会密切观察其效果以及人们的反应。我们在每一对伴侣治疗的过程中，会仔细倾听，小心验证。在这个过程中，我们经常看到伴侣双方没有再争吵，没有被情绪淹没，他们互相倾听，互相共情。他们有时也许会变得情绪化，但他们可以保持冷静。很多时候，他们在对话中都取得了重大突破。

Fight Right
冲突箴言

修复感情是没有时间限制的，处理令人遗憾的事件永远不会太迟。

无论令人遗憾的事件发生在昨天还是 20 年前，你都可以处理。在一次研讨会上，我们遇到一对结婚 40 年的夫妻，他们告诉我们，他们处理了在蜜月期间发生的事。事实上，莫莉和赛琳娜就是这样的。她们差不多在问题存续了一年之后，才开始正视并尝试处理这些争吵。整整一年时间，孩子就像她们手里的接力棒一样，一个上班时，另一个就负责准备食物、哄孩子睡觉、整理衣物。这一年里，她们的交流减少了，各种情绪都憋在心里，她们不再向彼此寻求亲密和支持，转而求助于他人。她们虽然彼此道了歉，但仍然失去了联结。

后来，她们来到了研讨会，因为她们感到两人之间的鸿沟在扩大。她们意识到了这一点，但不知道如何修复它。当我们引入“修复令人遗憾的事件”的干预策略，并要求她们选择最近或过去造成尚未愈合的创伤的争吵时，她们抬起头，四目相对，她们都清楚需要处理哪一场争吵。

时间过去了这么久，她们不确定自己是否还记得当时的感受。但她们做到了，这一切历历在目，栩栩如生，仿佛是昨天才发生的。她们仍然能大致准确地回忆起各自的感受。莫莉感到被情绪淹没，她很担心自己所做的一切被视为理所当然；赛琳娜则感到防御、不被欣赏、震惊。

她们能在各自的主观事实中相互引导。莫莉描述了她眼中的事实：她去找赛琳娜寻求支持，提出了一个在自己看来非常合理的要求，希望对方改变日程安排，好让自己腾出时间来在截止日期前完成工作，就像她去年一直在调整工作来适应赛琳娜的工作一样。她分享了自己曾经多么担心自己会因为忙于照顾家庭而被挤出自己所在的行业。尽管项目本身并不是什么大事，但如果在截止日期前没有完成，她就会完全失去信誉。“我看到你离开，走进卧室，关上门，结束谈话，我以为你在告诉我‘你的工作不重要。你不重要’。”

赛琳娜描述了她的事实：她的整个团队都在等着她，这是她精心准备的一次会议。几个月前，她准备发起一项重大的新倡议，支持那些对他们寄予厚望的活动人士……但莫莉突然要求她取消会议，而且，令赛琳娜最没有安全感的就是她没有生孩子这件事。她不能自己怀孩子，在带孩子方面也没有很好的经验，这让她感到很悲伤。

之后，她们探讨了各自的触发点。莫莉说她的母亲放弃了自己的事业，留在家里照顾孩子，后来她的母亲一直心怀怨恨，所以会让孩子们看到并感受到她的情绪。“当我们决定要孩子的时候，我发誓我永远不会像我母亲那么做。”而赛琳娜在之前的一段漫长的、几乎要进入婚姻的感情中，她经常感觉被对方操纵着去“证明”她的爱。赛琳娜说：“为了向她展示她更重要，我不得不放弃一些我真正在乎的东西，而这一切都在不断升级。无论我如何证明，都不够。现在我觉得我必须坚持下去，否则我会失去更多。”在她们互相道歉以后，一切都不一样了。

赛琳娜说：“我很后悔没有看到你有多挣扎。我在这一刻到来之前就应该给你更多的支持。我很抱歉把你晾在那儿。”莫莉则带着歉意回应道：“我对我说的话深感后悔。在过去的一年里，我每天都在自责。我不是那个意思，我只是出于绝望才那么说的，我希望有所改变。你是一个好母亲，给了孩子们很多。她们不需要在你体内生长就能变得和你一样。我是说，她们两个都有你的幽默感，就在昨天，她们还一边放屁一边对此一笑置之。”“喂！那是你的幽默感！”赛琳娜喊道。

她们终于可以放下那场可怕的争吵了。

修复创伤的 10 个建议

当你和伴侣准备好了，就开始处理你们的争吵吧，可以是最近的，也可以是很久以前的，没有时间限制。你可以参考本章的说明，也可以参考后文的“快速指南”。以下是一些提示和障碍排除技巧。

不要太早处理！太早处理争吵是一个非常常见的错误。不要在争吵后马上进入处理阶段。你要先缩小视野，保持冷静，从远处回顾争吵。你可以想象你在一个剧场看台上俯视着舞台，争吵大戏一幕幕上演。你要根据记忆一幕幕地描述这场戏。你可以观察并描述它，或者至少描述你眼中的事实，但不要重蹈覆辙。你不能走下看台，然后再跳上舞台。如果你觉得这种情况快要发生了，那就说明你需要先停下来，稍后再做处理。

你必须一步步地来，不能跳过某个步骤，也不能改变顺序！比如，如果你跳过了认可对方或充分探索触发点的阶段，那等你试图道歉时，你会遇到同样的问题。

记住有两种事实。你在听伴侣描述不同于你的事实时，要做的不是重新审查事件。此时“真相”并不重要，因为它根本无法被触及。此时只须记住，只有两种不同的看法，而且总会有两种不同的看法。想象一下，你和伴侣坐在房间的两头，你们俩看到同一株盆栽。如果你们要把它画下来，那你们画的两张图看起来会很不一样。所以，当伴侣描述了自己看法，而你的看法与之不同时，也没关系。你可以尝试接受对方的看法，这对你来说会是有用的信息。你的目标是在更深层次上理解伴侣的观点，包括触发点如何影响了伴侣的行为。

别误解触发点。记住，触发点是指过去的某件事让人产生了类似的情绪，这种情绪并非来自你和伴侣当下的关系。如果你们现在发生了类似的事情，你们应该使用相同的步骤单独进行处理。

不带批评和指责地完成这些步骤。当你一幕幕地描述你们的争吵时，注意你的语言。描述你自己，尽可能使用“我……”的句式。如果你需要描述伴侣的语言或行为，可以用“我听到你说……”“我看到你……”，不要赋予对方的语言或行动任何意图或意义，如不要说“你对我说了那么刻薄的话”，而要说“我记得你说……，这让我感觉很糟糕，我在那一刻想象你恨我”。你要用你的语言描绘你自己的内心世界，而不要描述伴侣有多么糟糕。

如果道歉还没到时候……在道歉阶段，你可以接受对方的道歉，也可以不接受，反之亦然。通常情况下，当你全部完成了这些步骤，你可能不会拒绝对方的道歉。但如果有一方不接受道歉，那道歉的一方就要问对方：“你还需要我说什么才能接受我的道歉？”被道歉的一方要描述自己需要什么，比如“我需要多谈谈……”或“我觉得我还没有让你真正明白”。

不要堆积其他事情。不要启动厨房水槽效应、不要谈论模式。不要在处理一场争吵时说“你上周、去年和 1985 年都对我做了同样的事！”。很多人都想指出一直困扰着他们的行为模式，这很正常，但行不通。模式是在许多事件中形成的，无法一次性处理完。如果你试图这样做，你的伴侣会觉得自己仿佛被雪崩的大雪掩埋了。

Fight Right
冲突箴言

一次只提一件事，有时候，先处理好行为模式中的一件事就够了。

如果这还不够，可能还有其他工作要做。如果你正试图处理一件特别令人遗憾的事件，而你或伴侣在这个过程中无法信任对方，这种情况可能属于心理学家苏珊·约翰逊（Susan Johnson）所说的依恋损伤（attachment injury）。

当伴侣中的一方违背了对方的期望，没有在对方遭遇困难或痛苦时提供陪伴和支持时，依恋损伤就会发生。依恋损伤可能会对修复感情的过程造成阻碍。这听起来就像是一方无论如何都不能接受对方的道歉，或不接受对方能做出改变，如“是的，但还有一次……你真的不在我身边”。除非你们先解决依恋损伤并重新建立信任，否则你们可能无法真正修复彼此的关系。对此，我们建议你们寻求专业人员的支持。

当情况比较困难时，寻求帮助。这个方法可以处理非常糟糕的争吵，比如在争吵中说了难听的话，出现疏远或敌对、猛烈的抨击、不公平、指责、大喊大叫等。不过，这个方法无法帮助处理重大的、长期的与秘密或背叛有关的问题。如果发生外遇或经济背叛，那就需要治疗师的专业支持来帮助解决问题了。这里提到的修复关系的过程仅限于一件事。因此，如果你和伴侣面临更广泛的问题，那你们需要寻求更多的帮助。

最后，把注意力集中在目标上。你不是在试图解决问题，而是在处理关于这个问题的错误沟通方式。记住，许多冲突是无解的。因此，在前文提到的第5个步骤中，虽然你们可能都表达了将来可以做些不同的事情，以避免类似的事情再次发生，但你们处理争吵的目的，并不是要在发生令人遗憾的事件时，为你们正在讨论的问题本身找到解决方案，而是通过更好地理解彼此、弥补伤害以及恢复对彼此的信任，来修复你们沟通问题的方式，以避免未来发生类似的令人遗憾的事件。

我们都是人，都会犯错，但我们可以变得更好。我们可以把一件令人遗憾的事件变成一个绝佳的学习机会和一种更好地彼此相爱的方式。冲突终究是反映人性的一面镜子，它们迫使我们看到并接受伴侣那完整而复杂的人性，它既有美好的部分，也有弱点。这意味着，我们要接受伴侣的弱点、成见、创伤和缺陷，所有这些细微差别造就了我们所爱之人的完整性。

结 语

这样争吵更健康

修改互动模式

梅根和阿布杜是在一辆公共汽车上认识的。当时，车正从肯尼亚蒙巴萨开往内陆，进入中心地带。梅根是美国和平队的一名志愿者，当天周末，她休息。她拿着一杯茶和一颗橙子。那天是斋月的第一天，天气酷热难耐。

阿布杜和他的父亲还有弟弟一起上了车，他的弟弟由于考试不及格，在回家的长途巴士上不想坐在父亲旁边。阿布杜同意坐在父亲旁边，这样他的弟弟就不用忍受长达 6 小时的训话了。当他们走上过道时，阿布杜看到梅根坐在那里，旁边有一个空座位。一看到她，他就感到内心涌起一股暖意。他抓住弟弟的胳膊说:“如果我们在那一排，我就坐在那个女孩旁边。”他们确实在那一排，他的弟弟叹了口气，不情愿地和父亲一起坐在另一对座位上。

接下来，阿布杜和梅根交谈了6小时。她指着巴士的车顶，用斯瓦希里语说“太阳”，她的意思是天气太热了。他立刻注意到她的口音很好，而其实他的英语也很好。他曾在肯尼亚最高法院担任法律助理[①]。于是，他们改用英语交谈，她把自己的橙子分给了他。“现在是斋月，我禁食。”阿布杜说。

梅根感到很尴尬。她知道这个月是斋月。此刻，她看起来像个健忘的美国人。在他们即将下车时，阿布杜把自己的电话号码给了梅根。他许愿希望自己能再次见到她。接下来的两天，他的手机没有离开过他的手，他到哪儿都带着，时不时地看一眼。他甚至在睡觉时都把手机放在枕头下面。后来，梅根发来了短信。当他们第二次约会时，他们一边在沙滩上散步，一边谈论宗教、孩子、家庭、地理，以及其他伴侣一起规划生活时会谈的其他话题。

“我们直到第二年才正式订婚，”梅根说，“但那晚我就知道我们会结婚。”现在，他们已经结婚17年了。他们总是确信“这就是我要找的人”。然而，有一件事情曾让他们认真地考虑过彼此是否真的能走下去。

他们从肯尼亚搬到华盛顿特区，在那里，梅根找到了一份工作，阿布杜被当地的一所大学的研究生项目看中了。他放弃了在肯尼亚最高法院的职位，和她一起搬了过来。阿布杜希望他正在攻读的学位能帮助他在美国找到自己的位置，但他不喜欢华盛顿特区。他们在肯尼亚的时候，他有一条清晰的职业规划之路，当时他已经是一名律师，并逐渐走上了正轨。他深知自己作为肯尼亚人会被如何看待，在华盛顿特区，他一出门就感到害怕和不知所措。这里的种族主义很激进，他觉得自己在社会交往中经常因为文化差异而错失目标。

阿布杜：每次与人互动都让我害怕，我只有在教室里才有安全感。

---

① 肯尼亚的官方语言是斯瓦希里语和英语。——编者注

梅根（惊讶地）：天哪！在你刚才说出来之前，我甚至不确定我是否完全了解这一点。

阿布杜：我唯一感到真正有权力的时候，就是和你争吵的时候。但这毫无意义，因我们争吵的都是小事，我并不能完全表达我的愤怒。

梅根（表示赞同）：我们真的偏离了轨道。

他们不停地争吵，每一天都陷入挣扎。从那以后，他们曾经毫不费力就能实现的、即时而深刻的联结不复存在。对阿布杜来说，梅根变成了一个敌人，一个迫使他进入自己不喜欢的生活的人。对梅根来说，阿布杜变成了一个陌生人，一个好斗的人，不再是她在那辆公共汽车上遇到的那个开放、乐观的男人。他们俩在各方面都感到精疲力竭。

“当我们争吵的时候，我会非常疲惫，我看得出来她也是。比如我们躺在床上时，她突然间就睡着了——吵着吵着，她开始打鼾了！”他们的争吵已经亮起了警示红灯：苛刻的开场白、冲突升级、末日四骑士、情绪淹没。阿布杜会大喊大叫，梅根会躲进浴室并关上门。

他们说，有一天，他们醒来后看着对方，然后意识到“我们不再享受这段关系了。我们不能一直这样吵下去。我们必须停下来，想办法解决问题”。

在那一刻，他们做了一个决定，去恢复彼此的关系。他们坐下来花了几个小时讨论了这件事。最终，他们达成了一个协议：改变彼此互动的方式，并以不同的方式处理冲突。“在我们的关系中，这是我们第一次意识到我们不必被这些方式所控制，我们可以创造一种新的方式。”阿布杜说。

当他们开始感觉到彼此微不足道的争吵升级时，他们会停下来问自己：为什么这场争吵在不断升级？我们到底在争什么？争吵背后是什么？我们可以改变互相交谈的方式吗？

他们开始把每一次失控的争吵作为窗口，像考古学家一样，透过层层外衣问，到底发生了什么？他们每一次关于谁负责交房租的争吵，都会加剧阿布杜在这座城市体验到的不愉快，以及他为放弃上一份工作而感受到的后悔；每一次关于客厅卫生的争吵，都与各自在自己所处的文化的影响下对男性还是女性做家务的期望有关；每一次关于使用转向灯的争吵，实际上都是因为他们俩没有花足够的时间远离孩子和生活琐事，只单纯地在一起，彼此联结。如今，他们很高兴地意识到，彼此争吵的表面之下并没有潜藏着大问题。他们只是需要约会了。

冲突并不总是线性的，也不总是从温和的开场白到谈论彼此的梦想，到相互妥协，再到关系修复。因此，阿布杜和梅根可以在不同的阶段循环多次，他们可能会走回头路、走岔路，当孩子们闯进来时，他们需要停下来。当他们发现，跳过关于梦想的对话时，他们会再次回到这个话题上来。他们不断提醒自己，当提出一个新问题或新想法时，甚至是在争吵时，要尝试温和的开场白。不过，这改变不了问题仍然存在的事实，这就是生活。但现在，他们感觉彼此更像是在互相联结而不是互相攻击。

我们已经从研究中知道，伴侣们总会有同样的争吵，一遍又一遍，同样的问题不会得到解决。两个人中总有一个永远是邋遢的，而另一个有洁癖；一个永远是松散和自由的，渴望享受转瞬即逝的美好时光，而另一个总是渴望寻找安全、平静与安稳；一个总想去参加聚会，而另一个总想待在家里。诸如此类的情况还会出现在与孩子、工作、姻亲、金钱、家务、账单、强烈的情绪、不小心说的话、怀疑等有关的争吵中。就像有时你想要很多的性爱，有时你不想，没有人是静止不变的，我们都会成长、进化、倒退、再成长。

有时，你认为你给了伴侣所期待的，却发现那不是对方想要的。所以，你们难免会争吵。但现在，你们要学会正确地争吵。

本书带你经历了 5 种可能的转变，你可以打破旧的模式，学习如何正确地争吵。接下来，我们一起来回顾一下。

开启获益无穷的正确争吵

简而言之，一场健康的争吵包括以下几点。

- **当你对某事感到不安时，你会描述自己。**描述对方，即描述伴侣的人格缺陷或糟糕的品质是最容易犯的错误之一，会导致双方进入严重的误区。
- **解释你的积极需求。**告诉对方可以做些什么来满足你的需求。避免攻击对方，否则只会让对方防御，要向对方寻求合作。
- **谈论彼此的梦想。**慢下来。问对方一些开放式问题，看看这些问题与你们在某件事上的过往经历是否有关。找出对方无法妥协的核心需求、信念和梦想，这非常重要。然后，找出对你来说最重要的核心需求、信念和梦想。
- **妥协，但不要放弃太多东西。**区分出哪些是身份的核心和本质，哪些是你永远不能妥协的，哪些是可妥协的。双方在一些细节方面永远可以继续协商，且不会妨碍各自的核心需求或梦想。
- **最后，处理过去令人遗憾的事件，并把它们抛在脑后。**一旦做到这一点，它们就不会渗透到你们未来的争吵中。只要没有积累对过去未处理事情的怨恨情绪，下一场争吵仍然是一场好的争吵。

每个人都是带着对冲突的信念和感受进入一段关系的，它们源于童年、过去的关系以及其他成长经历。每个人都有自己的冲突类型，在每段关系中都有自己的冲突文化。当我们帮助那些陷入冲突和僵局、感到不快乐的伴侣时，我们并不打算改变他们的本来面目。所以，重点不在于帮你成为一个完全不同的人，甚至改变你的冲突类型。在某种程度上，回避型的人可能总是倾向于回避冲突，易变型的人总是倾向于寻求激情和快感。你可以改变的，是争吵的方式。

无论你是谁，你过去经历了什么，你的冲突类型是什么，你与伴侣陷入了怎样的僵局，都不要再犯同样的错误。相反，你可以学习做出转变。你转变得越多，这些转变就越能成为你的习惯和你的“默认设置”，你就越能以更温和的方式，不带防御地回应伴侣，探索一切的背后隐藏着什么，真正深入到那些非常重要的问题上，并找到可妥协的内容，同时尊重对方不可妥协的内容。要想成为冲突“高手”，就要在对方脆弱时同情对方，看到并接受对方的弱点和缺点——即使彼此有分歧，而且要照顾对方，并允许对方来照顾自己。

梅根和阿布杜还会争吵吗？肯定会，但他们争吵的感觉会和以往完全不同。

梅根：当我们开始觉得不对劲的时候，我们会停下来谈谈，这是我们的共识。我们已经多次碰壁，但现在我们生气或沮丧时会做出不同的选择。我们不能让事态升级。

阿布杜：我们并不总能直击问题的核心。但一旦我们克服了怨恨并重新联结彼此，其他一切都会顺其自然。

（他们感觉比以往任何时候都亲密，不再感到疏远和矛盾重重，即使在发生争吵时也是如此）

梅根：和他交谈令人兴奋，宛如初见。

阿布杜：她非常聪明，我们能为彼此激发灵感。

梅根：还有，我喜欢他的屁股。

阿布杜：我们经常笑，我们一直在笑。

就像梅根和阿布杜多年所经历的那样，这是一个试错的过程。这不是一次性的谈话，而是一个始终在进行的谈话。

为了帮助你和伴侣更好地争吵，我们对我们最成功的冲突干预策略进行了整理，可参见后文，包括前文提到的 5 个步骤。本质上，它是一张地图，你可以从中了解一场争吵的完整过程。在需要时，你可以把本书拿出来翻到附录部分，这没有什么可羞愧的。不要害怕停下来，要敞开心扉。你可以翻开需求清单或感情修复尝试清单，记住所有道歉的方式，然后再回到你和伴侣的对话中。永远不要犹豫着不敢承认自己在冲突中的失误。向伴侣提出要求，想要重新来过，这并不丢人。你可以问对方："我错了，我能再试一次吗？"然后，你可以参考关于温和的开场白的相关章节的内容。

一些研究爱和冲突的人，40 多年来仍然经常翻看这些内容，并遵循里面循序渐进的步骤来指导自己的实践。你为什么不呢？

附　录

快速指南

当你和伴侣进行有冲突的对话时，请记住，冲突会让人感到沮丧和不舒服。你必须与那些通常想要回避的愤怒、悲伤和恐惧等消极情绪作斗争。冲突是一个很好的机会，可以让你学会更好地爱伴侣。事实上，伴侣双方都需要通过冲突来获得成长、理解和亲密。

争吵的目标不是赢，而是更深入地了解彼此。

正确地开启冲突

如果你需要向伴侣提出一个问题

错误的方式：以苛刻的批评开始对话。

正确的方式：即使你感觉沮丧和不快，也要温和地开始对话。

这很重要，因为

- 在 97% 的情况下，一场冲突以何种方式开始也将会以何方式结束。争吵的前 3 分钟将决定整个对话的基调。
- 苛刻的开场白会让人感觉像是一种攻击，导致伴侣只能选择用防御来回应。
- 以学习和探索、寻求创造性的解决方案、共同合作解决问题、建立联结等目标为导向，尝试以更温和的方式开启对话。

怎么做：温和的开场白

“我对（某种情况或问题）感到（某种感受），我需要（某种积极需求）。”

- 情况或问题：不带批评和指责地描述自己的情况或问题，而不是你伴侣的情况或问题。
- 感受：描述你自己和你的感受。
- 积极需求：陈述你的积极需求，明确告诉伴侣，对方能做些什么来满足你的需求。不要盯着伴侣的问题，也不要罗列对方没做好的事情。详细地告诉对方怎么做可以帮到你。

提醒

不要启动厨房水槽效应，不要把其他问题或事例都罗列出来。

聚焦在当下的情境中，即使当下的问题以前多次出现过。

如果你的伴侣提出问题

错误的方式：辩护、解释、反驳。

正确的方式：推迟提出你的观点，只保持倾听对方。

这很重要，因为

- 我们在研究中发现，爱情大师们在听到伴侣表达出担忧时，能做到真正地倾听，而不是马上提出自己的观点。
- 大多数人在发生争吵时都急于说服对方，但那样会错过收集问题相关信息的关键阶段。
- 成功的伴侣会尝试从对方的角度看问题，在完全理解之后再进行下一步。

怎么做：当一个好的倾听者

- 仔细倾听，暂时不要提出自己的观点。当伴侣向你提出问题时，首先要充分理解对方的抱怨和需求。倾听对方的一切，包括对方的痛苦，即使你不认同某些细节。
- 问一些澄清性的或开放式的问题，以便更好地理解伴侣提出的问题。比如“听起来不是因为我不在家，而是因为我直到最后一刻才打电话，对吗？”或“你觉得还有什么与这个问题相关？”。
- 总结你听到的内容。确保你理解了对方，也确保对方感到自己得到了理解。比如“你感觉像是跟孩子有关的所有事务都让你独自承担了，对吗？”。
- 表达认可。站在伴侣的角度思考问题，让对方知道你在努力理解他，你可以感同身受并换位思考。比如向对方说“你说得对”“我理解你为什么会有这种感觉”“我明白”。

提醒

认可并不意味着你一定要认同。认可只意味着你可以共情伴侣的经历和感受。如果需要，可以参考表 4-1。

进行感情修复尝试

如果你感到被情绪淹没

错误的方式：继续争吵。

正确的方式：不要在情绪淹没时争吵，休息一下。

这很重要，因为

- 当我们被情绪淹没时，会陷入“战斗或逃跑”状态，无法正确地争吵，也无法进入解决冲突、调节情绪和处理信息的健康过程，而且很可能会导致争吵升级为令人遗憾的事件，造成伤害并需要事后修复。
- 情绪淹没时可能的表现有：心跳加速、呼吸短促、全身僵直、思绪奔逸、身体某个部位出现发热。

- 情绪淹没时可能的行为有：向外表现为猛烈批评、攻击、评判；向内表现为退缩、冷战。

怎么做：休息一下

- 告诉你的伴侣你需要休息一下。不要径直走开，而要告诉对方你感到不知所措、心烦意乱，你需要休息一下。如果你的伴侣看起来也被情绪淹没了，不要对对方说“我觉得你被情绪淹没了”，你可以说“让我们先休息一下，我们约定一个时间，稍后再回来谈这个话题”。
- 至少休息 20 分钟。20 分钟是身体处理去甲肾上腺素、应激激素以及排出血液所需的最短时间。
- 休息时间不能超过 24 小时。如果需要，休息较长的一段时间也没关系，但不能超过 24 小时。如果你感到自己仍然处于情绪淹没状态，那就先不要回到争吵中。一旦你冷静下来，就可以恢复对话——不要回避，装作无事发生。
- 离开彼此的视线范围。当感到情绪淹没时，需要撤出伴侣的能量圈。休息时选择独处，不要和别人在一起。
- 做一些舒缓的事情，让你的注意力从争吵中转移出来。如果你仍然陷在痛苦中，脑中一直在反复想着“我不敢相信她会这么说！”或“我要以牙还牙”，那你就不是在真正地休息。别再想着争吵的事情了，做一些能降低你生理反应水平的事情。

试一试

- 一边散步一边听音乐或播客，或关注你的感官体验，比如听到的鸟鸣、风吹动树叶的声音或自然界的其他声音。
- 躺下练习深呼吸。这个练习有助于激活迷走神经，使神经系统从兴奋状态放松下来。
- 冥想。冥想有助于你将思绪从引发痛苦的关于争吵的想法中摆脱出来。
- 看书或杂志。
- 做家务、搞园艺、做整理、回复电子邮件或处理其他待办事项。
- 其他能让你平静、沉浸、放松的方法：________________________

- 按照约定时间继续对话。如果你仍然觉得自己处于情绪淹没状态，告诉伴侣你需要更多的休息时间。

提醒

要求休息一下并不可耻，也没有错。在争吵中停下来，等双方都平静下来之后再继续争吵。即使问题没有得到解决，双方也可以上床睡觉。但你需要和伴侣沟通，明确表达自己的需求，告诉伴侣你想去散步或需要处理其他事情，告诉对方你什么时候回来。休息是一件好事。

如果你们针锋相对

错误的方式：试图解决问题。

正确的方式：应对当下。

这很重要，因为

- 大多数冲突都是永恒的、无法解决的，可能在整段关系中一直存在。
- 在发生冲突时，我们经常需要重新明确目标：争吵的目标不是为了赢，不是为了说服伴侣，甚至不是为了找到解决方案。
- 争吵的目标只是让冲突对话呈现出它的积极意义。

怎么做：应对当下

- 谈谈你自己和你的需求。就像温和的开场白那样，继续描述你自己和你所处的情况，而不是描述你伴侣的行为或缺点。
- 不要在遭遇情绪淹没时争吵。要自我安抚，休息一下。帮助彼此保持冷静。
- 进行感情修复尝试。爱情大师们会在发生冲突期间进行感情修复尝试，努力让积极互动和消极互动的比例达到 5∶1。在发生冲突时，每 1 次消极互动需要有 5 次积极互动才能使对话保持在正轨上。不要去数积极互动的数量，而要记住，消极互动的影响力更大，尽量在你们的冲突对话中增加感情修复尝试和其他积极互动，如表达爱、感谢、认可、爱抚、道歉、微笑、表示理解的点头、幽默、共情，以及通过开放式问题了解伴侣对问题的想法和感受。

提醒

如果你觉得自己和伴侣在争吵中水火不容，可以试试关于相似性的假设练习：当你在自己身上发现一个积极的品质（如“我是理性的”）时，尝试在你的伴侣身上发现同样的品质。如果你发现伴侣身上的一个消极的特质（如“他太刻板了”），尝试看看你自己是否也可能如此。

如有需要，可参考前文的感情修复尝试清单。

发掘隐藏的梦想

当陷入困境时

错误的方式：停留在表面。

正确的方式：弄清楚双方到底在争吵什么。

这很重要，因为

- 有时候，我们以为可解决的冲突却变成了永恒的冲突，即使我们尝试了温和的开场白，谈论了彼此的感受和需求，进行了感情修复尝试，却还是无法找到出路，感觉就像走进了死胡同。
- 无休止的争吵可能会让双方陷入僵局，冲突也会变得积重难返，引发大量的情绪淹没，让双方感到被拒绝、被背叛和受伤。
- 如果你们因某个冲突陷入僵局，或可能会陷入僵局，可以通过找出冲突的根源来打破这个循环。

怎么做：探索冲突中的隐藏梦想

- 讨论一个永恒的冲突或陷入僵局的冲突。互相提问题，帮助彼此理解各自的立场背后的梦想、价值观、信念或成长经历。先由一方来发言，另一方倾听，然后互换角色。
- 发言者的任务：坦诚地谈论你的感受和你对问题的看法。探索你的立场对你来说意味着什么，你的立场背后的梦想可能是什么。讲述梦想或信念的来源及其象征意义。你必须清楚且坦诚地表达你到底想要什么，不要在此时试图说服对方，只明确地解释你自己即可，好让对方理解。
- 倾听者的任务：你需要做的是让伴侣感觉到足够安全，可以讲述自己的梦想或故事。你要像好朋友那样倾听对方，暂时不作任何评判，而是专注于更多地了解对方的故事。不要试图解决任何问题，现在还不是时候。你现在唯一要做的就是理解伴侣的梦想。

倾听者可以问的问题

- 你对这个问题有什么看法？在这个问题上，你的某些价值观、道德观或信念与你的立场是否有关？
- 你的立场在某种程度上与你的个人经历或童年有关吗？
- 为什么你在这个问题上的立场对你很重要？
- 你在这方面的梦想是什么？你想要得到什么？
- 这对你来说有什么潜在的目的或目标吗？如果有，是什么？

提醒

如果你发现一些问题你答不上来，你可以说"我希望我能回答，但我需要更多的时间"，然后反思一下：你什么时候有过这种感觉？你以前遇到过这种情况吗？为什么这对你来说如此重要？有时候，梦想需要一段时间才能觉察出来，你需要耐心一些。

记住，谈论梦想的目的不是为了解决冲突，而是从僵局转向对话，更深入地了解彼此及彼此的立场，学习新的东西。

如有需要，可以参考前面的章节中的问题清单和梦想清单。

找到彼此可妥协的空间

当你需要妥协时

错误的方式：争强好胜。

正确的方式：站在对方一边。

这很重要，因为

- 人只有在感到充分安全时，才能实现真正的妥协。所以，你首先要弄清楚哪些是自己不能妥协的，你在某个问题上的核心需求是什么。

- 要做到这一点，你需要遵循合气道原则——有舍才有得。你要试着接受伴侣的要求中对你的核心需求来说看似合理或可能的部分。一方越能说“是”，对方也就越能说“是”，这样双方就是在共同努力解决冲突，而不是相互对立。
- 为了顺利实现互相妥协，双方必须找到一条尊重彼此最深层梦想和核心需求的前进道路。

怎么做：“寻找共同点”练习

- 用类似图 7-2 的图来呈现双方的核心需求和可妥协的内容。
- 在内圈列出你不可妥协的内容，即你的最小核心需求、信念和价值观。
- 在外圈列出你可妥协的内容，即在确保内圈核心内容的前提下，你可以妥协的部分。
- 彼此交谈并问对方以下问题：

  为什么内圈的内容对你很重要？

  我怎样做才能满足你在这个问题上的核心需求？

  告诉我更多关于你的内圈的信息。可妥协的内容究竟是怎样的？

- 对比双方的图，参考以下问题，找到共同前进的方向：

  我们在哪些问题上意见一致？

  我们有什么共同的感受？

  我们有什么共同的目标？

  我们如何实现这些目标？

  尊重彼此核心需求和梦想的妥协方案是：________（即使是暂时的也没关系，之后可以再重新评估）。

提醒

不要太顽固！如果你只会说“不”，那将成为互相妥协的一大阻碍，对方会开始想方设法避开你而不是寻求合作，那样你也将失去彼此关系中的所有权力。最有影响力的人正是那些可以接受影响的人。虽然妥协的感觉总归不太好，但双方都会在妥协中有得有失。重要的是，双方都能感到自己的梦想被理解、被尊重、被重视。

处理以前的争吵

如果以前的争吵没有得到解决

错误的方式：假装无事发生。

正确的方式：知道如何处理令人遗憾的事件。

这很重要，因为

- 我们都会因为说错话、做错事、彼此伤害而吵架，这是难免的。
- 我们犯的最大的错误往往是试图把未解决的事情抛在脑后。通常，未经处理的争吵会像鞋子里的碎石一样令人不适。
- 我们必须解决过去的冲突，同时避免再次陷入争吵。谁也不想为了吵架而吵架。当我们处理以前的争吵后，下次遇到同样问题时，就可以更好地讨论了。

怎么做：处理争吵

准备：开始之前，找个安静的地方坐好，就像坐在戏院的楼座上那样。

确保自己是冷静的，与那场争吵保持一定距离。回顾那场争吵，就像从观众台向下看舞台上正在上演的一出戏一样。你需要观察当时发生了什么，但不要被卷入其中。

放下事实。记住，不存在所谓的上帝视角，不存在关于所发生事情的真实记录。你所认为的每个事实都有其有效性——感知就是一切。和往常一样，谈谈你自己。

记住，要谈论你自己和你的感受。不要对对方说“你生我的气了”，你可以对对方说“你看起来不高兴，我觉得你在生我的气”。这一点虽然很不起眼，但很关键。

处理争吵的 5 个步骤

1. 分享你的感受

分享你的感受，而不是你为什么会有这种感受。从以下感受清单中尽可能多地选出适合你的描述：

被防御	孤独	难辞其咎
失控	没有人爱	情绪激动
想赢	没有人喜欢	害怕
没人听自己的话	被冷落了	被遗弃了
沮丧	被误解了	被背叛了
自己的观点不重要	没有吸引力	没有安全感
受伤	羞愧	不平静
愤怒	被批评了	精疲力尽
妥协颇多	愚蠢	紧张
完全被情绪淹没	你好像不喜欢我	对方太顽固
很讲道义	内疚	感觉自己很笨
没有任何感觉	在道德上很愤怒	懊悔
生气	对个人存有抱怨	无能为力
被不公平地对待了	未被关心	我是对的，你是错的
难以描述自己的感受	想离开	震惊
悲伤	想留下来继续谈论	没有影响力
未被重视	担心	我们俩都部分正确

2. 描述你的事实

假设所有的事实都是合理的。

- 首先，轮流描述你们各自的感受，也就是你们各自关于争吵的事实。只描述看到的、听到的、感觉到的，而不是一方认为对方是什么意思或有什么感受。避免攻击或指责对方。告诉对方，你可能需要从对方那里得到什么。像记者那样详细、客观地描述自己的感受。

- 然后，总结并认可对方的事实。你可以说“我知道你为什么会那样想了”或“我知道你为什么不高兴了”。认可并不意味着认同，而是说你能理解对方的一部分经历。
- 最后，向对方确认。双方都觉得自己获得理解了吗？如果回答是肯定的，那就继续；如果不是，那就重新再来一次。继续问对方“我需要怎样做才可以更好地理解你的观点？”。在总结和认可之后，再次问伴侣“我理解得对吗？”或“还有别的吗？”。

需要注意的是，不要推卸责任，不要假设对方有恶意，也不要表达你觉得对方有什么感受或想法，而要说“我认为……”“在我看来……”“我看到……”“我认为……”等。

3. 分享触发点

触发点是指当下发生的事情唤起了一方的强烈反应，而这些强烈反应与其曾经经历的某件事情有关。也就是说，在这段关系之前，这个人过去经历的某件事情让其产生了一连串相似的情绪。

- 首先，告诉对方，是什么导致你们争吵升级，你们互动中的哪些事情引发了你的强烈反应。
- 然后，当你回忆过去时，你发现你在过去某件事情发生时有过类似的感受。现在，把那一刻的情形讲给你的伴侣听，这样对方就能理解为什么这是你的触发点。
- 最后，继续分享你的故事，帮助伴侣理解你。当你回想过去的关系、早期经历或童年时，你是否还记得另一个与你的触发点或脆弱点有关的故事？告诉你的伴侣，以便对方更了解你、对你更敏感。

以下是一些可能的触发点：

- 我感到受到了评判，我对此很敏感。
- 我感到被排斥了，我对此很敏感。
- 我感到受到了批评，我对此很敏感。

- 我感到被情绪淹没了，我对此很敏感。
- 我感到很惭愧，我对此很敏感。
- 我感到孤独，我对此很敏感。
- 我感到自己被轻视了，我对此很敏感。
- 我感到没有得到尊重，我对此很敏感。
- 我感到无能为力，我对此很敏感。
- 我感到失控，我对此很敏感。
- 其他：____

另外，你还需要确认，你是否理解伴侣的触发点和故事。你可以对对方说："了解了你以前的经历后，我能理解为什么你当时觉得受到了攻击。"

4. 承担责任

在理想的情况下，你也许能更好地和伴侣谈论这个问题。那是什么导致了你的误解？你当时心里是怎么想的？告诉对方，你是如何进入这场冲突的：

- 我一直压力很大，容易发脾气。
- 我没有对你表达足够的感激之情。
- 我把你的爱视为理所当然。
- 我太敏感了。
- 我太挑剔了。
- 我并没有充分地分享我的内心世界。
- 我在情感上和你很疏离。
- 我一直在回避。
- 我一直很容易烦躁。
- 我一直很沮丧。
- 我一直抱怨个不停。

- 我一直不太会表达情感。
- 我没有时间和你好好相处。
- 我不是个很好的倾听者。
- 我没有表达我的需求。
- 我一直觉得自己像个可怜虫。
- 我需要一个人待着。
- 我不想照顾任何人。
- 我当时心事重重。
- 我对自己没有多少信心。
- 我一直感到疲惫不堪。

大声朗读以上这张清单上适合你的表达。然后，说清楚你后悔的是什么，对于某场争吵或令人遗憾的事件，你应当负哪些责任，你想为哪些事情道歉。之后，为你后悔说过或做过的事情而道歉。你可以尝试以下说法：

- 当……时，我反应过度了。
- 当我……时，我真的很暴躁。
- 当我……时，我很消极。
- 当我……时，我攻击了你。
- 当我……时，我没有听你说话。
- 当我……时，我没有尊重你。
- 当我……时，我很不讲道理。

其他：______________________________

如果你接受了伴侣的道歉，那就试着说出上面这些话。如果你不接受伴侣的道歉，那就继续告诉对方你的需求是什么。

5. 制订建设性计划

你的伴侣可以做哪些不同的事情来避免类似的冲突再次发生？和你的伴侣互相分享这一点，下次你们就可以更好地就这个冲突进行探讨。当轮到你的时候，向对方分享你自己下次能做得更好的一件事。另外，尽可能地赞同对方的提议。

需要提醒的是，任何时候处理争吵或令人遗憾的事件都不晚。你可以在一天结束时和伴侣处理一场争吵，也可以等几十年之后再处理。在伴侣关系中，冲突和失调的时刻最终都会成为双方更好地了解彼此的机会。

致 谢

感谢参与爱情实验室研究的近 10 万对伴侣，他们自愿为关于伴侣关系的研究作出了贡献。他们勇敢且自愿地坦露了生活中和伴侣最为亲密的一部分，为我们的科研提供了重要支持。没有他们，我们对世界将毫无贡献。

感谢我们一生的好友，美国加州大学伯克利分校的罗伯特·利文森博士所做的重要贡献。如果没有利文森，我们也不会有这些研究和思考。约翰和利文森的老同事们一直建议他们别再一起做研究，别再调查伴侣双方的互动关系，并认为这是不明智的做法。但是，利文森仍然带着不可阻挡的好奇心，和约翰继续对伴侣关系的成功和失败展开了深入研究。他们是在完全没有假设的情况下开始研究的，这显然违反了良好的研究惯例。然而 50 多年后，他们可以自豪地宣称，他们开展的研究最终令他们感到无比欣慰。而且在这个过程中，约翰和利文森都很幸运地遇到了各自一生的挚爱——朱莉和米歇尔·盐田（Michelle Shiota）医生。

利文森和约翰在研究过程中生成了大量的时间序列[①]数据，对此，我们要感谢詹姆斯·默里（James Murray）博士和他的学生们的巨大贡献，他们帮助我们创建了伴侣互动的非线性动态数学模型，我们也因此得以发表了许多论文，并通过麻省理工学院出版社出版了《婚姻数学》（*The Mathematics of Marriage*）一书。

在过去的30多年里，我们受益于许多同事的贡献，他们来自戈特曼研究所、人际关系研究和Affective软件公司，后者现在已经加入了戈特曼公司。感谢戈特曼研究所的合伙创始人、我们亲爱的朋友艾塔纳·卡诺夫斯基（Etana Kunovsky），以及我们特别尊敬的前任CEO兼好友艾伦·卡诺夫斯基（Alan Kunovsky），还有戈特曼研究所的现任CEO，也是我们亲爱的朋友埃德·萨金特（Ed Sargent），他现在也是所有学习部门的负责人。

感谢雷内·布拉德利（Renay Bradley）博士的巨大贡献，他出色地领导了我们的非营利性关系研究所多年，在这期间，我们进行了几项关键的临床试验。感谢约翰在华盛顿大学的前实验室主任西比尔·卡雷尔（Sybil Carrere）博士的宝贵贡献，以及约翰以前的学生林恩·卡茨（Lynn Katz）博士、吉姆·科恩（Jim Coan）博士、贾尼斯·德里弗（Janice Driver）博士、霍华德·马克曼（Howard Markman）博士、克里夫·诺塔留斯（Cliff Notarius）博士、雷吉娜·拉谢（Regina Rushe）博士、安伯·塔贝尔斯（Amber Tabares）博士和丹·吉本（Dan Yoshimoto）博士的巨大贡献。还要感谢我们已故的同事尼尔·雅各布森（Neil Jacobson）博士及其遗孀弗吉尼娅·拉特（Virginia Rutter）博士，感谢他们的宝贵支持，尤其是对身处家庭暴力的伴侣相关研究的支持。

无论是曾经的还是现在的戈特曼研究所的员工，他们都为我们的研究提

① 时间序列是指将同一统计指标的数值按其发生的时间先后顺序排列而成的数列，主要用于根据已有的历史数据来预测未来走势。——编者注

供了诸多支持，从而让100多万人在应对伴侣关系方面获得了帮助。他们分别是：专业发展和技术支持人员埃琳·考克斯（Erin Cox）、爱情实验室现任研究主任卡丽·科尔（Carrie Cole）博士、临床主任医师唐·科尔（Don Cole）博士、夫妻部支持人员克丽丝特尔·克蕾茜（Crystal Cressey）、戈特曼研究所社交媒体人员埃米丽·克里普（Emily Cripe）、在线学习支持早期人员珍·多尔比（Jen Dalby）、戈特曼研究所市场营销人员凯特琳·多纳休（Caitlyn Donahue）、戈特曼研究所美工人员凯特琳·尤恩（Katelyn Ewen）、市场营销总监迈克尔·富尔怀勒（Michael Fulwiler）、"带宝宝回家"全球项目的培训师贝丝·戈斯（Beth Goss）、早期产品总监贝琳达·格雷（Belinda Gray）、前客户服务主管沃尔特·吉提（Walter Guity）、夫妻部主任肯德拉·汉（Kendra Han）、专业临床发展部与戈特曼认证培训师项目及"幸福的婚姻"项目主管劳拉·赫克（Laura Heck）、戈特曼认证培训师项目与"单身人士的7个原则"项目主管斯特西·哈伯德（Stacy Hubbard）[与戴夫·彭纳（Dave Penner）搭档]、戈特曼研究所运营主管肯尼迪·詹姆斯（Kennedy James）、物资主管肖恩·杰弗里斯（Sean Jeffries）、专业发展部总监埃米·洛夫蒂斯（Amy Loftis）、市场部人员珍妮弗·鲁（Jennifer Luu）、平面设计师薇薇安·卢（Vivian Lu）、市场总监托斯滕·奥伯斯特（Torsten Oberst）、专业发展部及运营部人员萨迪·彼得森（Sadie Peterson）、"带宝宝回家"项目开发和教学部人员乔妮·帕斯莫（Joni Parthemer）、出色的临床主任兼12年的主培训师戴夫·彭纳、"带宝宝回家"项目开发和教学主管兼情绪指导课程主管卡洛琳·皮拉克（Carolyn Pirak）、戈特曼研究所与戈特曼公司公共和媒体关系部人员凯蒂·雷诺兹（Katie Reynolds）、戈特曼研究所市场营销人员贝卡·桑文（Becca Sangwin）、产品开发总监阿奇扎·赛科塔（Aziza Seykota）、夫妻部支持人员特蕾丝·苏丹特（Therese Soudant）、财会主管贾纳尼·萨布拉米尼安（Janani Subramanian）、网站开发和技术支持人员韦斯顿·特里梅斯特拉（Weston Triemstra）、戈特曼研究所技术和运营支持人员基莉·特里格斯塔德（Keeley Trygstad），以及戈特曼研究所夫妻部的早期主管琳达·赖特（Linda Wright）。

感谢我们的好友拉斐尔·利斯特萨，在过去的6年多里，他一直担任Affective软件公司的CEO，并在该公司与戈特曼研究所合并后的戈特曼公司继续担任CEO。利斯特萨是一个视野开阔的人，在生活的许多领域展现出了横溢的才华和领导力，他还是人工智能新革命的先锋。还要再次感谢埃德·萨金特，他是戈特曼研究所的前CEO，现担任戈特曼公司的学习主管。萨金特出色的技术和团队建设理念，以及对我们使命的深刻理解，助力我们的工作走向了全球。同时，萨金特也是我们的好友兼忠实支持者。

还要向弗拉基米尔·布雷曼博士致以敬意，他极具天赋，十分努力，最初担任Affective软件公司的首席技术官，现任戈特曼公司首席技术官。他是我们所有的算法创作和编程，包括我们经过验证的“夫妻信任标尺”（trust metric）的架构师，也是我们珍贵的朋友。他还开创了我们所有的机器学习和人工智能技术发展，并开辟了一条前所未有的通往人工智能情感辅助技术的新路径。他和利斯特萨一起实现了可申请专利的革新创造，并拥有多项卓越的技术发明，比如他们创建了戈特曼在线关系检查问卷，使用人工智能机器学习创建了我们的在线爱情实验室，采用自动化特定情绪编码系统，仅通过录像就能实现的以肤色判断心率的自动检测系统，以及用于关系评估的极其强大的戈特曼联结系统（Gottman Connect）。布雷曼及其团队还整合了37个模块和评估建议，并对评估和干预环节进行了微调。

我们创建基于网络的平台，旨在为伴侣们提供更加便捷可得的帮助，无论人们身处何地，无论人们的性取向、性别或社会经济地位如何，都可以在科学视角下获得伴侣关系方面的最佳帮助。我们可以很自豪地宣布，现在世界上任何一对伴侣在家里享受舒适环境且确保隐私安全的情况下，都可以通过手机或计算机充分地评估和处理他们的关系问题。

也要感谢为利斯特萨和布雷曼提供协助的优秀的工作人员。他们分别是：康纳·伊顿（Connor Eaton），他为我们人工智能系统的开发贡献良多；史蒂文·范（Steven Fan），他在戈特曼指导视频和目前正在进行的录像项目中贡献良多；华盛顿大学的德米特里·德拉斯瓦亚斯基（Dmitriy Drusvyatskiy）博士，他在数学方面贡献良多；亚历山大·埃尔古恩（Alexander Elguren），他在内容开发方面表现出了杰出的领导力；冷静且耐心的客户服务主管因纳·布雷曼（Inna Brayman）；其他人员，包括约翰·范特尔（John Fantell）、罗格斯大学的尤里·古拉克（Yuriy Gulak）博士、萨姆·哈格（Sam Hage）、肯德拉·汉、肖恩·杰弗里斯、雷利·基根（Raleigh Keagan）、弗兰斯·凯拉德（Frans Keylard）、布里安娜·科尔瑟斯（Brianne Korthase）、亚历山大·米罗波尔斯基（Alexander Miropolsky）、托斯滕·奥伯斯特、莱莎·彭黑尔（Letha Penhale）、瓦迪姆·波波夫（Vadim Popov）、菲利普·波斯特（Philippe Post）、亚历山德拉·斯潘格勒（Alexandra Spangler）、布雷登·斯塔马斯（Braeden Stamas）、贾纳尼·萨布拉米尼安和莉萨·塔什吉安（Lisa Tashjian）等。

还要对我们的同事、好朋友、培训师们表达无尽的感激，包括我们尊敬的临床主任医师唐·科尔、研究主管兼西雅图社会心理生理学爱情实验室负责人卡莉·科尔。他们果断地从休斯敦搬到西雅图，之后加入戈特曼研究所的临床和研究团队。

我们和很多来自“行善于世”（Tikkun Olam）和 Idea Architects 公司的合作伙伴建立了友谊，在此向他们表达感谢，他们分别是：才华横溢、富有远见的朋友兼文学经纪人道格·艾布拉姆斯（Doug Abrams）；经纪人和无畏的领头人蕾切尔·纽曼（Rachel Neumann），她在这个项目上表现出十足的经验和敏锐的眼光；天才写作助理阿莉萨·尼克博克（Alyssa Knickerbocker），多亏了她，本书才得以诞生并得以完善；助理文学编辑贝拉·罗伯茨（Bella Roberts），她帮助完成了提案和日程安排；执行助理梅莉萨·金（Mellisa Kim），她帮助完成了笔记。感谢 Brockman 公司，尤其是我们的经纪人卡廷卡·马特森（Katinka Matson），她对我们与娜恩·西尔弗（Nan Silver）合著的《幸福的婚姻》和其他书进行了指导。

非常感谢我们的编辑香农·韦尔奇（Shannon Welch），他眼光独到，并把我们想帮助伴侣们通过冲突联结在一起的愿景分享给更多的人。感谢 Harmony 出版社的整个团队：总裁特雷莎·佐罗（Theresa Zoro）、出版人戴安娜·巴伦（Diana Baron）、副出版人盖尔·冈萨雷斯（Gail Gonzales），他们为我们贡献了卓越的领导才能；编辑助理米娅·普利多（Mia Pulido）始终为我们提供问题解决方案和支持；克里斯蒂娜·福克斯利（Christina Foxley）、奥黛特·弗莱明（Odette Fleming）和塔米·布莱克（Tammy Blake）孜孜不倦且富有创意地为本项目进行了营销和宣传；安娜·鲍尔（Anna Bauer）、埃琳·吴（Irene Ng）和安德列亚·刘（Andrea Lau）贡献了杰出的设计方案，为本书增光添彩；制作编辑乔伊斯·王（Joyce Wong）和制作经理达斯汀·阿米克（Dustin Amick），他们的付出使本书最终得以顺利出版。

还要感谢卡拉·科恩（Cara Cohn）和菲利普·科恩（Phillip Cohn）夫妇，他们为我们提供了精神指引和智慧启迪；感谢艾莉森·肖（Alison Shaw）和德克·贾格尔（Derk Jager），他们几十年来给予了我们爱、支持和照料；感谢蔡梅瑛（Mavis Tsai），她既是研究人员兼创作者，又是我们一生的智慧伙伴以及朱莉最喜欢的冒险伙伴，我们之间友谊长存。

最后，我们要感谢我们深爱的女儿莫莉亚、她的丈夫以及我们的外孙。

参考文献

考虑到环保的因素，也为了节省纸张、降低图书定价，本书编辑制作了电子版的参考文献。请扫描下方二维码，直达图书详情页，点击“阅读资料包”获取。

未来，属于终身学习者

我们正在亲历前所未有的变革——互联网改变了信息传递的方式，指数级技术快速发展并颠覆商业世界，人工智能正在侵占越来越多的人类领地。

面对这些变化，我们需要问自己：未来需要什么样的人才？

答案是，成为终身学习者。终身学习意味着永不停歇地追求全面的知识结构、强大的逻辑思考能力和敏锐的感知力。这是一种能够在不断变化中随时重建、更新认知体系的能力。阅读，无疑是帮助我们提高这种能力的最佳途径。

在充满不确定性的时代，答案并不总是简单地出现在书本之中。“读万卷书”不仅要亲自阅读、广泛阅读，也需要我们深入探索好书的内部世界，让知识不再局限于书本之中。

湛庐阅读 App：与最聪明的人共同进化

我们现在推出全新的湛庐阅读 App，它将成为您在书本之外，践行终身学习的场所。

- 不用考虑“读什么”。这里汇集了湛庐所有纸质书、电子书、有声书和各种阅读服务。
- 可以学习“怎么读”。我们提供包括课程、精读班和讲书在内的全方位阅读解决方案。
- 谁来领读？您能最先了解到作者、译者、专家等大咖的前沿洞见，他们是高质量思想的源泉。
- 与谁共读？您将加入优秀的读者和终身学习者的行列，他们对阅读和学习具有持久的热情和源源不断的动力。

在湛庐阅读 App 首页，编辑为您精选了经典书目和优质音视频内容，每天早、中、晚更新，满足您不间断的阅读需求。

【特别专题】【主题书单】【人物特写】等原创专栏，提供专业、深度的解读和选书参考，回应社会议题，是您了解湛庐近千位重要作者思想的独家渠道。

在每本图书的详情页，您将通过深度导读栏目【专家视点】【深度访谈】和【书评】读懂、读透一本好书。

通过这个不设限的学习平台，您在任何时间、任何地点都能获得有价值的思想，并通过阅读实现终身学习。我们邀您共建一个与最聪明的人共同进化的社区，使其成为先进思想交汇的聚集地，这正是我们的使命和价值所在。